交通运输执法实务系列丛书

ZHIFA JICHU
执 法 基 础

汪建江 主编

人民交通出版社股份有限公司
China Communications Press Co.,Ltd.

内 容 提 要

浙江省交通运输厅在总结历年执法实务的基础上，组织精兵强将编纂了"交通运输执法实务系列丛书"，共六个分册。本分册为《执法基础》，主要包括交通运输行政执法总论、交通运输行政许可、交通运输行政处罚和交通运输行政强制等内容。

本系列丛书既可作为广大交通运输执法人员的培训教材，也可供其他法制工作者、法律爱好者阅读使用。

图书在版编目(CIP)数据

执法基础 / 汪建江主编. —北京：人民交通出版社股份有限公司，2018.6
（交通运输执法实务系列丛书）
ISBN 978-7-114-14634-3

Ⅰ.①执… Ⅱ.①汪… Ⅲ.①交通运输管理–行政执法–中国 Ⅳ.①D922.14

中国版本图书馆 CIP 数据核字(2018)第 070903 号

交通运输执法实务系列丛书
书　　名：执法基础
著 作 者：汪建江
责任编辑：郭红蕊　陈　鹏
责任校对：孙国靖
责任印制：张　凯
出版发行：人民交通出版社股份有限公司
地　　址：(100011)北京市朝阳区安定门外外馆斜街 3 号
网　　址：http://www.ccpress.com.cn
销售电话：(010)59757973
总 经 销：人民交通出版社股份有限公司发行部
经　　销：各地新华书店
印　　刷：北京虎彩文化传播有限公司
开　　本：787×1092　1/16
印　　张：12
字　　数：226 千
版　　次：2018 年 6 月　第 1 版
印　　次：2023 年 8 月　第 2 次印刷
书　　号：ISBN 978-7-114-14634-3
定　　价：29.00 元

(有印刷、装订质量问题的图书由本公司负责调换)

本书编委会

主　编：汪建江
委　员：徐凯桥　李明国　于文良　祝新星　陶春胜
　　　　金　琳　罗　燕　夏　辉　孔栋镇　周一坡
　　　　何广云　方淑萍　孙雄星　张宏凯　詹聪颖
　　　　李聪莹　向开林　蒋乐琪　水锡丽　应春伟
　　　　王君萌　孙锴柯　张鹏飞　吕新江　林芬芳
　　　　王海涛　黄锰杰　宋明祥　于精忠　丁　瑶
　　　　童建华　吴建中　刘　建　高　伟　武月朝
　　　　张学霞

PREFACE 前言

近年来,在浙江省委省政府和交通运输部领导下,浙江交通以习近平新时代中国特色社会主义思想为指引,深入践行"八八战略",全面落实法治浙江总体部署,交通法规体系更趋完善,执法规范化水平有效提升,法治队伍不断优化,为推进现代交通发展提供坚实保障。

面向新时代,为服务交通强国和"两个高水平"建设目标,纵深推进交通法治政府部门建设,努力打造"政治过硬、本领高强"的交通执法队伍。浙江省交通运输厅以开展"大学习大调研大抓落实"活动为契机,围绕"'八八战略'再深化、改革开放再出发"要求,在系统总结历年执法实践的基础上,组织编纂了"交通运输执法实务系列丛书",包括《法律基础》《执法基础》《公路执法实务》《水路执法实务》《道路运输执法实务》《工程监管执法实务》六个分册。

"交通运输执法实务系列丛书"立足浙江、面向全国,体现交通行业特色,采取以案释法的形式贯穿整个系列的编纂,侧重以发生在浙江省的交通执法案例来总结工作经验、普及法制教育。本系列丛书既可作为交通运输执法人员培训教材,也可供其他法制工作者、法律爱好者阅读使用。

丛书编写组
2018 年 6 月 29 日

CONTENTS 目录

第一章　交通运输行政执法总论	1
第一节　交通运输行政执法概述	1
第二节　交通运输行政执法主体	7
第三节　交通运输行政执法文书	13
第四节　交通运输行政执法装备	22
第五节　交通运输行政执法程序与方法	25
第六节　交通运输行政执法绩效评估	36
第七节　交通运输行政执法文化	42
第八节　交通运输行政执法转型	47

第二章　交通运输行政许可	49
第一节　交通运输行政许可概述	49
第二节　交通运输行政许可程序	60
第三节　交通运输行政许可服务规范	75
第四节　交通运输行政许可监督检查	81

第三章　交通运输行政处罚	90
第一节　交通运输行政处罚的概念、特征	90
第二节　交通运输行政处罚的基本原则	93
第三节　交通运输行政处罚的种类	97
第四节　交通运输行政处罚的实施机关和相对人	102
第五节　交通运输行政处罚的管辖	106
第六节　交通运输行政处罚的具体制度	110

第七节　交通运输行政处罚简易程序 …………………………… 114

第八节　交通运输行政处罚一般程序 …………………………… 115

第九节　交通运输行政处罚听证程序 …………………………… 130

第十节　交通运输行政处罚证据 ………………………………… 134

第十一节　交通运输行政处罚裁量权 …………………………… 145

第四章　交通运输行政强制 …………………………………… 152

第一节　交通运输行政强制概述 ………………………………… 152

第二节　交通运输行政强制措施 ………………………………… 157

第三节　交通运输行政强制执行概述 …………………………… 167

第四节　交通运输行政执法主体强制执行程序 ………………… 172

第五节　申请人民法院强制执行的程序 ………………………… 179

第六节　违法实施行政强制的法律责任 ………………………… 182

第一章 交通运输行政执法总论

第一节 交通运输行政执法概述

一、交通运输行政执法的概念和特征

交通运输行政执法是行政执法在交通运输管理领域的体现。因此,把握交通运输行政执法的概念,首先必须了解行政执法的内涵。

一般认为,行政执法的内涵有动态与静态之分,前者指行政机关和法律、法规授权的组织,依照法定职权和法定程序,将法律规范直接适用于公民、法人和其他组织,使行政管理职能得以实现的过程;后者指在前述过程中,行政机关和法律、法规授权的组织针对特定的公民、法人和其他组织做出的影响其权利和义务的行政行为,如行政处罚、行政许可、行政强制、行政监督检查等。

相应地,交通运输行政执法,是指交通运输行政机关及法律、法规授权的组织,为实现交通运输行政管理职能,依据法律、法规、规章和其他规范性文件,针对特定的公民、法人和其他组织作出的,影响其权利和义务的行政行为。

与其他行政管理领域的行政执法相比,交通运输行政执法具有以下特征:

1.执法目的具有公益性

交通运输行政执法的目的是实现交通行政管理职能,维护交通管理秩序,促进交通运输事业的发展,满足人民群众对交通运输的需求。具体来说,交通运输行政执法的核心目的,是通过行政执法手段的综合应用,实现公路、水路等交通基础设施的安全,从而为交通运输企业和其他交通运输参加者提供高效、安全、优质的服务。比如,公交出行 APP 的开通能够让人民群众及时了解公交车的到站时间,这种细致入微的服务既维护了交通运输秩序,保障了交通运输的安全,又为乘客提供了便利。可见,交通运输行政执法的目的具有公益性。

2.执法主体具有多元性

交通运输行政执法主体,是指能以自己名义行使交通运输行政执法权,作出影

响交通运输行政相对人权利义务的行政行为,并能对外承担行政法律责任的社会组织。

目前,交通运输行政执法主体呈现多元性。这主要表现为两个方面:

第一,行政法学理论上,行政执法主体包括行政机关和被授权组织。从交通运输行政执法权的来源看,交通运输行政执法主体既包括行政机关,也包括被授权组织。就行政机关而言,依法设置的各级人民政府的交通运输主管部门,如交通运输部、省交通运输厅、市交通运输局(委员会)和县交通运输局,以及交通运输部主管的国家铁路局、中国民用航空局和国家邮政局等,都是行政机关,它们的交通执法权除来自单行法律、法规、规章的具体规定外,更重要的是来自宪法和组织法(包括《国务院组织法》❶和《地方各级人民代表大会和地方各级人民政府组织法》)的概括性规定。同时,各级公路管理机构、道路运输管理机构、港航(务)管理机构和海事管理机构属于法律、法规授权的组织,它们的交通运输行政执法权仅仅来自宪法和组织法之外的其他单行法律、法规的授予。

第二,交通运输行政执法主体的机构分设情况较为普遍。以道路运输管理领域为例,在杭州市,负责具体实施本市机动车驾驶员培训经营、机动车维修经营、汽车配件经销等道路运输经营理职能的杭州市机动车服务管理局,就是从道路运输管理机构中分离出来的。

在交通运输行政执法主体多元化之下,避免各执法主体之间权力边界不清、职能交叉成为解决交通运输行政执法"疲软"的关键。

3.执法依据具有多样性

交通运输行政执法必须坚持依法行政。作为交通运输行政执法依据的"法"具有多样性。这表现为:

第一,层级多。我国的立法体制决定了交通运输行政立法体系呈现"金字塔"式构架。其中,位于"金字塔"顶端的是宪法,其他一切法律文件都不得与宪法相抵触。宪法之下,是全国人民代表大会及其常委会制定的法律,如《公路法》《港口法》和《海上交通安全法》等。法律之下,便是国务院制定的行政法规,如《航道管理条例》《公路安全保护条例》《道路运输条例》等。除宪法、法律和行政法规之外,还包括:交通运输部制定的部门规章,如《交通运输行政复议规定》《路政管理规定》等;省、自治区、直辖市人民代表大会及其常委会和设区的市的人民代表大会及其常委会制定的地方性法规,如《浙江省道路运输条例》《杭州市公路条例》等;省、自治区、直辖市人民政府和设区的市的人民政府制定的地方政府规章,如《浙江省农村公路养护与管理办法》《浙江省高速公路运行管理办法》等。

除前述《立法法》明确规定的法律、行政法规、地方性法规(包括自治条例和

---

❶ 为行文简洁,本书中,法律和行政法规的名称均省略"中华人民共和国"。

单行条例)、部门规章和地方政府规章外,实践中,交通运输行政执法的依据还包括行政机关制定的其他规范性文件,即行政规范性文件,以弥补立法资源不足带来的执法空隙。当然,行政规范性文件成为执法依据的前提是其与法律、法规和规章相一致。

一般认为,行政规范性文件是指除行政法规和政府规章外,行政机关依照法定权限和规定程序制定的,涉及不特定的公民、法人或者其他组织的权利义务,在一定时期内反复适用,在本行政区域内具有普遍约束力的各类行政文件。目前,法律和行政法规等中央立法对行政规范性文件的制定主体与权限、制定程序和审查机制等,尚无全面、统一的规定。然而,《法治政府建设实施纲要(2015—2020年)》对加强行政规范性文件的监督管理提出了具体要求,包括:第一,完善行政规范性文件的制定程序,落实合法性审查、集体讨论决定等制度,实行制定机关对规范性文件统一登记、统一编号、统一印发制度。第二,行政规范性文件不得设定行政许可、行政处罚、行政强制等事项,不得减损公民、法人和其他组织合法权益或者增加其义务。第三,涉及公民、法人和其他组织权利义务的行政规范性文件,应当按照法定要求和程序予以公布;未经公布的不得作为行政管理依据。第四,加强备案审查制度和能力建设,把所有行政规范性文件纳入备案审查范围,健全公民、法人和其他组织对规范性文件的建议审查制度,加大备案审查力度,做到有件必备、有错必纠。

同时,某些省、自治区和直辖市人民政府为规范行政规范性文件进行了一些立法尝试。如,浙江省人民政府就先后制定了《浙江省行政规范性文件备案审查规定》(浙政令第119号,2000年7月1日实施)《浙江省行政规范性文件管理办法》(浙政令275号,2010年9月1日实施)和《浙江省行政程序办法》(浙政令第348号,2017年1月1日实施)等规章。其中,特别值得一提的是,《浙江省行政程序办法》第90条确立了行政规范性文件的定期清理制度,要求制定机关每隔2年组织一次对行政规范性文件的全面清理,并向社会公布清理结果。

此外,《行政复议法》和《行政诉讼法》建立了行政规范性文件的附带审查制度,对提高行政规范性文件的质量具有重要意义。

第二,种类多。交通运输行政执法的依据既包括实体性法律法规,也包括程序性法律法规;既包括交通运输领域的专业性法律法规,如《公路法》《港口法》和《道路运输条例》等,也包括适用于所有行政管理领域的一般性法律法规,如《行政处罚法》《行政许可法》和《行政强制法》等,同时还包括其他涉及调整交通运输事项的专业法性法律,如《安全法》《反恐法》和《道路交通安全法》等,以及调整交通运输中民事关系的法律,如《民法通则》《物权法》《侵权责任法》等。

4.执法难度大

第一,交通运输行政执法多为路面执法,执法环境比较恶劣。执法行为如果不规范,或不文明,就可能遭到涉案人员和社会公众的围攻,执法人员的人身安全受到威胁。同时,交通运输行政管理涉及面广,管理事项千姿百态,情况千变万化,加之法律法规繁多,执法人员只有经过系统的学习、培训和不断实践,才能独当一面。

第二,陆路运输与水路运输是一种互通的连续性行为,并非各自完全独立。同时,跨地域的违法行为非常多见,并且这些违法行为往往具有连续性。这意味着,在执法过程中,不同类型(如道路运输执法与水路运输执法)、不同层级、不同地域的交通运输行政执法主体之间必须密切合作,相互协助。否则,任何一个执法环节出现推诿或扯皮现象,都可能纵容违法行为。

5.执法手段具有多样性

交通运输行政执法事项的广泛性和复杂性,决定其执法手段必然具有多样性,否则就无法实现执法目的。总体上,交通运输行政执法手段主要表现为行政许可、行政监督检查、行政强制、行政处罚、行政调解、行政指导、行政裁决、行政奖励和行政征收等行为。在这些执法手段中,有的具有强制性和命令性,如行政处罚与行政强制;有的则不具有强制性和命令性,如行政指导和行政调解;有的是依申请的行政行为,如行政许可;有的是依职权的行政行为,如行政处罚等;有的对公民、法人和其他组织有利,如行政奖励;有的对公民、法人和其他组织不利,如行政处罚等。因此,交通运输行政执法主体应当根据具体情形,选择适当的执法手段,以便在提升执法效率的同时,提高人民群众对行政行为的接受度。

二、交通运输行政执法的基本原则

交通运输行政执法的基本原则,是指贯穿于全部交通运输行政执法过程之中,用于指导交通运输行政执法的基本法律规则。

一般认为,交通运输行政执法的基本原则包括两个方面:一是适用于所有行政执法的基本原则,如合法行政原则、合理行政原则、程序正当原则、诚实信用与信赖保护原则、高效便民原则和权责一致原则等;二是交通运输行政执法特有的一些原则,如高效安全原则、服务原则和信息化原则等。下文仅介绍交通运输行政执法的特有原则。

1.高效安全原则

交通运输行政执法的核心之一,是实现高效安全的交通运输秩序。可以说,所有的交通运输行政执法都是围绕着这一核心展开的。"东方之星"沉船事件和天津港爆炸案的查处,网约车管理办法的出台,都充分体现了高效安全这一原则。

2.服务原则

交通运输行政执法行为以维护交通运输市场秩序、保障交通运输基础设施安全、服务社会公众方便安全快捷出行为己任,在本质上属于公共服务行为。近年,国家提出的"三基三化"建设❶等活动,就是寓管理于服务之中,从而为社会公众提供便捷、优质的服务。

3. 信息化原则

周知,21世纪是一个信息化时代,互联网已经成为一种无形的交通运输方式。相应的,"互联网+"交通运输行政执法成为一种必然方式。单兵执法装备配置、非现场执法和执法管理平台建设等,都充分展现了信息化在交通运输行政执法中的作用,信息化将成为交通运输行政执法的发展方向。

三、交通运输行政执法的分类

根据不同的标准,交通运输行政执法可以分为不同的类别。其中,以下两种分类方式具有重要的实践意义。

(一) 按交通运输方式所做的分类

根据交通运输方式的差异,交通运输行政执法可以划分为:航空运输行政执法、铁路运输行政执法、轨道运输行政执法、邮政行政执法、公路运输行政执法和水路运输行政执法六类。考虑到本书的用途,下文仅介绍公路和水路运输行政执法。

1. 公路运输行政执法

(1) 公路管理:公路管理有广义和狭义之分,前者包括公路的规划、建设、养护、管理和使用,后者指公路的路政管理。就行政执法职能而言,主要是公路管理机构承担的路政管理职能,即由公路管理机构承担依法保护路产路权的职能。然而,有的公路管理机构还承担其他职能,如,杭州市公路管理局除承担公路管理职能外,还根据《杭州市城市轨道交通运营管理办法》的规定,受杭州市交通运输局的委托,承担轨道交通管理的部分职能,具体负责城市轨道交通运营期保护区的安全监督管理工作。

(2) 道路运输管理:道路运输管理机构是履行道路运输行政执法职能的组织,负责经营性客货运管理以及驾培维修等行政管理职能。除此之外,有的道路运输管理机构还具有其他职能,如,根据《杭州市城市轨道交通运营管理办法》的规定,杭州市道路运输管理局受杭州市交通运输局的委托,具体负责城市轨道交通运营管理工作。另外,某些地方还出现了不同的管理体制,如,杭州市机动车服务管理局承担驾培、机动车维修、汽车租赁和汽配经销的行政管理职能。但这也是从道路运输管理机构的职能中分离出来的,因此,本质上仍然属于道路运输管理机构的职能。

2. 水路运输行政执法

(1) 海事行政执法:根据执法范围,海事行政执法可分为海上行政执法和内河行

---

❶ 2012年9月25—26日,全国交通运输法制工作会在黑龙江省哈尔滨市召开。会议要求,各地交通运输部门要以建设法治政府部门为目标,以素质形象建设为重点,深入开展"三基三化"建设,即:基层执法队伍的职业化建设、基层执法站所的标准化建设、基础管理制度的规范化建设,全面推进交通运输依法行政。

政执法。海事行政执法旨在履行水上交通安全监督管理,船舶及相关水上设施检验和登记,防止船舶污染和保障航海安全等职能。

(2)港口行政执法:主要承担监管港口建设市场秩序,港口管理经营的市场准入,维护港口生产经营秩序等职能。

(3)航道管理:主要承担保护水运资源和维护航道正常通行等职能。

(4)水路交通运输管理:主要履行水路旅客运输管理、水路货物运输管理和水路运输服务管理等职能。

在浙江省,以上四类水路运输交通行政执法职能都由港航管理(地方海事)机构承担。

3. 兼具公路和水路的交通行政执法

交通建设工程质量安全监督管理机构是履行交通基础(含公路和水路)设施建设工程质量安全监管职能的交通运输行政执法机构。总体上,在浙江省,该类机构的执法依据主要是《浙江省交通建设工程质量和安全生产管理办法》,是根据交通运输主管部门的委托进行执法。不过,在杭州,该类机构的执法依据还包括杭州市人大常委会制定的《杭州市交通建设工程监督管理条例》,从而成为获得地方性法规授权的执法主体。

(二)按行政权力分类

交通运输行政执法主体归纳起来有六项行政权力:行政许可、行政处罚、行政强制、行政确认、行政征收和行政裁决。其中,行政许可、行政处罚和行政强制是交通运输行政执法主体拥有的一般性权力。除此之外,也有一些行政权力专属于某一类交通运输行政执法主体,如港航管理机构对船舶进行登记的权力属于行政确认,港航管理机构征收港务费的权力属于行政征收,道路运输机构的客运班车发班方式和发班时间确认、变更、备案及争议裁决就属于行政裁决。

四、交通运输行政执法的发展概况

(一)交通运输行政执法发展历史

交通运输行政执法的历史和交通运输的形成和发展一样,可谓源远流长。早在商代,我国就已经有了公路管理法的雏形。1978年党的十一届三中全会以后,特别是自20世纪90年代后期开始,交通运输行政执法步入了一个快速发展时期。期间,由于法律、法规的调整,交通运输行政执法也产生了一些变化,如燃油税的征收取代养路费的征收之后,道路稽征这一执法类型就消失了,与其相关的职能被合并到运政管理,形成了现有的道路运输管理模式。

(二)交通运输行政执法的现状和改革

当前,交通运输行政执法呈分散型的"多头执法"体制,分别由公路、运政、港航等部门行使各自的行政执法权。这一执法体制带来诸多问题,最突出的是,无论"治超"还是"打黑车",十余年来未见显著成效,舆论甚至以"七八个大盖帽,管不住一顶破草帽"来评价交通运输行政执法。这一评价虽然有失偏颇,但却切中要害。鉴于目前的交通运输行政执法乱象,体制改革势在必行。

党的十八届四中全会《关于全面推进依法治国若干重大问题的决定》再次重申"深化行政执法体制改革",并明确指出深化行政执法体制改革的途径是推进综合执法。行政综合执法改革是我国行政执法改革的主线,从条块分割的单一部门行政执法向行政综合执法迈进,是我国行政执法体制改革的重要内容。国务院2015年12月发布的《法治政府建设实施纲要(2015—2020年)》对推行综合执法作出明确规定。为贯彻实施《法治政府建设实施纲要(2015—2020年)》,交通运输部制定了《关于全面深化交通运输改革的意见》(交政研发〔2014〕234号),要求"稳步推进交通运输综合行政执法",并在《交通运输综合行政执法改革试点方案》中提出,要"结合试点地区交通运输管理的特点和实际,组建统一的交通运输综合行政执法机构或按照公路执法、水路执法分别组建综合行政执法机构"。

推行交通运输综合行政执法改革是落实科学发展观,加强和规范交通运输行政执法的重要举措,是规范和提高交通运输行政执法效率的内在要求。同时,《行政处罚法》第十六条和《行政许可法》第十六条是开展交通运输综合行政执法改革的法律依据。目前,福建省、河南省、山东省、辽宁省、江苏省等省份以及广西壮族自治区桂林市都在开展交通运输综合行政执法改革试点工作。一定意义上,综合执法将成为交通运输行政执法的发展方向。

第二节 交通运输行政执法主体

一、交通运输行政执法主体概述

(一)概念

交通运输行政执法主体,是指依法享有交通运输行政执法权,能以自己名义实施交通运输行政执法行为,并独立承担由此产生的法律责任的社会组织。

(二)基本特征

(1)从表现形式上看,交通运输行政执法主体包括交通运输行政机关和被授权组织,二者都以社会组织的形式存在。具体来说,一方面,国家法律、法规把交通运输行政职权直接授予特定的社会组织——交通运输行政机关和其他具有公共事务管理职能的社会组织,而不是直接授予作为自然人的交通运输行政执法人员。因此,交通运输行政执法人员只能基于行政职务,以交通运输行政执法主体的名义行使交通运输行政职权。交通运输行政执法人员的行为是代表交通运输行政执法主体意志的职务行为,其法律后果由其所属的交通运输行政执法主体承担。另一方面,交通运输行政执法主体不一定具有法人资格。不具有法人资格的交通运输行政机关的内设机构、派出机构或其他社会组织,如果获得法律、法规的授权,也可以成为交通运输行政执法主体,如,杭州市各县(市、区)的地方海事处,它本身不具有法人资格,但获得法规授权后,就能以自己的名义实施行政执法行为。

(2)交通运输行政执法主体是依法享有行政职权的社会组织。只有依法享有交通运输行政职权的社会组织才可能成为交通运输行政执法主体。而且,当交通运输行政执法主体并未行使行政职权时,它就不是交通运输行政执法主体,例如,交通运输局在实施采购执法服装这一行为时,它就是民事主体,而不是交通运输行政执法主体。

(3)交通运输行政执法主体是能以自己的名义实施交通运输执法行为、独立承担法律责任的交通运输的社会组织。所谓"以自己的名义",是指在法律、法规规定的权限范围内,依照自己的意志实施行政执法行为,以本机关或本组织的名义作出决定,并加盖公章对外行文。"独立承担法律责任"是指有独立的场所、编制、经费和人员,并独立对外承担行政赔偿等法律责任。可见,受委托的组织以及未经法律、法规授权的交通运输行政机关的内设机构、派出机构等,不能以自己的名义实施交通运输执法行为,也不能独立对外承担法律责任,因此不是交通运输行政执法主体。

(三)设置原则

交通运输行政执法主体的设置,应当遵循下列原则:

1. 目标原则

交通运输行政执法主体的设置,应当服务于交通管理总目标的实现。具体来说,机构的设置和人员的编制都取决于管理任务和管理目标;随着管理任务和管理目标的变化,机构设置和人员编制也应当作相应调整。

2. 精简原则

精简原则是国家机构设置的基本原则。该原则要求机构、层次、编制要精简、统一、高效;人员编制要适量适位;要精简领导机关,充实基层单位。

3. 科学原则

机构的设置和各部门、各层次之间的职能要符合管理科学的要求,符合交通执法管理活动的规律和特点。只有这样,才能建立一支高效的交通运输行政执法队伍。

二、交通运输行政执法主体的分类

如前文所述,按照交通运输行政执法权的来源,交通运输行政执法主体可以分为交通运输行政机关和被授权组织。

行政机关是指按照宪法和组织法的规定而设立的依法行使职权、对国家行政事务进行组织和管理的国家机关。根据管辖范围,交通运输行政机关分为中央行政机关和地方行政机关。中央层级的交通运输行政机关包括两类:一是交通运输部,它是主管全国交通运输行业的最高行政机关,是国务院的工作部门。二是交通运输部管理的国家铁路局、中国民用航空局和国家邮政局,它们主管相关领域的行政事务。地方层级的交通运输行政机关由三级构成,即省交通运输厅、市交通运输局(委员会)和县交通运输局,它们都是所属一级人民政府的工作部门,主管本行政区域内的交通运输行政事务。

国家根据行政管理的需要,通过法律、法规,将处理某一方面行政事务的权力授予除行政机关以外的社会组织行使,该组织便成为法律、法规授权的组织,具有行政执法主体资格。如,《道路运输条例》第七条第三款规定:"县级以上道路运输管理机构负责具体实施道路运输管理工作。"这样,县级以上道路运输管理机构就因该行政法规《道路运输条例》的授权而取得行政执法主体资格。目前,基于法律、法规的授权而取得交通运输行政执法主体资格的被授权组织,主要有县(市、区)运管处(局、所)、公路处(局、段)、港航处(局)等事业单位。有的法律文本,如《交通行政处罚程序规定》,将这类组织统称为"交通管理机构"。

值得注意的是,就整个国家的行政执法主体的构成而言,行政机关是核心。也正因此,《行政处罚法》《行政许可法》和《行政强制法》等法律在承认被授权组织具有行政执法主体资格的同时,在行文方面,基于立法简洁的考虑,使用的都是"行政机关"这一概念。

在此一并说明的是,与"行政主体"概念相对应的法学概念是"行政相对人",而"行政相对人"所指称的是法律文本中的"公民、法人和其他组织"。在后文中,除援引法律条文外,更多的时候将使用"行政相对人"概念。此外,《行政处罚法》中还使用了"当事人"概念,而"当事人"是抽象的"行政相对人"的具体化、特定化。

三、受委托的组织

在理解交通运输行政执法主体的概念时,要注意行政主体与行为主体的差异。交通运输行政执法主体是行政主体,它可以以自己的名义独立行使行政职权,并对外独立承担法律责任。此时,行政主体与行为主体是合一的,是同一个组织。有时,交通运输行政执法主体可以依法将自己的行政职权委托给其他社会组织行使,此时,行政主体与行为主体是相互独立的两个组织。于是,除交通运输行政执法主体之外,还有一类行使交通运输行政职权的组织,即受委托的组织。在这一方面,最典型的立法是《行政处罚法》。该法第三章是"行政处罚的实施机关",具体规定了三类实施机关:具有行政处罚权的行政机关;法律、法规授权的具有管理公共事务职能的组织;受行政机关委托的组织。

受委托的组织是指受行政主体委托，行使一定行政职能的组织。受委托组织不是行政主体，它的行政职权来自行政主体的委托行为。而且，根据《行政处罚法》《行政许可法》和《浙江省行政程序办法》的规定，委托必须具有法律、法规和规章的依据。同时，基于委托理论，受委托组织在行政执法过程中，不能以自己的名义进行执法，只能以委托方的名义进行执法，相应的法律后果也由委托方承担。此外，受委托组织还必须符合法律、法规和规章规定的条件。

如，某县交通工程质量安全监督站根据县交通运输局的委托，行使交通建设工程质量安全监督职权时，就是受委托的组织。此时，它必须以县交通运输局的名义行使职权，并由县交通运输局对外承担法律责任。当然，当该交通工程质量安全监督站依据法律、法规的授权行使特定的行政职权时，它的身份就是具有交通运输执法主体资格的被授权组织，而不是受委托的组织。因此，行政执法人员在执法过程中，必须注意自身职权的来源，从而及时转换法律角色。

总体上，行政委托不是行政执法的常态，受委托的组织作为行政执法行为的实施者，它与行政主体（包括行政执法主体）之间的法律关系，相较于行政主体与行政相对人之间法律关系来说，更具有内部法律关系的属性。为此，后文中，对受委托的组织给予的关注相对较少。

四、交通运输综合执法和联合执法

（一）交通运输综合执法

综合执法，是指依法成立一个行政组织，该组织以自己的名义来行使原先由两个或两个以上行政主体行使的执法权的行政执法体制。本质上，综合执法主要指相对集中行使行政职权，包括相对集中行使行政处罚权、相对集中行使行政许可权、相对集中行使行政复议权等。

由于历史原因，交通运输行政执法由运政、路政、港政、质监等多支执法队伍承担，力量分散，专业化水平较低，多、散、滥的情况比较突出。因此，在交通运输行政执法领域实行综合执法尤为迫切。目前，浙江省已经启动了交通运输综合执法改革试点，交通运输行政执法有望翻开新的一页。

（二）交通运输联合执法

联合执法，顾名思义，是指多个执法部门联合组成执法队伍或机构，统一对行政相对人进行监督检查，但分别以各自的名义或相对级别较高的行政机关的名义作出处理决定的活动。

《浙江省行政程序办法》对联合执法作出明确规定：

第一，联合执法的适用条件。联合执法不是执法的常态，执法的常态是各行政主体独立执法。《浙江省行政程序办法》第三十五条规定："在开展综合治水、违法建筑处置等综合性行政执法活动，以及其他事关经济社会发展大局、涉及面广的重大行政执法活动时,县级以上人民政府或者其他有关行政机关可以组织联合执法。"这就明确了联合执法的适用条件。

第二,联合执法中的行政执法决定的作出规则。根据《浙江省行政程序办法》第三十六条的规定,在联合执法过程中,行政执法决定可以以两种形式作出:

(1)不同行政执法系统之间的联合执法,由参加联合执法的行政机关在各自的职权范围内依法分别作出;

(2)同一行政执法系统内的联合执法,可以以上级行政机关的名义依法作出,也可以在各自的职权范围内依法分别作出。

道路运输管理机构和公路管理机构在治理运输超限时的联合执法,以及道路运输管理机构和公安机关交通管理部门、城管部门在打击非法营运方面的联合执法,都是日常工作中常见的联合执法形态。

五、交通运输行政执法人员

(一)交通运输行政执法人员的含义

交通运输行政执法人员,指在交通运输行政执法主体及其委托的组织中从事交通运输行政执法工作的自然人。

在理解交通运输行政执法人员的含义时应当注意以下事项:第一,交通运输行政执法人员是自然人,不是社会组织。并且,只有符合一定条件的自然人才能成为交通运输行政执法人员;第二,交通运输行政执法人员是从事交通运输行政执法工作的自然人。因此,他们应当熟悉交通运输业务,并具有一定的法律知识;第三,广义上,交通运输行政执法人员既包括交通运输行政机关中的公务员,也包括被授权组织中参照公务员法管理的公务人员,还包括受委托组织中从事行政执法工作的人员。

(二)交通运输行政执法人员资格

为提高行政执法质量,国务院要求建立行政执法人员资格制度。如,《关于全面推进依法行政实施纲要》明确提出,"实行执法人员资格制度,没有取得执法资格不得从事行政执法工作。"《关于加强市县政府依法行政的决定》对行政执法人员资格制度规定得更加详细,即:"健全行政执法人员资格制度,对拟上岗行政执法的人员要进行相关法律知识考试,经考试合格的才能授予其行政执法资格、上岗行政执法。进一步整顿行政执法队伍,严格禁止无行政执法资格的人员履行行政执法职责,对被聘用履行行政执法职责的合同工、临时工,要坚决调离行政执法岗位。"

就浙江省而言,《浙江省行政程序办法》第四十条第一款规定:"行政执法人员应当按照有关规定,经行政执法资格考试合格,取得行政执法证件"。同时,根据《浙江省行政执法证件管理办法》(浙政令第346号)的规定,浙江省行政执法证是本省行政执法人员❶具有行政执法资格和表明执法身份的有效证明。不过,按照规定取得国家有关部门制发的行政执法证件的,可以不参加本省的行政执法资格考试、不领取浙江省行政执法证。也就是说,已经依据《交通运输行政执法证件管理规定》(交通运输部令2011年第1号)的规定领取了交通运输行政执法证或海事行政执法证的交通运输行政执法人员,即便不参加浙江省的行政执法资格考试、不领取浙江省行政执法证,也具有交通运输行政执法人员资格。

需要补充说明的是,在日常执法过程中,除行政执法人员外,还有一些协助行政执法人员开展执法工作的人员,即行政执法辅助人员。根据《浙江省行政程序办法》第四十条第二款的规定,行政执法辅助人员在行政机关及行政执法人员的指挥和监督下,可以配合从事宣传教育、信息采集、接收或者受理申请、参与调查、劝阻违法行为、送达文书、后勤保障等工作。行政机关应当组织开展对行政执法辅助人员的岗位培训,使其具备必要的法律知识、专业知识和依法行政能力,并加强日常管理和工作考核。

(三)交通运输行政执法人员的素质

交通运输行政执法人员的素质,是指交通执法人员所必须具备的能力和品格,即做好交通运输行政执法工作必须具备的基本条件。

当前,交通运输行政执法面临着新形势和新问题,交通运输行政执法人员必须具有高度的政治觉悟、熟练的专业技能、良好的心理素质和体魄。

1. 政治素养

交通运输行政执法人员应具有坚定正确的政治方向和立场,旗帜鲜明地坚持四项基本原则,拥护党的路线、方针、政策,坚定不移地维护国家和人民利益,任劳任怨地为人民服务。应具有强烈的事业心和责任感,兢兢业业,忠于职守。要有良好的职业道德和组织纪律性,忠于法律,忠于事实,不徇私情,勤政廉洁。

2. 业务素质

交通运输行政执法人员应当牢固掌握与交通运输管理有关的法律、法规、规章,树立依法行政的观念和意识,严格依法行政。精通交通管理的专业知识和技能,不仅要熟悉自己的管理对象,还要熟练掌握交通执法和交通管理的基本知识、基本要求、基本规定,熟练掌握执法装备和信息化手段、执法办案的技能。要具有社会调查的能力,培养和增强开展群众工作的能力,收集交通管理信息,分析违法行为规律,研究工作举措。

---

❶根据《浙江省行政执法证件管理办法》第三条的规定,依法取得行政执法证件的行政执法机关在编工作人员是行政执法人员。依法成立的下列单位是行政执法机关:(1)县级以上人民政府及其工作部门、乡镇人民政府和街道办事处;(2)根据法律、法规、规章的授权,具有行政执法职能的单位;(3)根据法律、法规、规章的规定,受行政机关委托实施行政执法的单位。

3.良好的心理素质和体魄

当前,交通运输行政执法任务繁重,执法情况复杂多变,特别是路面执法中,突发情况时有发生,执法人员的工作压力较大。这就要求执法人员具有更好的心理素质,沉着冷静、机智果断地处理现场情况。同时,交通运输行政执法队伍面临着繁重的交通管理任务,工作强度大,只有具备良好的身体素质,才能以旺盛的精力完成维护交通运输行业秩序的职责。

第三节 交通运输行政执法文书

一、交通运输行政执法文书的概念和作用

(一)概念

交通运输行政执法文书,是指交通运输行政执法主体或受其委托的组织,在交通运输管理中,按照法定程序,为正确实施交通运输法律规范而制作的法律文书。

(二)作用

1.交通运输行政执法文书是交通运输行政执法过程的如实反映

交通运输行政执法人员从事执法活动,如立案调查、询问、检查勘验、作出处罚决定、送达执法文书等,都应依据法律的规定,按照法定的程序,用一定的文字凭证予以记载、反映。换言之,交通运输行政执法过程的每一个程序都必须依法制作成执法文书,每一份执法文书都是交通运输行政执法过程的文字体现。

2.交通运输行政执法文书是交通运输行政执法主体在行政诉讼中履行举证责任的保障

《行政诉讼法》第三十四条规定:"被告对作出的行政行为负有举证责任,应当提供作出该行政行为的证据和所依据的规范性文件。被告不提供或者无正当理由逾期提供证据,视为没有相应证据。但是,被诉行政行为涉及第三人合法权益,第三人提供证据的除外。"因此,在作为行政行为发生的行政诉讼中,被告如果在法定期限内未能提供作出行政行为的证据,就将面临败诉的风险。交通运输行政执法文书是执法人员办理案件的文字凭证。在行政诉讼过程中,交通运输行政执法主体履行举证责任的方式就是把由一系列执法文书构成的案卷,连同证据材料,一并提交人民法院进行审查。假若执法人员在办案过程中没有依法调查取证,未按规定制作执法文书,那么交通运输行政执法主体在行政诉讼中就很难正确、有效地履行举证责任。

3.交通运输行政执法文书是衡量交通运输行政执法人员执法能力的主要依据

交通运输行政执法文书是交通运输行政执法人员办案活动的文字记录。执法人员对法律知识掌握的熟练程度,执法能力的高低,执法业务水平的强弱,语言文字

功底的深浅,最终都能够从其制作的执法文书中体现出来。行政执法实践表明,执法文书制作比较规范的行政执法人员,其执法能力都比较强。

二、交通运输行政执法文书的特点和分类

(一) 特点

1. 制作的合法性

具体包括三个方面:一是制作主体的合法性,即必须由交通运输行政执法主体制作,并且各交通运输行政执法主体必须在自己的权限范围内制作;二是制作程序的合法性,即必须按照法律、法规和规章规定的程序制作;三是文书内容的合法性。如,《行政处罚法》第三十九条明确规定了行政处罚决定书必须载明的六类事项,并要求必须盖有作出行政处罚决定的行政机关的印章。

2. 内容的客观性

交通运输行政执法人员制作执法文书时,要秉持客观的态度,采用客观的语言文字,表述客观存在的事实状况,而不能主观推断,文过饰非,以假充真。只有客观反映案件的实际情况,才能准确地认定事实,正确地适用法律,及时地制止和打击违法行为。

3. 语言的准确性

交通运输行政执法文书是庄重严肃的法律文书,在语言文字的运用上,要求不能模棱两可、似是而非,也不能任意夸大或缩小事实。

4. 内容的确定性

交通运输行政执法文书一经制作完毕并送达到当事人,非经法定程序不得变更或撤销。具体来说,交通运输行政执法文书是交通运输行政执法主体具体适用法律规范的书面表现形式,一旦发生法律效力,其执行就以国家强制力为保证。如果要变更或撤销,必须依据法定程序进行,如通过行政复议和行政诉讼程序予以变更或撤销。

(二) 交通运输行政执法文书的分类

1. 内部文书和外部文书

根据用途,交通运输行政执法文书可分为内部文书和外部文书。

内部文书是指在行政执法活动过程中,执法机关为行政管理活动需要而制作的在行政机关内部运转的书面文件,如立案审批表、案件审批表、案件调查终结报告、结案报告等。

外部文书是指执法机关在具体执法活动中制作的涉及当事人权利和义务,或调查取证过程中有执法机关以外的人员和组织参与的文书,如调查笔录、勘验笔录、行政处罚决定书、责令停止违法行为通知书等。

2.笔录式执法文书、填写式执法文书和说理式执法文书

根据格式,交通运输行政执法文书可分为笔录式执法文书、填写式执法文书和说理式执法文书。

笔录式执法文书,主要是详细记录当事人违法的客观事实及执法人员的调查结果的法律文书。

填写式执法文书的格式相对固定,如责令停止违法行为通知书、当场处罚决定书等,这类文书在制作时只需在空白处根据实际情况填写即可。

说理式执法文书要求行政机关运用充分的说理来论证作出行政行为的事实、理由和依据,做到明之以法、晓之以理、动之以情、以理服人。目前,说理式执法文书在行政处罚领域得到较为普遍地适用。

相比较而言,笔录式执法文书和填写式执法文书比较简单,易于操作,日常使用频率较高。说理式执法文书比较复杂,至少要说清四个理:一是要讲清认定案件事实的"事理";二是要讲清是否采纳当事人陈述和申辩意见的"情理";三是要讲清适用行政裁量权的"道理";四是讲清适用法律法规的"法理"。而且,说理时还要做到以下五点:

(1)说理要有全面性。说理要充分、具体,要全面地对行政相对人的陈述、申辩理由进行评析;不能容易评析时就洋洋千语,不容易评析时就避而不谈。

(2)说理要有针对性。要针对行政相对人提出的陈述、申辩理由进行说理。对争议不大的问题,当繁则繁,当简则简,不能片面地追求长,避免短话长说、人为增加篇幅的现象。对当事人没有提出的陈述、申辩理由,不必进行过多分析。

(3)说理要有逻辑性。否定与采纳在论证方式上分别是立论和驳论。评判是一个论证过程,要严格遵守论证的规则和方法。

(4)说理要有条理性。说理应有较强的层次感,便于行政相对人理解和接受。如,一份说理式行政处罚决定书,首先应当说明行政相对人违反的禁令性行政法律规范,然后说明应当适用的处罚罚则,最后分析需要从轻、减轻或从重处罚的裁量权的适用。这样依次推进,条理清晰地说明给予行政相对人行政处罚的理由。

(5)说理要有法理性。要根据所认定的法律事实(事件和行为),全面、具体、准确地援引法律条文。法律条文的援引要条、款、项、目齐全,适用某一层次的规定,就应具体写到这一层次。不能笼统地写"根据有关规定"或"根据某法律文本的有关条款"。

总之,一份好的说理式执法文书有利于保护行政相对人的知情权、参与权和救济权;有利于提高交通运输行政执法的质量和执法人员的素质;有利于普及交通运输法律知识;有利于增强社会各界对交通运输行政执法工作的监督;有利于推进交通运输行政执法队伍的廉政建设。

3. 处罚类执法文书、许可类执法文书、复议类执法文书和其他类执法文书

根据职能,交通运输行政执法文书可分为分为处罚类执法文书、许可类执法文书、复议类执法文书和其他类执法文书。

处罚类执法文书,指的是交通运输行政执法主体针对违法的行政相对人实施行政处罚过程中制作的具有法律效力的文书。许可类执法文书,指的是交通运输行政执法主体根据行政相对人的申请,经依法审查,作出准予或不准予其从事特定的交通运输行为过程中制作的具有法律效力的文书。复议类执法文书,指的是交通运输行政复议机关在办理行政复议案件中制作的具有法律效力或者规范意义的所有文书。其他类执法文书涵盖行政调解书、行政协议、行政指导意见书、行政检查意见书、行政通报、轻微违法行为告知书等,类型比较多。

三、交通运输行政执法文书的制作

交通运输行政执法文书的制作,由于受主、客观等因素制约,目前还存在诸多问题。这些问题的存在,不仅有损交通运输行政执法主体的公信力,而且行政相对人一旦提起行政复议或行政诉讼,交通运输行政执法主体就将陷入被动局面。结合实践中经常出的错误,下文分析制作交通运输执法文书应当关注的事项。

(一)程序部分

1. 执法文书日期填写混乱

交通运输行政执法人员实施行政许可、行政检查、行政强制、行政处罚等行为时,执法流程和相关文书之间具有一定的逻辑关系,而日期是反映这一逻辑关系的最直观表现。在实践中,有时执法文书的日期填写比较混乱。比如,立案日期在审批或作出决定之后,送达回证的时间在被送达文书的制作时间之前,委托书中的委托时间与案件不相符合,等等。但是,如果不按照执法顺序填写执法文书,随意更改执法程序,一旦发生诉讼或复议,交通运输行政执法主体将处于不利境地。

2. 其他程序瑕疵

除执法文书的日期填写问题外,在践中,交通运输行政执法文书还经常出现以下问题:委托书中,授权委托的内容和权利与案件不相符合;应经集体讨论的案件,缺少集体讨论记录;当事人承诺放弃相应权利时,执法文书的表述不规范;在行政许可延长程序中,相关执法文书没有体现延长程序;其他单位移送的案件,没有移送单或交接单等证明文件;委托代理人与送达回证的签收人姓名不一致;询问笔录、送达回证上只有一名执法人员签字;等等。

(二)实体部分

1. 对行政处罚相对人的认定错误

行政处罚案件中,如何认定行政处罚相对人?按照《行政处罚法》《行政复议法》及《行政诉讼法》等法律的规定,行政行政处罚相对人是违反了有关法律、法规、规章,应承担行政法律责任的"公民、法人和其他组织"。根据《民法总则》和有关司法解释的规定,应当按照以下规则认定行政处罚相对人:

(1)公民(自然人)。对公民(自然人)身份的认定,一般以身份证为准。

(2)个体工商户。应以营业执照上登记的业主为行政处罚相对人。有字号的,在法律文书上应注明登记的字号。

(3)私营独资企业、个人独资企业、合伙型联营企业、企业法人依法设立并领取营业执照的分支机构,应以企业作为行政处罚相对人。

(4)企业法人非依法设立或虽依法设立但没有领取营业执照的分支机构,应当以设立该分支机构的法人作为行政处罚相对人。

(5)对于合伙的,应当处罚合伙人;合伙已注册登记为合伙企业的,应当处罚合伙企业。

(6)两个以上当事人共同实施违法行为的,应当根据各自的违法情节,分别给予处罚。

2. 对证据特性的反映不充分或证据的效力不确定

证明案件事实的证据应具有合法性、客观性、关联性,但一些执法文书对证据的特性的反映把握不够,如证据是否合法,是否客观存在,与违法事实是否关联,在文书中反映不充分。有些执法文书对众多证据没有从逻辑上进行整理取舍,使得证据链松散或与案件事实关联性不够。有时,对于当事人提供的材料,行政执法主体未在复印件上加盖"与原件核对无误"章,或者没有经过两名执法人员确认的,会使证据的效力处于不确定状态。

3. 适用法律依据不规范

例如,对于适用的法律依据,未具体到条、款、项、目。又如,在减轻处罚的案件中,没有说明适用的减轻条款。

4. 处罚失当

《行政处罚法》第四条第二款规定:"设定和实施行政处罚必须以事实为依据,与违法行为的事实、性质、情节以及社会危害程度相当。"这样,在交通运输行政处罚决定书中,交通运输行政执法主体应当说明其查明的违法行为性质、情节和社会危害性与处罚结果相符,避免处罚失当。

四、交通运输行政执法文书的送达

交通运输行政执法文书的送达,指交通运输行政执法主体按照法定的程序和方式,将交通运输行政执法文书送交行政相对人的行为。

交通运输行政执法文书的送达,有的关涉行政程序的推进,有的关涉行政行为的生效,对实现交通运输行政执法的目标具有重要意义。实践中,交通运输行政执法文书的送达大都遵守《民事诉讼法》关于送达程序的相关规定。这与法律的规定具有密切关系。如,《行政处罚法》第四十条规定:"行政处罚决定书应当在宣告后当场交付当事人;当事人不在场的,行政机关应当在7日内依照民事诉讼法的有关规定,将行政处罚送达当事人"。又如,《行政强制法》第三十八条规定:"催告书、行政强制执行决定书应当直接送达当事人。当事人拒绝接收或者无法直接送达当事人的,应当依照《民事诉讼法》的有关规定送达。"

不过,交通运输行政执法文书种类较多,而《行政处罚法》《行政强制法》只明确要求行政处罚决定书、催告书和行政强制执行决定书应当依照民事诉讼法的规定的方式送达。❶ 那么,其他交通运输行政执法文书应当如何送达?对此,法律和行政法规尚未作出统一规定;在浙江省,则应适用《浙江省行政程序办法》的相关规定。

根据《浙江省行政程序办法》的规定,行政执法文书的送达应当遵守以下规则:

第一,法律优先原则,即,行政处罚、行政强制等法律对行政机关送达行政处罚决定书、催告书、行政强制执行决定书等有明确规定的,从其规定。

第二,行政机关拥有有限的选择权,即,当法律对行政执法文书的送达方式没有规定时,行政机关可以根据具体情况选择直接送达、留置送达、邮寄送达、委托送达、电子送达等方式送达行政执法文书。当受送达人下落不明或者采用前述方式无法送达时,行政机关可以采用公告送达的方式。可见,公告送达作为一种送达方式,受到严格限制。

第三,送达方式不同,具体要求也不同。简要说明如下:

1. 直接送达

直接送达是指交通运输行政执法人员直接将执法文书交给当事人。以下人员均是直接送达的对象:当事人本人;本人不在,其同住的成年家属;法人的法定代表人、其他组织的主要负责人或该法人、其他组织的办公室、收发室、值班室等负责收件的人;当事人的委托代理人;当事人的指定代收人。交通运输行政执法主体可以通知受送达人到行政机关所在地领取,或者到受送达人住所地、其他约定地点直接送交受送达人。送达日期以当事人或与当事人同住的成年家属、法人或者其他组织的负责收件人、代理人或代收人在送达回证上签收的日期为准。

2. 留置送达

留置送达是指当事人拒绝签收向其送达的执法文书,交通运输行政执法人员依法将文书留置在当事人住所的送达方式。留置送达不仅适用于公民送达,也适用对法人和其他组织的送达。在采用留置送达方式时交通运输行政执法主体要采取下

---

❶《行政处罚决定书》《行政强制催告书》和《行政强制执行决定书》的送达应当适用《民事诉讼法》的规定。对此,将在本书第三章第八节进行介绍。也就是说,本部分介绍的送达方式,适用于《行政处罚决定书》《行政强制催告书》和《行政强制执行决定书》之外的其他行政执法文书的送达。

列措施之一,并把行政执法文书留在受送达人的住所,才视为送达:一是采用拍照、录像、录音等方式记录送达过程;二是邀请有关基层组织或者所在单位的代表到场,说明情况,在送达回证上记明拒收事由和日期,由送达人、见证人签名或者盖章;三是邀请公证机构见证送达过程。

3. 委托送达

委托送达是指交通运输行政执法主体直接送达有困难时,委托有关机关、单位代为交给当事人的送达方式。代为转交的机关、单位收到行政执法文书后,应当立即交受送达人签收,送达回证上的签收日期为送达日期。

4. 邮寄送达

邮寄送达是指交通运输行政执法主体通过邮政企业邮寄送达执法文书的送达方式。采用邮寄送达方式时,邮寄地址为受送达人与交通运输行政执法主体确认地址的,送达日期为受送达人收到邮件的日期;因受送达人自己提供的地址不准确、地址变更未及时告知交通运输行政执法主体、受送达人本人或者其指定的代收人拒绝签收以及逾期未签收,导致行政执法文书被邮政企业退回的,行政执法文书退回之日视为送达日期。

5. 电子送达

除交通运输行政执法决定文书外,经受送达人同意,交通运输行政执法主体可以通过传真、电子邮件等方式送达行政执法文书。向受送达人确认的电子邮箱送达行政执法文书的,自电子邮件进入受送达人特定系统的日期为送达日期。

6. 公告送达

公告送达是指交通运输行政执法主体以登报、张贴公告等方式告知当事人执法文书的内容,并通知其到交通运输行政执法主体所在地领取执法文书的送达方式。适用公告送达,必须具备以下两个条件之一:一是当事人下落不明;二是交通运输行政执法主体已采用直接送达、留置送达、委托送达、邮寄送达等送达方式,但均无法送达。同时,交通运输行政执法主体公告送达行政执法文书的,应当通过当地政务服务网(电子政务平台)、本机关或者本级人民政府门户网站公告,还可以根据需要在当地主要新闻媒体公告或者在受送达人住所地、经营场所或者所在的村(居)民委员会公告栏公告。就公告期限而言,除法律、法规另有规定外,为10日;因情况紧急或者保障公共安全、社会稳定需要的,可以适当缩短公告期限,但不得少于3日。公告期限届满视为送达。实践中,为便于当事人及时收到交通交通运输行政执法文书,降低行政执法成本,确保行政执法程序顺利进行,人民法院在办案过程中要求诉讼当事人填写送达地址确认书的做法值得交通运输行政执法主体借鉴。一般来说,交通运输行政执法人员在制作现场笔录、询问笔录和送达违法行为通知书等阶段,可以要求当事人填写送达地址确认书。事实上,《浙江省行政程序办法》关于邮寄送达的规定,就凸显了地址确认书的意义。

五、交通运输行政执法文书的归档和管理

交通运输行政执法文书的归档,是指行政案件终结后,办案人员填写行政案件结案报告,并将全部执法文书材料装订成册,立卷归档的行为。行政执法文书归档管理既是执法能力和水平的体现,也是对执法文书及相关证据进行有效保存的重要措施,在行政执法工作中具有现实意义。

原则上,案件应当按照一案一卷进行组卷;材料过多的,或涉及重大案情经集体讨论等的,可一案多卷及立有副卷。案卷应当制作封面、卷内目录和备考表。卷内的目录应当包括序号、题名、页号和备注等内容。卷内的执法文书材料应按时间排列,或行政处罚决定书在前,其余文书按时间顺序排序。对于不能随文书装订的录音、录像等证据材料,应当全部放入证据袋中,并将注明录制的内容、数量、时间和制作人的文字材料随案归档。备考表应当填写卷中需要说明的情况,并由立卷人和检查人签名。

装订交通运输行政执法文书时,应注意以下三点:

(1)材料使用 A4 纸,文字统一使用黑色水笔。案卷内要去除大头钉、回形针等金属物,以防案卷破损。对于大小不统一的文书材料或者其他无法装订的材料,应该进行加工裱糊。小于卷面材料应该加上衬纸,接缝区域要加盖骑缝章。部分已经破损的文书必须及时进行修补,部分使用铅笔或者圆珠笔书写的案卷,或者纸质低劣的文书,确实不能更换时要进行复印。要注意的是复印件和原件必须共同立卷归档,不能当成重件处理。

(2)案卷中的照片(或底片)必须要有文字说明,否则就失去了保存照片的意义。

(3)案卷进行装订之前,必须确保其纸张长宽一致,确保左边和下边对齐,之后统一装订于案卷的左侧,完成之后要进行检查,避免漏订。

立卷工作完成之后,要第一时间移交档案室。归档通常来说要求在结案后一季度时间内完成。归档应履行必要手续,档案人员应在归档簿上签收,完成整个文书归档工作。

随着信息技术的发展,电子化的行政执法文书在实践中的运用也愈发普遍。为做好电子档案的管理,国家档案局制定了《电子档案移交与接收办法》(档发〔2012〕7号)。为规范省直单位电子公文归档与电子档案管理,浙江省委办公厅和省政府办公厅联合印发了《关于切实加强电子文件管理的实施意见(暂行)》(浙委办〔2011〕26号),浙江省档案局则研究制定了《浙江省省直单位电子公文归档与电子档案管理暂行办法》。这样,电子化的交通运输行政执法文书的归档与管理,也具有了法律依据。

六、提高交通运输行政执法文书质量的途径

(一)增强责任意识

目前,基层交通运输行政执法文书制作存在诸多问题的一个重要原因,就是一些执法人员对执法文书的重要性和必要性认识不够,偏重实际执法的操作,忽视文书的制作。只有执法人员充分认识到执法文书的重要性,才能重视和克服文书制作中的问题,从而提高文书制作水平。

(二)加大培训力度

除了执法业务技能的培训外,还要加强写作和逻辑方面的培训。没有良好的文字和逻辑基础,就制作不出高质量的执法文书。执法人员应在繁忙的工作中,安排一定时间参加有关培训。

(三)增强"审核"意识

案件承办人、所在基层处室分管领导、法制部门应对案卷进行层层审核,防止假案、错案,防止执法不当现象的发生。这也是提高行政执法文书制作水平的重要方式。"审核"应从违法事实是否清楚、证据是否确实、援引法律条文是否准确、程序是否合法、处罚是否得当、文字是否有疏漏等方面全面把关。

(四)增强评查意识

行政执法文书评查分为自我评查和层级监督检查,并以自我评查为主,以层级监督检查为辅。

自我评查由各行政执法机关的法制部门在本系统内组织实施,案卷评查率应达到100%。自我评查应从案件的实体和程序上进行全面评查。自我评查记录上应载明被评查案件存在的问题,由行政执法机关的法制部门负责人和被评查单位负责人在评查记录上签字确认,并将评查结果书面通知被评查案件主办人员。层级监督检查由省、市交通运输主管部门组织实施,主要采取定期与不定期相结合、抽查与互查相结合的方式进行。开展执法文书评查时,应当提前3日通知被评查单位。被评查单位接到通知后,应准备书面的总结材料、案件登记台账和案卷材料等相关资料备查。

(五)建立严格的考核制度

把正确使用和填写执法文书列入岗位责任制,严格考核,对执法人员能否正确使用相应的执法文书,语言表达是否准确,内容是否完整齐全,进行严格的考核,保证执法程序和文书使用的正确、规范。

(六)以"无纸化""信息化"代替"手工化"

逐步实现通过计算机制作、控制执法文书。可以在电脑中建立范本,在执法时修改使用,以便减少执法人员的重复劳动,既保证文书合法有效,又提高工作效率。

第四节 交通运输行政执法装备

一、交通运输行政执法装备的含义和意义

交通运输行政执法装备,是指交通运输行政执法主体及其执法人员在行政执法工作中,用以完成执法任务和保障自身安全的执法工具、器材及其他技术设备,包括安全防护装备、调查取证装备、执法通信工具、执法交通工具和其他执法装备等。

交通运输行政执法装备是交通运输行政执法主体完成交通运输行政执法任务所必需的物质基础。强化交通运输行政执法装备的配备,是加强交通运输行政执法队伍建设,提升执法能力和执法水平的必然要求。全面推进交通运输行政执法装备的科学配备,特别是交通运输行政执法装备的信息化水平,是科学监管和依法行政的基本需要,也是不断提高交通运输行政管理水平,规范交通运输行政执法水平的重要保障。

二、交通运输行政执法装备的层级

交通运输行政执法装备分为个人单兵执法装备、小队联合执法装备和全网综合信息化执法平台等三个层级。

(一)个人单兵执法装备

个人单兵执法装备,是指配发到执法人员个人,用于表明执法人员执法身份,保障执法人员人身安全,完成执法办案行为的装备。具体包括以下三类装备:

1.保障人身安全的装备

保障人身安全的装备是指保障执法人员在执法过程中的人身安全及显示执法标识的装备,包括标准制式的执法服装、执法头盔、多功能反光腰带、反光背心、救生衣、发光指挥棒、反光锥筒、停车示意牌,以及特殊防护装备,如特种防护服、防毒面具、测爆仪、防割手套等。保障人身安全的标准制式执法装备的配备,原则上执法人员每人一套,特殊防护装备可以根据实际需要情况进行配备。

2.用于交通运输行政执法办案的手持设备

用于交通运输行政执法的手持设备是指在交通运输行政执法办案过程中用于收集相关证据,记录执法人员执法过程的手持单兵信息化记录装备。如数码相机、录音笔、单兵执法记录仪等。手持执法记录装备的配备应按照执法人员数量合理搭配。

3.必要的个人通信终端

必要的个人通信终端是指配发到执法人员个人,用于执法行动联络的手持单兵

通信工具,如手机、对讲机、手持移动执法终端设备等。交通运输行政执法中,应按照执法人员的数量,配备必要的个人通信终端。

(二)小队联合执法装备

小队联合执法装备,是指用于交通运输基层执法单位执法或者小规模协同执法行动保障的设施设备。具体包括以下四类装备:

1.执法交通工具

各级交通运输行政执法主体应根据本部门工作职责和实际执法需要,配备各类执法车辆、船舶,并按照国家有关规定,设置统一的标志和示警灯等。

2.执法文书制作装备

执法文书制作装备用于制作执法文书、打印执法单据等执法行为所必需的执法装备,如笔记本电脑、文书打印机、执法单据打印机,等等。

3.执法检测设备

执法检测设备指执法过程中需要的检测检验装备,如称重设备、测速设备、结构检测设备、非现场超限运输查处设备等。执法检测设备应经过相应的标定(检定)后,其检验结果才能作为执法的依据。

4.小型移动执法平台

小型移动执法平台是指在小规模综合执法行动中发挥临时指挥中心作用的移动指挥平台。该执法平台应具有相对完善的现场执法指挥处置能力,能快速完成行政执法所需的各类流程,如综合移动执法车、执法指挥艇等。

(三)全网综合信息化执法平台

全网综合信息化执法平台是采用云端化架构、数据化服务、移动化应用、智能化流程、集约化管理的综合交通运输信息化执法管理平台。执法平台基于"互联网+业务应用"的管理模式,通过整合综合信息采集系统、智能信息分发处理平台、执法信息查询系统、行政处罚处理平台、执法应急指挥系统、人员绩效评价系统等一系列综合信息化网络执法平台,统筹各级信息化执法装备,实现"即时录入、随时互动、系统查询、快速处置、网络执法"的信息化执法管理。

1.综合信息采集系统

该系统能够通过多渠道采集执法相关信息,如执法巡查信息;静动监控(固定监控、移动监控、执法装备、车载监控、手机监控等);执法无人机;公众反应(群众通过微信公众号等渠道录入、举报投诉、外部门反应等方式);任务布置(上级单位、各级政府布置的重点工作等)。

2.信息分发处理平台

该平台以清晰的职责分工及事件分类方式为判定依据,及时分发处置各类信息,完成各类交通执法业务事件和案件的流程化、信息化管理。根据职责和任务生成各类任务表单,并实时传递下发到执行部门,明确分配工作任务,有效提高工作效率。

3.执法信息查询系统

该系统以完整的中心数据库为依托,通过数据信息化共享,快速查询执法相关法律、法规或相对人历史违法情况,实现信息的快速传递。

4.行政处罚处理平台

该平台基于移动执法终端,即时录入信息,随时与指挥中心互动沟通,即时处置现场违法行为,并提供互联网架构下的行政处罚流程处置。在保障执法程序合法的前提下,实现行政处罚快速处置。

5.执法应急指挥系统

中心平台通过信息化手段与各级执法部门甚至每位执法人员实现信息互动,实现人员集约化管理,数据信息化共享,设备多元化复用,部门联动化调度,从而实现统一的执法应急指挥。

6.人员绩效评价系统

该系统根据"职责清单、权力清单、服务清单",实时生成各类工作统计报表(即履职情况报表),可以个性化设置考核指标,针对不同部门及个人进行量化指标的绩效考核,为工作决策、个人履职以及交通三个清单的落实,提供有效的依据。

三、交通运输行政执法装备的使用管理

交通运输行政执法主体应当建立完善的执法装备使用管理制度,保障执法装备经常处于良好状态。为此,应当经常进行爱护、管理、使用执法装备的培训教育,增强交通运输行政执法人员爱护装备的意识,掌握维护保养、保管、检查和正确使用执法装备的技能。

对于个人装备,应当按执法人员数量按实配发,配发人作为装备的保管人,承担装备管理责任。

对于小队以上的执法装备,各级交通运输行政执法主体应当指定专人做好执法装备的保管、维护保养工作。包括:

(1)设置装备保管室(柜),建立账目,专人管理。

(2)妥善保管装备,做好防抢夺、防盗窃、防破坏以及防水、防火、防潮等工作。

(3)严格禁止任何单位和个人将执法装备擅自进行调换、转借、赠送、变卖、出租。

(4)使用的装备应当定期进行维修保养。

(5)装备交接送修应及时登记上报,并根据损坏的程度及时组织修复。如本单位不能修复,应当按上级要求组织送修或者就地修理。装备损失、消耗情况应及时上报。

第五节　交通运输行政执法程序与方法

一、交通运输行政执法程序

(一) 交通运输行政执法程序的概念

行政程序,指行政主体行使行政权力,做出行政行为所应遵循的方式、步骤、顺序和时限的总和。完善的行政程序,既能促进行政主体依法行政、高效施政、廉洁从政,也有利于维护公民、法人和其他组织的合法权益。因此,行政程序的法治化成为社会各界关注的话题。

当一个国家着手制定行政程序法时,首先面临的就是模式与结构的选择。就模式而言,行政程序法可分为法典模式和分散模式。法典模式以美国、德国为代表,是把行政程序法律规范集中于一个专门法律文件之中;分散模式以法国为代表,其行政程序法律规范通过判例、普通法原则或其他零星的成文法规来体现。第一部行政程序法典是奥地利于1925年制定的《普通行政程序法》。就结构而言,各国的行政程序法典都包括行政执法程序,区别在于是否同时还包括行政立法程序和行政复议程序。我国尚未制定统一的行政程序法典,关于行政程序的法律规范散见于《立法法》《行政法规制定程序条例》《规章制定程序条例》《行政处罚法》《行政许可法》《行政强制法》和《行政复议法》等法律法规之中。而且,根据《行政复议法》和《行政诉讼法》的规定,违反法定程序的行政行为将被依法撤销、变更或确认违法。

在关于行政程序的法律文件之中,《行政处罚法》《行政许可法》和《行政强制法》是关于行政执法程序的重要立法,适用于所有行政执法领域。

交通运输行政执法程序是行政程序的组成部分,隶属于行政执法程序,是交通运输行政执法主体在实施行政执法行为时必须遵循的步骤、方式和时限的总称。

(二) 交通运输行政执法程序的分类

1. 必经程序

必经程序,指交通运输行政执法必经的环节。如,根据《行政处罚法》的规定,依据一般程序作出行政处罚时必须经过立案、调查、告知、决定和执行等五个环节;根据《行政许可法》的规定,行政许可必须经过申请、受理、审查和决定等四个环节;根据《行政强制法》的规定,一般情况下,行政强制措施必须经过审批、决定、告知和实施等四个环节。而且,一般来说,每个环节均有时间限制。

2. 补充程序

补充程序不是交通运输行政执法的必经程序,它的启动需要符合一定条件。如,根据《行政处罚法》的规定,行政处罚听证程序适用于特定类型的行政处罚,并且经由拟被处罚人提出申请;集体讨论程序适用于"对情节复杂或者重大违法行为给予较重的行政处罚"时,等等。

(三)交通运输行政执法程序的特点

1. 法定性

交通运输行政执法程序是法律、法规和规章规定的程序,不是交通运输行政执法主体或其执法人员随意制定的程序。这是因为,设置交通运输行政执法程序的目的是规范和约束交通运输行政执法权,保护行政相对人的合法权益。但是,从交通运输行政执法主体及其执法人员的角度看,程序性法律规范确实降低了行使行政执法权的自由度,是一种实实在在的束缚。因此,如果任由交通运输行政执法主体及其执法人员来制定或选择适用程序性法律规范,行政执法程序的功能就无法实现。

2. 强制性

对于法律法规确定的交通运输行政执法程序,交通运输行政执法主体必须执行。行政行为违反法定程序时,依据《行政复议法》和《行政诉讼法》的规定,将被依法撤销、变更或确认违法。

3. 合理性

交通运输行政执法程序应当符合社会公众一般的公正心态,具有合理性。公正始终是法律的基本价值之一。英国普通法中的"自然公正原则"已被民主宪法体制下的法律所接受,对程序法律的影响尤其明显。它要求行政执法主体必须公正地行使行政执法权。不考虑相关的因素或者考虑了不相关的因素,都是缺乏公正性的表现。

4. 多样性

不同的交通运输行政执法行为,具有不同的行政执法程序。行政行为对象的特定性、内容的具体性和行为方式的多样性,决定了其程序的多样性和差异性,如行政许可程序、行政处罚程序、行政强制程序、行政裁定程序、行政收费程序、行政确认程序等。

5. 逻辑性

交通运输行政执法程序的各个环节具有先后性和逻辑性,必须依次进行,而且恪守时间要求。

(四)交通运输行政执法程序的意义

行政执法是将法律、法规、规章直接应用于个人或者组织的过程,必将直接或间接地影响个人或者组织的权利和义务。如,行政许可能够赋予行政相对人某种资格或者权利;行政确认是通过证明等方式呈现行政相对人的法律地位;行政处罚是以惩罚违法行为为目的,对违法行为人权益的限制、剥夺或者对其科以新的义务。没有无行政执法程序的内容,也没有无内容的行政执法程序。行政执法程序上的瑕疵,将使行政执法的目的落空。总体上,行政执法程序具有以下意义:

1. 行政执法程序合法、适当是行政执法行为的合法要件之一

行政执法程序是行政执法主体实施行政执法行为必须遵循的程序规则。一个合法的行政执法行为，在程序上必须合法、适当。

2. 行政执法程序违法、失当可以构成行政相对人申请复议、提起行政诉讼的理由之一

根据《行政复议法》和《行政诉讼法》的规定，行政相对人不服行政执法主体的处理决定，可以依法申请行政复议，甚至提起行政诉讼。不过，行政相对人申请行政复议或提起行政诉讼必须具有明确具体的理由。行政执法主体作出处理决定时程序上的违法、失当，是行政相对人申请行政复议和提起行政诉讼的法定理由之一。❶

3. 行政执法程序违法、失当可以构成上级行政执法机关撤销其行政行为的理由之一

4. 行政执法程序是行政审查和司法审查的内容之一

根据《行政复议法》和《行政诉讼法》的规定，行政复议机关和人民法院在审查被申请复议的行政行为和被诉行政行为时，行政执法程序是必须审查的内容之一。

（五）行政执法程序的立法探索

1.《浙江省行政程序办法》的颁布，揭开了浙江省行政执法程序制度化、法治化的序幕

2017年1月1日，《浙江省行政程序办法》生效，标志着浙江省构建的"1+X"地方行政程序制度体系正式进入实施阶段。"1"指的是这一办法，主要确定行政程序的基本规范；"X"指的是浙江省已经制定或者正在考虑制定的行政程序方面的单行规章和文件。两者相结合，将能形成较为完备、成熟、定型的行政程序制度体系架构。

《浙江省行政程序办法》的内容非常丰富，简要介绍如下：

第一，《浙江省行政程序办法》与法律、法规和地方政府规章的适用关系。法律、法规对行政机关实施行政行为的程序有规定的，从其规定；省人民政府其他规章、设区的市人民政府规章对行政机关依法实施行政行为的程序规定严于《浙江省行政程序办法》的，从其规定。也就是说，一方面，坚持上位法优于下位法原则，即法律与法规优于《浙江省行政程序办法》；另一方面，坚持严格规定优先原则，即在《浙江省行政程序办法》与地方政府规章之间，哪个对行政程序的规定严格，就适用哪个。

第二，《浙江省行政程序办法》确立了行政程序的五项基本原则，具体如下：

（1）程序法定原则，即行政机关应当遵守法定程序，不得在程序上减损公民、法人和其他组织的权利或者增加其义务。

（2）公平、公正与公开原则，即行政机关应当公正实施行政行为，公平对待公民、

---

❶ 需要注意的是，行政诉讼是对行政行为的合法性进行审查，行政复议是对行政行为的合法性与合理性进行审查。因此，程序违法、失当对行政复议和行政诉讼具有不同意义。

法人和其他组织;所采取的方式应当必要、适当,并与行政管理目的相适应;依法公开实施行政行为的依据、程序和结果;其实施行政执法行为可能对公民、法人和其他组织权益产生不利影响的,应当事先告知并听取其陈述和申辩。

（3）权利保障原则,即行政机关应当依法保障公民、法人和其他组织的知情权、参与权、表达权和监督权,为其提供必要的条件,并采纳其提出的合理意见和建议。

（4）效能原则,即行政机关应当提高行政效能,为公民、法人和其他组织提供方便、快捷、优质的公共服务。

（5）诚实信用原则,即行政机关应当诚实守信;非因法定事由并经法定程序,不得擅自撤销、撤回、变更已经生效的行政行为;行政机关撤销、撤回、变更已经生效的行政行为,造成公民、法人和其他组织合法权益损失或者损害的,应当依法予以补偿或者赔偿。

第三,《浙江省行政程序办法》将行政执法程序分为一般行政执法程序和特殊行政执法程序。一般行政执法程序包括行政执法行为的程序启动、调查、决定、送达和执行等环节,特殊行政执法程序包括行政检查、行政协议、行政调解、行政指导和行政裁决等行政行为应当遵循的程序。

第四,《浙江省行政程序办法》对行政执法人员和行政执法辅助人员之间的职责进行划分:行政执法人员经行政执法资格考试合格,取得行政执法证件后,才可以进行执法;在行政机关及其行政执法人员的指挥和监督下,行政执法辅助人员可以配合从事信息采集、接收或者受理申请、参与调查、送达文书、后勤保障等工作。

第五,《浙江省行政程序办法》中规定行政机关开展调查时,必须指派两名以上工作人员进行,其中至少要有一人是行政执法人员。在调查时,调查人员要出示行政执法证或工作证,如果不出示,被调查的人有权拒绝;调查书面记录,要有调查人员和被调查人的签名,如果被调查人拒绝签名的,调查人员要在书面记录上签字,并注明情况。

2.执法全过程记录制度的执行,是规范行政执法程序的有力保障

2017年1月19日,国务院办公厅发布《关于印发推行行政执法公示制度 执法全过程记录制度 重大执法决定法制审核制度试点工作方案的通知》（国办发〔2017〕14号）,确立了执法全过程记录制度。建立执法全过程记录制度,旨在通过记录执法全过程、固定执法证据来规范执法程序,有效避免和妥善解决行政执法争议,保障公民、法人和其他组织合法权益,促进行政机关严格规范公正文明执法。

执法全过程记录,就是行政执法单位应当通过文字、音像等记录方式,对行政执法行为进行记录并归档,实现全过程留痕和可回溯管理。

（1）规范文字记录。把行政执法文书作为全过程记录的基本形式,根据执法行为的种类、性质、流程等规范执法文书的制作,推行执法文书电子化,明确执法案卷标准,确保执法文书和案卷完整准确,便于监督管理。

（2）推行音像记录。对现场检查、随机抽查、调查取证、证据保全、听证、行政强制、送达等容易引发争议的行政执法过程，进行音像记录。对直接涉及人身自由、生命健康、重大财产权益的现场执法活动和执法场所，进行全过程音像记录。

（3）提高信息化水平。积极利用大数据等信息技术，结合办公自动化系统建设，探索成本低、效果好、易保存、不能删改的记录方式。

（4）强化记录实效。逐步建立执法全过程记录信息收集、保存、管理、使用等工作制度，加强数据统计分析，充分发挥全过程记录信息在案卷评查、执法监督、评议考核、舆情应对、行政决策和健全社会信用体系等工作中的作用。

二、交通运输行政执法方法

交通运输行政执法工作是交通运输管理的一项重要工作，是整个交通运输工作的基础和核心。交通运输行政执法主体能否充分发挥作用，全面履行法定职责，做好交通运输行政执法工作，在很大程度上取决于执法人员的执法质量和水平，而其执法质量和水平的高低，则体现在日常的行政执法办案中执法方法的选择和适用是否正确、规范。

（一）传统的交通运输行政执法方法

在日常执法工作中，交通运输行政执法人员广泛使用多种执法方法。

1. 从案件来源看

从案件来源看，实践中以巡查、督查检查、举报、投诉、非现场执法设备拍摄记录、提案议案、上级交办、"双随机"检查等为主。在发现案件线索后，执法人员根据相关法律条款，有针对性地采取措施，进行初查。

2. 从案件办理过程看，不同阶段采用不同的执法方法

（1）初查及立案阶段。交通运输行政执法主体对掌握的案件线索，由专人进行集中管理登记，由执法人员具体了解案件情况。初查中，可以先收集资料，通过现场暗访开展案前调查，并注意保密。执法人员在初查中发现紧急情况的，应立即向领导报告，以免贻误时机。符合立案条件的，要尽快进入立案程序，并监控好发案现场，收集证据，固定违法事实，掌握办案的主动权。

（2）现场检查阶段。现场检查是指交通运输行政执法人员依法对当事人涉嫌违法的财物及场所进行查看，进行证据收集的执法活动。现场检查之前应做好案情分析，设定方案，对每位执法人员进入现场后的具体任务、位置等，均应作精心安排。对规模大、情况复杂的现场或夜间行动，应尽量商请公安机关协助。执法人员按预定方案进入现场后要做到既分工又协作，通过询问和查看，控制住现场证据，并不断运用已发现的证据挖掘新证据和涉案物品。有必要采取行政强制措施的，应当依据《行政强制法》及时采取强制措施，或依据《行政处罚法》对涉案财物采取先行登记保存、封存、扣押等措施。实施这些行为时，必须依法实施，同时要细心果断。扣押财

物要妥善保管,案件处理完成后应当归还、解封的,应及时返还给当事人。实施过程中注意做好当事人的思想工作,尽量消除当事人的抵触情绪。

(3)执法行为结束后的工作。在行政执法行为结束后,执法人员应当按法律、法规和规章的要求送达各类文书,明确告知当事人享有的权利和下一步可以采取的行为。在法律文书科以当事人一定的作为义务时,应当要求当事人按期履行义务;当事人在规定时间内既不履行义务,也不申请行政复议和提起行政诉讼的,交通运输行政执法主体则要依法申请人民法院强制执行,以维护法律的尊严。

3. 传统交通运输行政执法方法的弱化及其危害

目前,我国从上到下,采取了一系列转变政府职能的措施,逐渐由全能政府向有限政府转变。有限政府的理念打破了传统行政执法中行政机关的强势地位。但是,现实中,过度简化后的政府职能在现代社会日趋复杂的社会关系中并不能应对自如,作为行政机关,其执法方法有被一味弱化之嫌。在行政机关没有或不敢使用相应的具有一定强制性的执法方法的情况下,当事人毁灭证据、转移财产、逃避制裁、抗拒处罚的情况时有发生,导致执法疲软。在公众的法律素质、执法环境和法律体系均不完善的情况下,交通运输行政执法主体在开展执法检查时候,常常处于尴尬境地,对某些违法行为心有余而力不足。另外,行政处罚权与行政强制执行权相分离,在做出行政处罚决定后,不具备强制执行的效力,也削弱了执法的严肃性、权威性,无形之中放纵和助长了违法行为。

(二)创新执法方法

社会的转型促使行政执法方法的转型。在近几年的行政执法实践中,随着全社会法治意识的提升,行政执法的扁平化带来了很多创新的执法方法。

1. 非现场执法方法

非现场执法是当前交通运输行政执法乃至整个行政执法领域的流行词汇。之所以称为"非现场",是与行政执法人员身处"现场"对当事人进行调查和处罚相对而言的。目前多数观点认为,非现场执法就是运用摄像仪器、照(录)相设备、监控设备、预警设备等采集相关证据,经确认后,依据相关的法律进行处罚的执法模式。不过,若将非现场执法作为一种独立的执法方法,就应该对其做较为广义的解释,而不只是执法过程中"取证"这样一个单一环节。比如,一个完整的行政处罚案件,其执法过程应该从立案、调查开始,一直到行政处罚决定书送达结束。客观地说,非现场执法也应该是这样的一个完整过程。

目前,实践中,非现场执法还没有形成一个完整的执法闭环,其主要功能仍是提供执法案件来源,进而必须辅以路面执法。目前,进行事后查处的方式有两种:一是在非现场执法监控点,尽可能地采用动态设备检测拍照,然后辅助人工路面执法,最终实现对违法行为的现场查处;二是发现违法行为后,采用短信提醒或邮寄"涉嫌违法行为告知单"等形式,通知违法行为人主动前来接受调查处理。对不主动前来接受调查处理的,则对其加强人工路面执法监控,并予以查处。

2. 信息化执法方法

加强行政执法信息化建设和信息共享,是提高执法效率和规范化水平的重要抓手。信息化执法方法,主要是指采用一定的执法设备,依托信息化执法管理平台,定岗定职,通过执法管理平台完成整个执法工作流程,逐步实现执法和管理工作全部以电子化、信息化的方式在网上运行,从而做到执法全过程记录,规范执法流程,实施有效监督,确保有效履职,实现尽职免责。

将信息化作为一种执法方法,融入执法活动、执法场所和执法环节之中,坚持执法领域全覆盖、执法场所全链接、执法流程全贯通,有助于培育执法主体、规范执法流程、监督执法行为、保障执法安全、提升执法质量,实现执法活动的全程控制,提升执法机关的执法能力和执法公信力。

(三) 柔性执法方法

近几年,随着依法治国理念的深入人心,不具有强制性的柔性行政执法手段,如行政指导、约谈、调解等,逐渐由后台走向前台,并且收到了良好的执法效果,实现了预期的执法目的。

1. 行政指导

行政指导,指行政执法主体在其职责和管辖的事务范围内,为实现一定的行政目的,采用说服、教育、示范、劝告、告诫、鼓励、建议、指示等不具有法律强制力的方法,促使行政相对人为或不为一定行为的非强制性行为。

目前,行政指导得到了越来越广泛的运用,成为对传统的行政执法方法的重要补充。行政指导主要以非强制性的方式广泛运用于行政执法的各个领域,在现代行政中具有重要地位。行政指导还属于"积极行政"的范畴,现代社会生活需要行政指导以灵活多样的方式,有效地对市场行为进行指导。随着社会的不断发展和新鲜事物的不断出现,经常会出现法律法规的"供给不足",这就需要行政执法主体在行政执法过程中,有针对性地给经营者下达提醒、建议、劝告、警示等"行政指导书",帮助他们改善经营管理,改正不当行为,提高经济效益。可以说,行政指导是行政执法主体对违法行为人依法予以惩处的一种补充方式。

例如,《浙江省行政程序办法》第八十四条规定了行政执法主体实施行政指导的方式:
(1) 提供指导和帮助;
(2) 发布信息;
(3) 示范、引导、提醒;
(4) 建议、劝告、说服;
(5) 其他指导方式。

同时,行政指导坚持依法、公正、合理的原则。公民、法人和其他组织可以自主决定是否接受、听从、配合行政指导;行政主体不得强制或者变相强制公民、法人和其他组织接受行政指导。

2. 行政约谈

行政约谈,指拥有行政职权的行政执法主体,通过约谈沟通、学习政策法规、分析讲评等方式,对与其职权相关的行政相对人在运行中存在的问题予以纠正并规范的准行政行为。其特点是不具有强制性,手段灵活,谈话气氛相对比较放松,但同样能达到一定的行政管理目的。

行政约谈可以运用于行政审批过程中,即在相关单位获得审批之前,工作人员对主要负责人进行事先约谈;也可以运用于日常检查现场中,对发现存在安全隐患的、可能存在违法违规行为的企业,当面指出存在的问题,提出具体整改要求;也可以在整改结束后进行约谈,做好跟踪回查,督促企业落实主体责任。总之,通过行政约谈,可以将监管对象的基本监管动态全部纳入系统,发现问题及时约谈,实现约谈—整改—约谈—提升的良性循环。

3. 行政调解

行政调解作为一种柔性行政执法方法,在执法中的应用较为广泛,已经形成了广泛的共识。简单来说,行政调解,就是在行政执法主体的主持下,以当事人双方自愿为基础,以国家法律、法规及政策为依据,通过对争议双方的说服与劝导,促使双方当事人互让互谅、平等协商、达成协议,以解决有关争议的活动。行政调解与人民调解、司法调解等调解方式有机结合,有助于把矛盾化解在基层,解决在萌芽状态。行政调解协议虽然不具有强制执行力,但由于它是在行政执法主体的主持之下达成的,因而在社会公众心目中有较强的威望,有利于当事人之间、行政执法主体与当事人之间的和谐相处。

总之,"理国无难似理兵,兵家法令贵遵行"。做好交通运输行政执法工作,必须采取适当的执法方法,坚持各项执法检查规范化,才能尽职免责。切实按照法定的执法方法落实行政执法工作,才能真正维护群众社会安全,改善执法环境,建立良好的社会秩序,为建设法治社会、实现依法治国奠定基础。

三、交通运输行政执法协作

(一)行政执法协作的概念

行政执法协作,主要指在行政执法过程中,在特定情形下,相关行政执法主体之间,以及行政执法主体与其他国家机构之间的协作。

特别说明的是,从最广义角度看,《行政处罚法》与《行政许可法》建立的相对集中行政处罚制度和相对集中行政许可制度,即综合执法,也是行政执法协作的表现形式。不过,在综合执法的框架内,已经组建起综合执法机构,而综合执法机构独立开展执法工作。可见,将综合执法视作推进行政执法协作的结果更为妥当。因此,本书未将综合执法作为行政执法协作的表现形式。

（二）行政执法协作的法律依据

论及行政执法协作的法律依据，与法律、法规的零星规定相比，《浙江省行政程序办法》和浙江省人民政府发布的《关于深化行政执法体制改革全面推进综合行政执法的意见》（浙政发〔2015〕4号）、《关于加强行政执法协调指挥和协作配合工作的指导意见》（浙政办发〔2016〕87号）的规定比较细致和具有可操作性。其中，后两个规范性文件围绕推进基层政府治理体系和治理能力现代化，突出政府层面的行政执法协调指挥职能，进一步创新行政执法体制，就建立联合执法协调指挥机制、推进城乡统筹的跨部门、跨领域综合行政执法，强调四个层面的执法协作：一是强化政府层面的统筹协调，包括建立行政执法统筹协调指挥机制，构建行政执法信息平台，加强行政执法研究会商。二是加强部门间协作配合，包括建立联合执法常态机制，健全应急配合机制，完善案件移送制度。三是开展上下层级的联动执法，省市业务主管部门要加强对基层执法工作的监督与指导，合理划分不同层级部门的监管重点，督促下级部门规范履行职责，统筹指挥跨区域行政执法专项活动。加强县乡联动执法，依托乡镇综合执法等工作平台，强化日常监管，开展区域内统一的上下联动执法和综合整治。四是做好行政执法与刑事司法的衔接，相关部门要加强与公安机关、法院、检察院的沟通对接，严格执行案件移送程序和标准，做到行政执法与刑事司法的无缝衔接。

（三）行政执法协作的意义

行政执法协作对深化行政管理体制改革、加强行政执法队伍建设、改进行政执法状况、提高依法行政水平，构建交通运输执法协作机制并发挥其功能，完善交通运输行政执法，具有重要的意义。具体来说，一是可以增强各相关部门的凝聚力，有助于协同各部门的管理目标，统筹各部门的规划和决策，提高交通运输行政执法的效率；二是可以整合各部门的执法资源形成合力，减少执法资源的浪费，有效提高执法效率和执法力度；三是有利于科学划分各部门的职权，完善行政执法制度，让行政执法更具灵活性和有效性。

（四）行政执法协作的表现形式

1. 联合执法

《浙江省行政程序办法》第三十五和三十六条规定了联合执法的适用条件和联合执法情形下行政执法决定的作出方式。详见本章第二节。

2. 协助调查

根据《浙江省行政程序办法》第三十九条的规定，行政机关独自行使职权难以达到行政执法目的，或者行政执法所必需的文书、资料和信息等难以自行收集的，或者需要有关行政机关出具认定意见和提供咨询的，可以请求有关行政机关给予协助。对属于本行政机关职权范围的协助事项，有关行政机关应当依法、及时提供协助，不得拒绝、推诿。因行政协助发生争议的，由请求机关与协助机关的本级人民政府决定；不属于本级人民政府决定权限的，由共同的上级行政机关决定。

比如，交通运输行政执法主体在执法过程中，需要公安机关交通管理部门对特定车辆和驾驶人的相关信息进行核查确认，并出具与案件调查取证有关的书面材料。

3. 案件移送

案件移送包括案件线索和案件材料的移送。在查处违法行为时，发现案件不属于本部门主管或管辖的，应当及时将案件线索移送至有权部门处理。移送案件时应当提供必要的证据材料，同时受移送部门应当将案件办理情况及时反馈移送部门。

4. 信息共享、互联互通

目前，主要以互联网和政务信息网为支撑，以各部门信息网络为依托，通过信息收集系统、信息处理中枢系统、信息监督系统、信息反馈系统、证件服务系统等子系统，共同搭建行政执法信息智能互动的信息共享平台。通过信息共享实现调查、取证、行政审批等执法活动、执法资源互通，快速便捷地获得各执法部门最新执法动态和信息，以便各职能部门及时介入，提高行政效率。例如"浙江省政务服务网"就是信息共享、互联互通的有益探索。《浙江省行政程序办法》第三十八条明确要求行政机关充分利用浙江政务服务网（电子政务平台），促进行政执法信息共享和协作配合，提高行政执法监管水平。

5. 联席会议制度

根据《浙江省行政程序办法》第十四条的规定，行政机关之间可以通过建立联席会议制度、成立专项工作小组、建设信息共享平台、签订区域或者部门合作协议等机制和方式，开展行政协作。部门之间建立工作协调机制的，应当明确牵头部门、参加部门、工作职责、工作规则等事项。部门联席会议协商不成的事项，由牵头部门将有关部门的意见、理由和依据列明并提出意见，报本级人民政府决定。县级以上人民政府应当加强对所属行政机关之间行政协作的组织、协调。

6. 联审联查

《行政许可法》第二十六条规定："行政许可依法由地方人民政府两个以上部门分别实施的，本级人民政府可以确定一个部门受理行政许可申请并转告有关部门分别提出意见后统一办理，或者组织有关部门联合办理、集中办理。"这是在行政许可领域建立联审联查制度的法律依据。《浙江省行政程序办法》第三十七条将联审联查要求扩展至所有行政执法事项，即，行政执法事项需要两个以上政府工作部门共同办理的，县级以上人民政府可以确定一个部门统一受理申请，组织实施联合办理或者同步办理；与公民、法人和其他组织生产、生活直接相关的行政许可、公共服务等事项，适合集中办理的，县级以上人民政府可以组织实施集中办理。

所谓联审联查，就是将过去由多个行政执法主体办理的事项，通过跨行政执法主体的联合集中，实行一站式办理，尽可能减轻行政相对人的负担，最大程度上实现"最多跑一次"。

在交通运输行政执法中,特别是交通运输行政许可中,联审联查已经基本成为一种常态。例如,在公路上增设平面交叉道口、设置非公路标志、穿越公路施工、超限运输等公路行政许可事项事关公共交通安全,而且法律、法规设置了许多前置审批程序。在办理过程中,往往涉及公安机关交通管理部门、城管、规划等多个部门,并且各部门之间的职责和权限不同,以至于当事人常常为了一个申请事项在多个部门间往返奔波。实施跨部门联审联查制度之后,通过部门间的内部流转、信息共享、联合办理,省去许多前置审批程序,当事人切切实实享受到了"一站式"服务。

(五)行政执法协作的新发展

目前,行政执法协作实践探索中已经取得一定的成效,为解决交通运输行政执法困惑提供了新路径:

1.跨区域的行政执法协作:长三角信息互联共享机制

为推进综合交通、智慧交通、绿色交通和平安交通建设,加快实现我国交通运输现代化,上海、江苏、浙江联合签署了《长三角交通运输信息资源共享合作框架协议》,标志着长三角地区从此将迈入交通运输信息化"一盘棋"时代。

交通运输信息资源共享主要包括交通地理信息数据、省际交通流量数据、营运车船数据、"两客一危"车辆与"四客一危"船舶运行数据、交通执法数据、信用信息数据、毗邻地区交通视频监控图像信息,以及交通服务信息数据等等。近几年来,长三角交通运输信息资源合作在诸多方面取得成效,如实现沪苏皖闽赣浙 ETC 联网通行,标志着五省一市 ETC 车辆在区域高速公路网内快捷畅行,开启不停车收费服务的新篇章;长三角船联网工程初见成效,已建设长三角及京杭运河水系的智能航运信息服务体系,初步实现了船舶的基础信息与 GPS 数据共享;长三角综合信息资源信息交换持续推进,目前已共享的信息主要有电子地图、高速公路通行费费率表、高速公路实时路况等,均已取得较好的效果,等等。

2.信用体系建设:"黑名单"联合惩戒机制

"黑名单"联合惩戒机制,是指对严重违法违规、违约失信行为的当事人,纳入违法失信"黑名单"信息系统,实施跨区域、多部门联合惩戒。有关行政监督部门在履行职责过程中,应当将查询信用信息纳入必要工作环节,将当事人的信用状况作为管理决策的重要依据。

"黑名单"联合惩戒机制是信息共享互联互通的实践应用。以道路运输行业的信用考核管理系统为例,它是社会信用体系建设的重要组成部分。将道路运输企业在一个阶段的经营行为、安全生产、服务质量、管理水平进行综合评价,实行信用记分制,将考核结果直接与道路运输经营权招投标、线路审核(审批)、资质评定、站级核定、评优评奖以及驾培机构的扩大规模等挂钩,推动交通运输行政执法主体、行业协会、社会组织信用信息互通共享机制,加大失信惩戒力度,形成"一处违法、处处受限"的信用约束机制。

第六节　交通运输行政执法绩效评估

一、交通运输行政执法绩效评估的概念及特征

(一) 交通运输行政执法绩效评估的概念

行政执法绩效,指行政执法所取得的业绩、成就和实际效果。

可见,行政执法绩效不仅关注行政执法活动的效率和能力,而且还关注执法活动的质量和实际效果——包括执法效果和社会效果。这是因为,行政执法是政府作为社会公共组织所提供的"公共产品",无论如何不能忽视了它的社会效果。正如戴维·奥斯本、特德·盖布勒在《改革政府:企业精神如何改革着公营部门》一书中所提到的,"如果服务工作没有取得理想的社会效果,那么完整的执行程序只是浪费时间和金钱而已。"

行政执法绩效评估,是指以一定的时段为界限,在公众广泛参与的基础上,对照行政执法责任制所确定的执法职责,运用科学的评估方式、程序,对行政执法业绩、成就和实际效果所做的尽可能客观、准确的一种整体性评价,并在此基础上改善和提高行政执法绩效,加强行政执法监督的综合活动。

相应地,交通运输行政执法绩效评估,就是对特定时段内的交通运输行政执法绩效进行评价,为改善和提高交通运输行政执法绩效提供科学依据。

(二) 交通运输行政执法绩效评估的特征

1. 以"绩效为本"的评估理念为基础

传统的执法考评的特征之一是忽视效果,关注的焦点是投入要素,评估结果只说明政府已经完成了多少工作,但并没有说明完成工作的质量如何,也没有说明已经完成的工作是否与预期结果相一致。

与传统的执法考评不同,交通运输行政执法绩效评估秉承的理念之一是"以绩效为本",即对绩效负责,对结果负责。本质上,对绩效负责,对结果负责,也就是对法律负责,对社会公众负责。在该理念的指导之下,交通运输行政执法绩效评估的制度设计强调行政执法应取得执法效果和社会效果的双"绩效",并建立以"执法绩效"为基础的评估结果利用标准,按照奖优、治庸、罚劣的原则,奖惩交通运输行政执法主体和执法人员,从而充分发挥绩效评估的导向作用和激励约束作用。

2. 以"公众满意"为价值取向

交通运输行政执法主体行使公共权力的最根本目的,是实现公共利益,维护公共秩序,提供有效的公共服务。因此,评判执法绩效最有说服力的主体应当是社会公众。以"公众满意"为价值取向,既为行政执法绩效评估制度本身找准了定位,同

时也为交通运输执法主体的执法活动指明了目标与方向。

3.以客观、全面、科学的评估方法为依托

交通运输行政执法绩效评估采用日常评估与年度评估相结合,内部评估与公众评估相结合,定性评估与定量评估相结合的评估方式,使评估结果在平时就有了记录和积累。从而在一定程度上避免了传统考评中烦琐、随意、负担重、形式化等问题,把交通运输行政执法主体从疲于应付多头考评而影响工作的困境中解脱出来。同时,评估制度充分运用现代信息、电子和数字网络技术,开创了全新的执法评估模式。一方面,计算机网络的应用,使行政执法绩效评估所需的大量数据资料的存储、分析、快速查询得以实现,评估方法更为科学,增强了评估结果的真实性和可信性,同时节省了大量人力、物力、财力,提高了评估效率。另一方面,信息化使得用于交通运输行政执法绩效评估的各种信息公开透明,并具有资源共享、反馈渠道更为畅通的优势,使交通运输行政执法主体和行政相对人之间能够建立起迅速有效的沟通路径和意见反馈机制,为社会公众广泛、深入、普遍参与交通运输行政执法绩效评估开辟了道路。

二、交通运输行政执法绩效评估制度评析

(一)交通运输行政执法绩效评估制度现状

交通运输行政执法绩效评估起步较晚,对交通运输行政执法的专项评估,主要采用行政执法评议考核的方式。

(二)交通运输行政执法绩效评估制度存在的问题

交通运输行政执法绩效评估制度虽是一项新生事物,但越来越被业内所认可,交通运输部和各级交通运输主管部门更是积极推动该制度的实施。从目前的实践看,交通运输行政执法绩效评估制度主要存在以下问题:

1.评估目标的定位过于侧重内部控制

行政执法绩效评估服务于多重目标,总体上可以划分为"外部责任"和"内部控制"两种基本类型。现行的交通运输行政执法绩效评估更多着眼于内部控制和监督。一个明显的对比是,国外绩效评估文件多以"××人民有权利享受更好的政府服务,为此制定如下目标并实施绩效考核……"开篇,而我国行政机关的类似文件中出现频率最高的却是"为贯彻落实……"或"为保障政令畅通……",内部控制的特色非常明显。以内部控制为目标的居高临下的"控制型"评估,而不是以社会公众对执法部门的绩效进行评价的"责任型"评估,必然会在评估主体、内容和侧重点,以及评估过程和结果利用等方面存在诸多不足。

2.评估标准缺乏规范性与可操作性

一方面,交通运输行政执法绩效评估分散在各执法主体的执法责任制考评当中,没有建立起绩效计划和绩效报告等制度框架,缺乏规范化的评估标准,评估的随

意性很大,实施力度和效果很不平衡。

另一方面,评估标准过于笼统生硬,忽视各执法活动内在和外在的差异性。这样一来,由于工作性质和特点差异较大,部门之间、被考核者之间缺乏可比性,考核者经常无所适从。

3.评估原则过于注重行政执法效率

第一,注重行政执法效率,忽视行政执法行为的价值追求。戴维·奥斯本曾经指出:"如果我们在做一件不该再做的事情上工作效率很高,那是再愚蠢不过了。"换言之,交通运输行政执法主体的执法效率即便很高,却花费大量的资源去干那些不该管、管不了、管不好的事情,也是毫无意义的。

第二,注重效率,忽视效果。以往的考评主要侧重于交通运输行政执法主体"干了些什么",而没有关注"干出来的是什么"。具体来说,在对交通运输行政执法主体进行年终测评时,通常只是统计它们投入了多少钱,动用了多少人力,开展了哪些执法活动,全年实施了多少起行政处罚,收缴了多少罚没款等。可见,通过这种测评方式所能得出的,充其量只是实现行政目标的努力,而非此种努力应达到的效果。事实上,一个执法主体常常有令人钦佩的执法效率,但不一定有令人满意的执法绩效,因而"不求有实效但求不闲着"等形式主义的执法行为非常普遍。

第三,注重效率,忽视执法行为的合法性和正当性。在以"效率"为原则的交通运输行政执法考评制度下,为了追求"效率"的实现,行政执法主体往往忽视"执法手段"对"执法目标"的恰当性。我国行政执法实践中长期盛行的极其明显的强制行政倾向和一些基层执法人员的压、吓、打、骂等简单粗暴的执法手段,很大程度上是基于保障效率的考虑。

第四,效率原则不可避免地导致数字虚假的现象频发。在交通运输行政执法的最终效益很难确认和统计的情况下,往往会把一些数字性指标,如破案率、收费数量等,作为执法绩效评估指标,并以此为基础开展评估工作,最终导致数字虚假现象屡屡发生,"形象工程""政绩工程"严重泛滥。

4.评估方式欠缺科学性

第一,现行的执法绩效考评往往是采用自上而下的评估模式,评估主体的多维度体系尚未建立,主要以官方评估为主,"围着领导转,围着上级转""找不到服务的对象",执法绩效的优劣都由上级领导或本部门自身说了算。这种自上而下的评估方式由于其过程的封闭性、神秘性,缺乏监督,最终导致评估结果失真,可信度过低。

第二,"一票否决制"的滥用。评估中大量采用"一票否决制",评估工作缺乏全面性。实行一票否决制的实质就是过分强调某项工作的重要性,使之成为重中之重。可见,这种一票否决的方式,只关注特定工作目标是否已经实现,而不能够全面综合地评价交通运输行政执法主体的工作业绩和实际效果。

5. 评估结果的利用被异化

现行的交通运输行政执法绩效评估结果的利用,往往异化为"荣誉或现丑"的排行榜,走向两个极端。具体表现为:一是将行政执法绩效评估结果束之高阁,与干部任用、内部激励和资源配置完全脱节,评估所特有的激励约束功能无法发挥;二是在绩效评估结果的利用上急功近利,不分场合地推行一票否决,致使评估结论的客观性受到质疑。此外,目前的行政执法绩效评估缺乏持续性测评,这就导致执法人员难以把工作重点放在对评估结果的改进上,而往往采取"严打"式的阶段性突击执法方式解决问题。事实上,阶段性突击取得的执法成果越突出,越能暴露出日常行政执法中的不足。

三、交通运输行政执法绩效评估制度的完善

(一)交通运输行政执法绩效评估制度的基本原则

结合行政执法绩效评估制度的基本理论和交通运输行政执法绩效评估工作的开展情况,本书认为,完善交通运输行政执法绩效评估制度,应当坚持五项基本原则:一是客观公正原则;二是民主公开原则;三是系统全面原则;四是专项评估与综合评估相结合原则;五是定性评估和定量评估相结合原则。下文仅对定性评估和定量评估相结合原则做一说明。

定性评估是一种对评估客体的内涵性质即"质"的评估,是建立在观察印象基础上的经验判断与主观分析;定量评估是一种对评估客体的工作数量多少的"量"的评估,是建立在测评数量基础上的客观判断。交通运输行政执法绩效评估是一项内涵丰富、外延广泛的综合性工作,无论是只依赖"质"的评估还是只依赖"量"的评估,都会失之偏颇。因此,必须将两者结合起来,在定性评估的基础上进行定量评估;对定量评估的结果,必须作出定性解释;对于不宜或不能进行定量评估的内容,要坚持进行定性评估。

(二)交通运输行政执法绩效评估制度的具体内容

1. 评估主体

评估主体是指评估活动的行为主体,即"谁来评估"。基于交通运输行政执法的公益性,本书主张建立内外评估相结合的双向推动模式,实现多元化评估。具体来说,内部评估主要指交通运输行政执法主体的自我评估和上级交通运输行政执法主体对下级交通运输行政执法主体的评估;外部评估是指交通运输行政执法主体之外的社会公众和独立的第三方机构进行的评估。内外评估相结合,有利于提高评估结果的客观性和科学性。

2. 评估客体

评估客体是指交通运输行政执法绩效评估的对象,即"评估谁"。本书认为,交通运输行政执法绩效评估的客体包括两方面:一是组织客体,即交通运输行政执法

主体;二是个体客体,即交通运输行政执法人员。当然,从评估对象角度看,评估的是交通运输行政执法行为。

3.评估标准

评价标准的选择是评估的起点。评估标准不是由交通运输行政执法主体自行确定的,而是来源于国家立法的要求,反映和体现了社会公众的利益和意志。

根据评估目的和评估客体,本书认为,对交通运输行政执法主体的绩效评估标准应当包括量和质两个层次。"量",体现执法效率的高低,可以表示为效率比例,如单位时间内实施的执法行为的数量、行政相对人对执法行为申请行政复议和提起行政诉讼的数量等;"质",体现交通运输行政执法主体作出执法行为的态度、能力以及公众的满意程度等。同时,对交通运输行政执法人员的评估标准应体现《公务员法》规定的"德、能、勤、绩、廉"五个方面的内容。具体来说,"德"是指执法人员的政治思想素质和道德品质,是对执法人员世界观方面的要求和表现;"能"是执法人员是否具备担任现职的工作业务知识和工作能力,是对执法人员才识和技能方面的要求;"勤"是执法人员的工作态度和勤奋敬业的表现;"绩"是执法人员的工作数量、质量、效益和贡献;"廉"是执法人员清正廉洁、严于律己的表现。

4.评估指标体系

指标,是描述社会状况的指数,多用来制定社会规划和进行社会分析,对现状和未来做出估价。评估指标体系是指由若干个相互联系的评估指标组成的有机整体,它可以全面、系统、科学和准确地反映一定时期内被评对象的特征。

由于不同行政执法类型的执法内容、执法条件、执法环境等存在较大差异,行政执法主体和执法人员为实现自身职能所要付出的努力是不一样的。因此,简单地提出同样要求,用同一把尺子去衡量不同行政执法主体和执法人员的执法绩效,显然是不公平的。基于此,本书主张对交通运输行政执法主体和执法人员,适用不同的绩效评估指标体系。

(1)对交通运输行政执法主体的绩效评估指标体系

第一,合法性指标,主要包括七个指标要素,即:交通运输行政执法主体资格是否符合规定;是否具有执法权限;适用执法依据是否规范;行政执法程序是否合法;行政执法决定的内容是否合法;行政执法决定的行政复议和行政诉讼的结果、案卷质量情况等。

第二,合理性指标,包括四个指标要素,即:平等对待行政相对人;平等适用法律法规;执法行为符合立法目的和立法宗旨;将不利执法侵害最小化。

第三,公开性指标,包括公开执法依据、执法主体、执法内容、执法时限和程序、收费项目和标准、办理结果和公布举报投诉的联系方式和联系人等七个指标要素。

第四,文明性指标,主要包括作风民主、服务到位等两个指标要素。

(2)对交通运输行政执法人员的绩效评估指标体系

第一,"德",主要包括思想政治表现、职业道德、社会公德、团结协作、诚实守信等五个指标要素。

第二,"能",主要包括业务理论水平、法律法规的掌握和运用、组织协调处理能力、决策创新能力、表达能力、分析能力等六个指标要素。

第三,"勤",主要包括工作主动性、工作作风(如仪表端庄、语言规范)、工作态度(如耐心细致、态度和蔼)、出勤情况等四个指标要素。

第四,"绩",主要包括工作数量、工作质量、工作效率、总体绩效等四个指标要素。

第五,"廉",主要包括遵纪守法、廉洁自律等两个指标要素。

5. 评估程序

交通运输行政执法绩效评估的程序是指评估活动从评估准备到提交评估报告各个阶段的实施步骤的详细规定,也是对开展评估工作基本路径的具体描述。

6. 评估方法

交通运输行政执法绩效评估能否得出客观公正的评估结果,很大程度上取决于评估方法的运用。行政执法绩效评估除应坚持原有的评估方法之外,还应积极探索,开拓新思路。一是内部评估和外部评估相结合的方法;二是日常评估与年度评估相结合的方法;三要创新行政执法绩效评估方式。

(三)交通运输行政执法绩效评估制度的保障措施

完善交通运输行政执法绩效评估制度,是一项系统工程。除了要有先进的理念支撑和科学的内容设计之外,还需要建立健全相应的保障措施。

宏观上,交通运输行政执法绩效评估制度的保障措施主要包括三个方面:

第一,立法保障。通过立法,明确交通运输行政执法绩效评估的目的、基本原则、评估主体与客体、评估标准、评估方法、评估程序、评估报告的主要内容以及对评估结果的利用方式。将前述事项规范化、制度化的目的,是利用法律规范的强制性和可预期性,增强交通运输行政执法绩效评估的权威性,使之常态化,最终提高交通运输行政执法绩效。

第二,信息保障。评估结果的客观性与科学性,建立在对相关信息的把控程度上,包括收集的信息是否全面、真实。因此,交通运输行政执法主体及其执法人员应当按照评估主体的要求,提供相关信息,并保证所提供的信息符合全面性与真实性的要求。同时,评估主体应当建立信息甄别与过滤机制,防止被交通运输行政执法主体或其执法人员误导。而且,除要求交通运输行政执法主体及其执法人员提供必要的信息外,更重要的是,评估主体要拓展向行政相对人和社会公众获取信息的途径。

第三,组织保障。交通运输行政执法绩效评估工作涉及方方面面,即使是委托第三方进行评估,也需要进行必要的组织协调。因此,交通运输行政执法主体应当提供一定的组织保障,如组建交通运输行政执法绩效评估机构,配置适当数量的工作人员,等;或者指定专职人员负责行政执法绩效评估工作的组织协调。只有这样,交通运输行政执法绩效评估工作才能扎实推进。

第七节 交通运输行政执法文化

一、交通运输行政执法文化概述

国民之魂,文以化之;国家之神,文以铸之。一个国家、一个民族的强盛,总是以文化兴盛为支撑。没有文明的继承和发展,没有文化的弘扬和繁荣,就没有中国梦的实现。

交通运输文化是社会主义文化的重要组成部分,是交通运输行业的灵魂,是实现交通运输行业又好又快发展的重要精神支柱。交通运输是支撑经济良性发展、促进社会全面进步的基础性、先导性产业和服务型行业,服务是其本质属性。2006年交通运输部在全国交通工作会议明确提出:"努力建设具有鲜明行业特点和时代特征的交通文化,用文化和精神的力量凝聚行业,使交通行业更加充满活力,不断开创交通事业发展的新局面。"

(一)交通运输行政执法文化的概念

交通运输行政执法是交通运输行政执法主体依照法定职权和程序,实施交通运输法律法规的活动,本质上是一种管理活动。因此,交通运输行政执法文化应属于行政管理文化的范畴,具有行政管理文化的一般特点。

行政管理文化是在社会文化基础上,通过行政机关及其工作人员的各种行政管理活动所形成的一种精神文化形态,是社会文化在行政管理中所表现出来的一种文化形式。它是行政机关及其工作人员应共同具备和遵守的理想信念、价值观念、道德标准、行为模式、生活方式及人际关系等各种生活准则与行为规范的总称。具体到交通运输行政执法文化,就是指所有交通运输行政执法人员的思想、语言、行动等内容的总和,包括交通运输行政执法人员的精神信仰、执法艺术、执法规则、执法风格、执法行为表现等内容,以及交通运输行政执法人员对各种变化的适应能力和保持这种适应能力的延续发展能力。

(二)交通运输行政执法文化的功能

交通运输行政执法文化的作用集中体现在"内聚人心、外塑形象"等两个方面,具有凝聚、导向、激励、约束、外塑和辐射等基本功能。认识这些基本功能,是正确认识交通运输行政执法文化建设的目的与意义的基础。

1. 凝聚功能

交通运输行政执法文化所倡导的价值理念一旦被交通运输行政执法人员认同并接受,就会成为所有交通运输行政执法人员共同的理想和追求,进而以其强大的粘合力,从各个方面将交通运输行政执法主体及其执法人员聚合起来,形成巨大的向心力和凝聚力,以及强烈的集体精神和团队精神,为实现共同的理想与追求而奋斗。

2. 导向功能

交通运输行政执法文化所倡导的价值理念,是整个交通运输行政执法队伍的共同理想和共同追求的集中反映,代表了整个执法队伍的主流思想和意识。这种共同的理想和追求,通过教育和灌输,将引导交通运输行政执法队伍个体与群体在思想和观念上作出调整,使其与整个行业所确立的价值取向保持一致,从而起到一种导向作用。

3. 激励作用

交通运输行政执法文化建设的核心要旨是以人为本,以文化人,强调确立共同的理想,营造和谐的氛围。这些都有利于增强交通运输系统各执法主体和执法人员的使命感和责任感,激发他们的积极性和创造性,使他们乐于参与交通运输行政执法工作,乐于发挥聪明才智,为实现共同理想、实现自身价值而努力。

4. 约束功能

交通运输行政执法文化一旦形成,就会建立起自身系统的价值理念,就为行业整体及其成员明确了价值取向,同时也确立了道德规范和行为准则,从而对交通运输行政执法主体及其执法人员发挥约束作用。但是,这种约束具有自觉性,是一种软约束。这种软约束产生于整个行业的文化氛围,使各个成员产生共鸣,继而达到自我控制。

5. 外塑功能

交通运输行政执法文化所倡导并实践的价值理念,是交通运输行政执法主体及其执法人员的旗帜。旗帜就是形象,这种形象包括理念形象、行为形象和视觉形象。这些形象是社会公众了解和评价交通运输行政执法的标志和表征。因此,交通运输行政执法文化具有外塑形象的重要功能。

6. 辐射功能

交通运输行政执法文化的辐射功能,主要体现在它所倡导并实践的价值理念通过外化而为广大社会公众所了解、所感受,会影响整个交通运输行业价值理念的形成与发展,是交通运输整体文化的有力补充,从而使得促进交通运输文化成为社会主义文化的生长点和贡献源。

二、交通运输行政执法文化的构成

交通运输行政执法文化主要包括精神文化、制度文化、物质文化等三个层次,每个层次又由不同的因子构成。

(一)精神文化的内容

1. 交通运输行政执法理想

交通运输行政执法理想是交通运输行政执法文化的高度浓缩,是交通运输行政执法文化的灵魂。执法理想主要阐释交通运输行政执法存在的理由和预期达到的目标,如和谐、法治。执法理想是执法组织存在意义的高度概括,它使不同个性的执法者凝聚起来,朝着共同的执法目标迈进。在全面建设小康社会的进程中,在市场经济逐步呈现为法治经济和信用经济的条件下,在交通运输行政执法全面踏入信息化时代的背景下,交通运输行政执法主体必须明确其执法理想。

2. 交通运输行政执法导向

执法导向不同于执法理想,它是执法者行使执法权力的基本出发点和直接目标,是一种执法价值取向。根据交通运输行政执法的原则,交通运输行政执法的目标在于建立一个畅通、平安、高效的交通秩序,因此交通运输行政执法必须要以此为愿景,为整个交通运输行政执法事业提供导向。

3. 交通运输行政执法宗旨

执法宗旨是交通执法文化价值体系的核心内容。没有正确、合理、先进的宗旨为指导,执法工作便会像无源之水,很难真正进行下去。执法宗旨就是要明确交通运输行政执法的目标是什么,主体及其执法人员存在的意义是什么。如,公路管理机构的使命是保障公路的完好和安全,保障用路人的权益;水上交通安全管理机构的使命是保障水运交通安全,维护水运交通秩序。

4. 交通运输行政执法精神

交通运输行政执法精神是交通运输行政执法文化的精髓和灵魂,是交通运输行政执法人员的内心态度、意志状态和思想境界,是对交通运输行政执法主体中现有积极因素的总结、提炼和倡导。目前,有的交通运输行政执法主体提炼出"严格执法、亲情服务"的执法精神,还有的提出以"正义、忠诚、执着、纯洁"等作为执法精神。执法精神是执法组织内部最积极的,也是全体人员共有的一种状态。

5. 交通运输行政执法伦理

交通运输行政执法伦理是交通运输行政执法精神文化的重要组成部分。执法伦理主要涉及执法者行为的正当性与合理性,包括执法人员在实践中的道德观念、道德活动与道德规范。交通部于1997年颁布了交通运输行政执法职业道德基本规范,《交通文化建设实施纲要》将"服务人民、奉献社会"作为交通运输行政执法文化建设的核心职业道德体系,这是杜绝"人情执法""关系执法""态度执法"的一剂良药。

(二)制度文化的内容

1. 交通运输行政执法体制

交通运输行政执法体制是制度文化建设的关键所在,是构建制度文化的基石。理顺交通运输行政执法体制,明确交通运输行政执法主体的职能分工,是做好交通运输行政执法工作的前提,是依法行政的必然要求。将交通运输行政执法职能进行统一,具有事半功倍的效果,将大大减少执法成本,提高执法效率。

2. 交通运输行政执法管理制度

理顺交通运输行政执法体制后,完善交通运输行政执法管理制度也至关重要。以交通运输行政执法行为合法、适当、规范、高效为基本要求,以岗位责任制、公示制度、评议制度和责任追究制度为保障的行政执法工作制度,是完成交通运输行政执法工作的保证。

3. 交通运输行政执法行为规范

交通运输行政执法体制和管理制度要落到实处,有赖于执法主体及其执法人员良好的行为习惯。同时,作为社会组织之一的交通运输行政执法主体,承担着对社会的责任、对行政相对人的责任,以及对执法人员的责任。责任量大,就必须施加一定的行为规范加以调整和约束。交通运输行政执法行为规范用以规范执法主体及其执法人员的行为、语言及对外交往,以展示自身的良好风貌。

(三)物质文化的内容

1. 交通运输行政执法形象

交通运输行政执法形象是交通运输行政执法物质文化建设的重要核心,是客观体现交通运输行政执法工作的严肃性、法律的威严性和执法队伍整体素质的关键所在,是提升执法人员职业自豪感的物质基础。统一规范的着装、标识鲜明统一的执法工具和执法装备,将从另一方面维护交通运输行政执法工作的严肃性和法律的威严性。交通运输部在"十三五"规划中明确提出,要推进交通运输综合行政执法改革,建设正规化、专业化、规范化、标准化的执法队伍。通过外部形象的树立和社会的认可,将有效约束执法人员的行为,提升执法人员的职业自豪感和使命感,使其自觉维护自身形象,规范执法行为。

2. 交通运输行政执法硬件

交通运输行政执法硬件是物质文化建设的重要支撑,是交通运输行政执法的载体与工具。交通运输行政执法的硬件包括宽敞明亮的办公场所、自动化的现代办公设备、先进的交通运输行政执法工具、信息化的执法手段等。它们不但有助于提高交通运输行政执法效率,维护交通运输系统正常运行,同时也是向社会展示交通运输行政执法形象的平台和窗口。

三、建设交通运输行政执法文化的基本原则与路径

(一) 交通运输行政执法文化建设的基本原则

1. 坚持文化建设与交通运输行政执法发展相适应

交通运输行政执法文化建设要以促进交通运输行政执法发展为出发点,根据交通运输行政执法发展所处阶段及其主要任务,结合各部门、各单位实际工作面临的主要问题和突出矛盾,有针对性地开展精神文化、制度文化和物质文化建设,运用文化的力量,促进各项工作的开展。

2. 坚持自上而下与自下而上相结合

领导干部的重视和广大职工的参与是交通运输行政执法文化建设取得进展的关键。各级人民政府交通运输主管部门要高度重视文化建设,大力推动各执法部门和单位开展文化建设,广泛发动干部职工参与文化建设,自下而上地发掘和提炼具有本部门、本单位特色的文化价值元素,构建交通运输行业具有深厚群众基础的共同价值理念。

3. 坚持继承传统与创新发展相统一

交通运输行政执法文化建设要按照建设现代化综合大交通的要求,推陈出新、革故鼎新,充分继承交通运输行政执法传统文化的合理成分,广泛吸收行业内、外文化建设的优秀成果,以继承求发展,以创新促发展,不断丰富交通运输行政执法文化的科学内涵,不断增强交通运输行政执法文化的时代特征,大力发展具有鲜明行业特点和时代特征的交通运输行政执法文化。

(二) 交通运输行政执法文化建设的路径

1. 大力加强交通运输行政执法精神文化建设

交通运输各执法系统应当以建设更畅通、更安全、更便捷、更高效、更和谐的公路水路交通体系为目标,以弘扬社会主义核心价值观和以改革创新为核心的时代精神为重点,开展交通运输行政执法精神文化提炼和讨论活动,对交通运输行政执法的使命、愿景、核心价值观和精神等进行总结、提炼和宣传,增强交通运输行业的凝聚力和战斗力,使广大交通运输行政执法人员始终保持奋发有为、昂扬向上的精神状态。

2. 加强交通运输行政执法制度文化建设

以规范执法行为和执法用语为重点,开展现有制度的清理工作,组织编写《执法人员行为手册》,建立科学、规范的内部制度体系。将《交通行政执法风纪》《交通行政执法用语规范》《交通行政执法检查行为规范》《交通行政处罚行为规范》《交通行政执法文书制作规范》等作为岗前和岗位培训的重要内容,帮助执法人员熟悉和掌握各项制度,规范行政执法用语和执法行为,努力将各项制度转化为自觉遵循的行为准则。

3.稳步推进交通运输行政执法物质文化建设

各交通运输行政执法主体应当根据"四统一"的要求,逐步推行行业形象统一战略,不断改善工作环境和工作条件,统一规范交通运输行业工作场所、指示标志、公示栏、宣传牌、交通工具、主要办公用品的外观,统一行业标准字和标准色。通过物质文化建设,向社会展示交通运输行业的良好形象。同时,为各基层站所配备阅览室、活动房、小网吧等,改善执法车辆、执法装备、执法服装,改善交通运输行政执法环境。

4.着力培育交通运输行政执法特色文化

各交通运输行政执法主体可以结合自己的实际情况,积极培育和发展行业文化、系统文化、专业文化和组织文化,努力形成具有浓郁交通运输行政执法行业特点,体现交通运输行政执法行业精神内涵和符合时代发展要求的路政文化、运政文化、航政文化和海事文化等。

第八节　交通运输行政执法转型

一、交通运输行政执法转型的背景

目前,我国已经进入21世纪的第二个十年,经济发展进入新阶段。特别是伴随着供给侧结构性改革等一系列国家战略的实施,市场活力逐步释放,市场新兴产业不断涌现。在交通运输行业,多项改革举措稳步推进,各种运输方式不断融合,"互联网+"交通出行多种业态迅速崛起,市场主体更加多元化。同时,群众出行需求不断升级,交通运输行业的市场化发展方向,已然成为时代趋势。当前,用市场化的方法解决市场问题,是实现交通运输治理能力与治理体系现代化的重要考量。对于交通运输行政执法工作而言,其执法理念等也应当及时转型,使市场在资源配置中起决定性作用。

二、交通运输行政执法转型的原因

第一,市场经济兼具自我组织的优势及价格杠杆失灵的外部性,要求交通运输行政执法主体强化服务意识和底线意识,厘清自身与市场的关系,厘清依法行政与合理行政的关系。

第二,信息时代社会阶级结构呈扁平化,这使得交通运输行政执法主体不得不接受多方面的监督。同时,信息畅通实现了管理的社会化,社会公众通过媒体、自媒体等参与了交通运输行政执法主体的管理,要求交通运输行政执法主体转换执法理念、执法内容、执法手段和执法文化。

第三,全社会的法治精神逐步提升,交通运输行政执法体制改革稳步推进,都要求交通运输行政执法主体重新界定其执法理念、执法内容、执法手段和执法文化。

三、交通运输行政执法的转型

交通运输行政执法的转型主要包括执法理念、执法方式、执法内容、执法体制和执法手段等的转型。具体说明如下:

1.执法理念的转型

执法理念的转型,表现为应从以往的管经营逐步转向管经营与管服务并重。也就说,交通运输行政执法的核心是以用户体验、用户需求为出发点,通过管理交通工具及运输行为,确保交通运输服务的高效、便捷、安全、可靠,树立安全执法的执法理念。

2.执法方式的转型

执法方式的转型,表现为应从现场执法逐步转向信息化、非现场执法。这样,交通运输行政执法应当注重数据和信息的分析,实现动态评估机制,准确把握监管重点;应当注重信息化技术对接,形成管理闭环,覆盖执法行为的启动、调查、处理、结果应用等所有环节,提升执法效能,加强管理效果。

3.执法内容的转型

执法内容的转型,表现为应从"全覆盖"式的粗放型执法转向重点突出的精细化执法。换言之,交通运输行政执法应当摈弃大水漫灌,转为精准滴灌;摈弃数据情结,注重案件质量,依托数据分析和市场把握,抓准"七寸",确保查处案件具有典型性、引导性和针对性,从而将对市场监管的作用发挥到极致。

4.执法体制的转型

执法体制的转型主要包括四个方面:一是从单一执法转向联动执法,建立多部门联合管理机制,从而降低执法风险,保证执法效果;二是将源头管理与路面执法相结合;三是坚持预防、控制、治理相结合,形成许可、管理、执法相互配合相互融合的管理体系;四是重视社会化管理作用,强化投诉机制的应用,鼓励社会公众参与行政执法工作,树立公平、公正、公开的政府形象。

5.执法手段的转型

执法手段的转型,表现为应当从传统的刚性执法转向刚性与柔性执法并举。具体来说,除了应用行政许可、行政强制、行政处罚等刚性执法手段外,还应挖掘更多的柔性执法手段,形成综合的执法手段体系:一是注重行政约谈、协商、会商,了解行政相对人的意愿;二是运用行政调解、行政指导,建立纠纷化解机制,减少执法矛盾;三是注重执法宣传,发挥通报、公示、警示、曝光红黑名单的作用;四是强化信用管理,发挥信用体系的联合惩戒机制;五是建设电子政务,提升交通运输行政执法主体的服务水平;六是鼓励社会化管理,引入第三方参与,实现行业自律。

第二章 交通运输行政许可

第一节 交通运输行政许可概述

一、交通运输行政许可的概念及特征

(一) 交通运输行政许可的概念

交通运输行政许可是交通运输行政管理的重要手段之一,也是一种卓有成效的管理方式。《公路法》《航道法》《道路运输条例》等相关法律、行政法规以及《浙江省公路路政管理条例》《浙江省高速公路运行管理办法》等地方性法规和地方政府规章,均对交通运输行政许可的范围、内容、权限和程序作出了相应规定。当然,就交通运输行政许可的实施程序而言,《行政许可法》和《交通行政许可实施程序规定》(交通部令 2004 年第 10 号)的规定更为细致全面。

根据《行政许可法》第二条的规定,所谓行政许可,是指行政机关根据公民、法人或者其他组织的申请,经依法审查,准予其从事特定活动的行为。据此,交通运输行政许可,是指交通运输行政执法主体根据交通运输行政相对人的申请,依据《公路法》《航道法》《道路运输条例》等法律法规的规定,通过颁发许可证、通行证等方式,赋予交通运输行政相对人从事某种活动的法律资格或行使某种法律权利的行政行为。如,准许超限运输车辆行驶公路许可、准许水上水下作业许可、准许从事经营道路运输业务许可等。

(二) 交通运输行政许可的特征

根据《行政许可法》对行政许可的界定,交通运输行政许可具有以下特征:

(1) 交通运输行政许可主体是具有行政许可权的交通运输行政执法主体。交通运输行政许可是一种行政行为,其主体必然是交通运输行政执法主体,而不是交通运输行政相对人。

如前文所述,交通运输行政执法主体由两部分构成:一是交通运输行政机关;二是法律、法规授权的组织。具体到行政许可领域,一方面,《行政许可法》第二十二条

规定:"行政许可由具有行政许可权的行政机关在其法定职权范围内实施。"这意味着,具有行政许可权的交通运输行政机关是交通运输行政许可的主体。另一方面,根据《行政许可法》第二十三条的规定,法律、法规授权的具有管理公共事务职能的组织,在法定授权范围内,可以以自己的名义实施行政许可。可见,交通运输行政许可主体也是由交通运输行政机关和被授权组织两部分构成。

另外,《行政许可法》第三章"行政许可的实施机关"强调的是行政许可行为的实施主体,而非拥有行政许可权的行政主体。就行政许可行为的实施机关而言,除了拥有行政许可权的行政主体外,还包括受委托实施行政许可的组织。不过,根据《行政许可法》第二十四条的规定,能够接受行政机关委托实施行政许可的只能是行政机关,而不能是一般的社会组织。

以《行政许可法》为立法依据,《交通行政许可实施程序规定》第三条详细列举了交通运输行政许可的实施机关:①交通部、地方人民政府交通主管部门、地方人民政府港口行政管理部门依据法定职权实施交通行政许可;②海事管理机构、航标管理机关、县级以上道路运输管理机构在法律、法规授权范围内实施交通行政许可;③交通部、地方人民政府交通主管部门、地方人民政府港口行政管理部门在其法定职权范围内,可以依据本规定,委托其他行政机关实施行政许可。与《交通行政许可实施程序规定》的行文相一致,下文涉及交通运输行政许可的实施程序时,将使用"交通运输行政许可实施机关"这一概念。

(2)交通运输行政许可是一种依申请的行政行为。行政法学理论上,根据行政行为的作出是否必须以行政相对人的申请为前提,将行政行为分为依职权的行政行为和依申请的行政行为。行政许可是典型的依申请的行政行为。不过,行政许可决定是行政机关基于行政权而作出的单方行为,行政相对人的申请并不意味着必定获得行政机关的准许。具体到交通运输行政许可,只能依交通运输行政相对人的申请而发生,交通运输行政执法主体不能主动作出交通运输行政许可;对于交通运输行政相对人来说,若要从事法律、法规和地方政府规章禁止的某种行为,必须依法向交通运输行政执法主体提出申请,并获得批准。

(3)交通运输行政许可的实质,在于审查交通运输行政相对人是否具备从事某项活动的法定条件。交通运输行政许可虽然表现为以解禁为基础,从而赋予交通运输行政相对人某种权利或资格,但这种解禁建立在交通运输行政相对人已具备一定条件的基础之上。一般来说,权利从享有到行使,必须具备一定条件,在交通运输行政相对人符合法定条件时,以及交通运输行政执法主体的准许下,后者才能行使某项权利。例如,根据《公路法》的规定,超过公路或者公路桥梁限载标准的超限车辆确需行驶公路,须经县级以上交通运输主管部门或公路管理机构批准,并按要求采取有效的防护措施;运载不可解体的超限物品,应当按照指定的时间、路线、时速行驶,并悬挂明显标志。上述情形中,县级以上交通运输主管部门和公路管理机构审查的,就是交通运输行政相对人的超限车辆是否具备上路行驶的法定条件。

(4)交通运输行政许可的事项既限于交通运输行政相对人所申请的权利或者资格范围,也不得超越交通运输行政执法主体的许可权限的范围。交通运输行政执法主体只能就交通运输行政相对人的申请,作出准予许可或者不予许可决定,部分准予许可或者部分不予许可决定,而且不能超越自身的权限作出许可决定。

(5)交通运输行政许可包括准许可和不予许可两种类型。交通运输行政许可既可能表现为肯定性行为,即准予交通运输行政相对人从事一定活动;也可能表现为否定性行为,即不批准交通运输行政相对人的申请。交通运输行政执法主体在法定期限内既不作肯定表示也不作否定表示的,则构成不作为违法,并依法承担相应的法律责任。

(6)交通运输行政许可是要式行政行为。交通运输行政执法主体在作出交通运输行政许可时,必须按照法定的方式,遵守法定的程序。未履行法定的程序或者未按规定出具法定文书的,该交通运输行政许可无效。

之所以要求交通运输行政许可具备要式条件,是因为交通运输行政许可是赋予交通运输行政相对人一定的法律资格或法律权利,并在一定时期内有效;而具有此种法律资格、法律权利的个人或者组织可以进行其他个人或者组织所不能进行的活动。因此,交通运输行政许可必须具备特定的形式要件,便于交通运输行政执法主体对获得许可的交通运输行政相对人进行监督检查。

(7)交通运输行政许可是一种羁束性行政行为。交通运输行政许可是交通运输行政执法主体的法定职权和职责,主体只能根据法律、法规的规定作出准许或不准许的决定。对于符合法定条件的申请,交通运输行政执法主体只能作出一种决定——准予行政许可;对于不符合法定条件的申请,交通运输行政执法主体只能作出一种决定——不予许可决定。

二、交通运输行政许可的原则

行政许可的基本原则,是贯穿于《行政许可法》始终,对行政许可的设定、实施、监督检查和法律责任,起统率和指导作用的准则。《行政许可法》在总结我国行政许可的实践经验并借鉴国外成功做法的基础上,按照合法与合理、效能与便民、监督与责任的总体思路,确立了行政许可的七项原则。这七项原则同时也是交通运输行政许可应当遵循的基本原则。

(一)合法原则

合法原则是法治原则在交通运输行政许可领域的具体化。根据《行政许可法》的规定,交通运输行政许可的合法原则,是指设定和实施交通运输行政许可应当依照法定的权限、范围、条件和程序进行。

具体而言,交通运输行政许可的合法原则主要包含两层意思:一是设定交通运输行政许可,应当依照法定的权限、范围和程序进行。《行政许可法》对哪些事项可以设定行政许可,哪些情况下可以不设行政许可,哪些国家机关有权设定行政许可,以什么形式设定行政许可,都作了明确规定。有设定权的国家机关应当严格依照行政许可设定权限,在行政许可的设定权范围内设定行政许可。因此,合法原则要求相关国家机关应当严格依照《行政许可法》的规定,设定交通运输行政许可的范围、条件以及程序。二是实施交通运输行政许可,应当依照法定的权限、条件和程序进行。《行政许可法》和其他单行法律、法规、规章等关于对行政许可的实施机关、程序的规定,交通运输行政执法主体在实施交通运输行政许可时,应当严格依法办理。

【案例】

方某某诉宁波市道路运输管理局行政许可案[(2015)甬海行初字第109号]

【基本案情】

方某某于2004年期间受让了轻型普通货车(车牌号:浙B×××××)的承包权,用于货运出租。该车行驶证载明,所有人为宁波市汽车运输集团有限公司(以下简称宁波汽运公司),使用性质为货运;该车道路运输证载明,业主名称为宁波汽运公司,经营范围为货运(货运出租)。2015年10月29日,方某某向宁波市道路运输管理局(以下简称宁波市运管局)提出了"申请继续实施货运出租汽车行政许可"的申请。宁波市运管局经审查认为,方某某的申请主体资格、申请事项不符,于是作出了《道路运输行政许可申请不予受理决定书》(编号:ZJ02002015×××001),决定不予受理方某某的申请,并当场送达方某某。方某某不服,于2015年11月30日诉至宁波市海曙区人民法院,要求撤销不予受理决定,并作出行政赔偿。宁波市海曙区人民法院一审判决驳回方某某的诉讼请求。

【评析】

根据《行政许可法》第十七条的规定,除该法第十四条、第十五条规定的外,其他规范性文件一律不得设定行政许可。而根据《行政许可法》第十四条、第十五条的规定,只有法律、行政法规、国务院的决定、地方性法规和省、自治区、直辖市人民政府规章可以设定行政许可。经查,《道路运输条例》《浙江省道路运输条例》等法规未设定货运出租汽车许可,其他法律、法规和省人民政府规章也没有设定该行政许可。也就是说,方某某的行政许可申请不具有法律依据。因此,宁波市运管局依据《行政许可法》第三十二条的规定不予受理原告的申请,并无不妥。

(二)公开、公平、公正原则

公开原则,首先要求设定交通运输行政许可的法律法规规章必须公布,未经公布不得作为实施交通运输行政许可的依据。其次,交通运输行政许可的实施过程和结果应当公开,便于公民、法人或者其他组织监督。

公平、公正原则,要求交通运输行政执法主体平等对待行政许可的申请人,符合法定条件和标准的,申请人有依法取得行政许可的平等权利,交通运输行政执法主体不得歧视。有数量限制的交通运输行政许可,两个或者两个以上申请人的申请均符合法定条件和标准的,交通运输行政执法主体应当根据受理交通运输行政许可申请的先后顺序,作出准予交通运输行政许可的决定。但是,法律、行政法规对优先顺序另有规定的,依照其规定。

(三) 便民原则

便民,就是公民、法人或者其他组织在交通运输行政许可过程中,能够便捷、迅速地申请并获得行政许可。便民原则要求交通运输行政执法主体实施行政许可时,至少应当做到以下三点:一是能够统一、综合办理的,尽量统一、综合办理,并简化不必要的程序、手续。二是为申请人提供各种方便和优质服务,如提供申请表格,一次性告知应当补正的材料,等等。三是严格办理时限。符合条件的,应及时受理、审核和作出决定;能够当场发证的,应当场发证。

【案例】

东兴驾校有限公司诉启东市运输管理处不履行法定职责案[(2015)门行初字第00168号]

【基本案情】

2015年4月23日,江苏省启东市东兴驾校有限公司的法定代表人严某某向启东市运输管理处提交《交通行政许可申请书》,申请普通机动车驾驶员培训经营许可。启东市运输管理处收到申请后,于4月27日向严某某发出《交通行政许可申请材料补正通知书》,告知严某某应当对申请材料进行补正。严某某收到通知后,于5月4日进行了补正。因房租场地租赁协议没有经过国土部门备案同意确认,启东市运输管理处于5月7日向严某某发出书面告知,告知其"补交材料不符合要求,房租场地租赁协议没有经过国土部门备案同意确认。"之后,严某某向启东市国土资源局申请进行场地租赁协议备案。6月9日,启东市国土资源局答复严某某:"我局无国有建设用地使用权租赁合同备案这一审批事项,故不能受理你们的场地租赁协议备案申请。"严某某收到答复后,于6月10日将该答复意见提交给启东市运输管理处。6月15日,启东市运输管理处向严某某发出书面告知,告知:"决定向上一级行业主管部门提出受理土地出租合同具体备案部门的请示,待上级行业主管部门明确答复后,即行告知有关土地出租合同备案事项。"6月26日,南通市运输管理处答复启东市运输管理处:"因运管机构对驾校土地使用方面无界定职责和界定能力,故办理驾校行政许可过程中凡驾校使用土地出租合同的,应要求申请人向国土部门提出办理土地出租合同备案手续的申请,只要国土部门对该土地出租行为无禁止性意见,运管机构在审核'驾校提交经备案的土地出租合同'要求时均视作已备案。"7月3日,启东市运输管理处继续向江苏省人民政府法制办书面请示,至今未获答复。同时,启东市运输管理处还通过口头请示的方式向启东市人民政府法制办请示。启东市人民政府法制办于7月27日向启东市国土资源局发出《法制意见函》,建议启东市国土资源局积极与启东市运输管理处协调沟通,对普通机动车驾驶员培训经营许可中的土地出租合同备案申请进行实体审查,并作出决定或出具意见。8月5日,启东市人民政府法制办针对严某某反映的问题,通过《告知书》的形式告知严某某:"本办无权解释《江苏省机动车驾驶人培训管理办法》和南通市运输管理处的文件。针对你公司反映的申办机动车驾驶人培训经营许可过程中存在的问题,本办已经建议运管、国土部门按照相关法律的规定对你提交的申请依法进行审查并作出决定。"启东市运输管理处自收到申请后至2015年7月27日,未予以受理或作出决定。严某某认为启东市运输管理处不履行法定职责,于2015年7月27日向海门市人民法院提起行政诉讼。

【评析】

根据《行政许可法》《道路运输条例》《江苏省机动车驾驶人培训管理办法》的相关规定,被告启东市运输管理处(下文简称被告)具有对辖区内机动车驾驶员培训业务实施具体管理的法定职权。《行政许可法》第三十二条第一款第(五)项规定:"申请事项属于本行政机关职权范围,申请材料齐全、符合法定形式,或者申请人按照本行政机关的要求提交全部补正申请材料的,应当受理行政许可申请。"本案中,被告收到原告严某某(下文简称原告)申请材料后,向原告发出《交通行政许可申请材料补正通知书》,告知原告需要补正的材料。原告按照通知补正材料后,被告审查后发现原告提供的房租场地租赁协议没有经过国土部门备案同意确认,告知原告按照要求补齐手续。原告根据被告的要求,向启东市国土资源局申请对场地租赁协议进行备案。启东市国土资源局答复原告其无"国有建设用地使用权租赁合同备案"这一审批事项,不予受理原告的备案申请。被告收到原告提交的答复意见后,在无法明确具体的备案机关的情况下,应当视为原告已按照要求提交了全部补正申请材料,并应当受理原告的申请。至于土地出租合同的具体备案部门及未经备案是否准予许可等问题,则可以在许可审查过程中通过请示或商请相关部门协调解决。被告已向南通市运输管理处请示,在南通市运管处已作出答复的情况下,被告仍以向其他行政机关请示为由,不予受理原告的申请,构成不作为。被告应当受理原告行政许可申请,至于原告是否符合准予许可条件,应由被告在行政程序中予以审核。据此,被告在收到原告的许可申请后,未在法定期间内予以受理,构成不作为。

(四)权利救济原则

权利救济原则,指交通运输行政相对人的合法权益受到交通运输行政许可的损害时,有权请求国家机关给予补救和救济。

《行政许可法》第七条规定了三类权利救济方式:一是行政相对人对行政机关实施行政许可享有陈述权和申辩权;二是有权依法申请行政复议或者提起行政诉讼;

三是合法权益因行政机关违法实施行政许可受到损害的,有权依法申请国家赔偿。

【案例】

丁某某诉三门县交通运输局交通行政许可案[(2015)台三行初字第2号]

【基本案情】

丁某某曾拥有一艘机动船,经营三门健跳上敕至蛇蟠的渡船业务,并取得适航证书。1988年7月21日,三门县交通运输局核发给丁某某编号为0012的渡口经营许可证,由丁某某经营上敕至蛇蟠客运航线,经营运输期限为1988年7月21日至1991年7月21日。丁某某认为三门县交通运输局在1989年间对上敕渡口进行整治过程中责令其停止渡口客运经营行为违法,多次向有关部门反映。三门县交通运输局于2014年8月12日作出信访事项答复意见书(三交信访答字〔2014〕1号),认为其未对丁某某构成侵权。丁某某于2015年1月7日向三门县人民法院提起行政诉讼,确认三门县交通运输局停止其渡口客运经营的行为违法。

【评析】

公民、法人或者其他组织拟通过行政诉讼寻求法律救济的,必须符合《行政诉讼法》关于起诉条件的规定。本案中,原告丁某某(下文简称原告)于2015年1月7日向三门县人民法院提起行政诉讼。根据当时有效的《行政诉讼法》第二条、第十一条、第三十九条和第四十一条的规定,三门县人民法院受理原告的起诉的前提是:被诉行为属于人民法院的受案范围;原告在规定期限内提起行政诉讼。本案中有两个行为:一是被告三门县交通运输局(下文简称被告)于2014年8月12日对原告作出的信访答复意见书;二是被告在1989年间责令停止原告渡口客运经营的行为。其中,第一个行为对原告不具有行政强制性,对原告的实体权利义务不产生实质影响,不属于行政诉讼的受案范围;第二个行为虽然是行政行为,属于行政诉讼的受案范围,但该行为是否客观存在疑点,被告的信访答复意见不能证明被告停止原告渡口客运经营的事实。同时,即便该行政行为存在,也已经超过了《行政诉讼法》及其司法解释规定的起诉期限。因此,三门县人民法院应当裁定驳回原告的起诉。

补充说明的是,于2015年5月1日实施的修改后的《行政诉讼法》对起诉期限作了修改。根据现行《行政诉讼法》第四十六条的规定,公民、法人或者其他组织直接向人民法院提起诉讼的,应当自知道或者应当知道作出行政行为之日起六个月内提出。法律另有规定的除外。因不动产提起诉讼的案件自行政行为作出之日起超过二十年,其他案件自行政行为作出之日起超过五年提起诉讼的,人民法院不予受理。

(五)信赖保护原则

信赖保护原则系指行政相对人对行政行为的正当合理信赖,应当获得保护。信赖保护原则主要适用于对授益行政行为的撤销(或撤回)的限制,即公民、法人或者其他组织因此类行政行为而获得利益,一经撤销(或撤回)该行政行为,将会受到损害,故行政机关撤销(或撤回)授益行政行为时,应考虑赔偿(或补偿)行政相对人信赖该行政行为有效存续而获得的利益,或者不予撤销(或撤回)。

《行政许可法》第八条规定了撤回行政许可时信赖保护原则的适用,即:公民、法人或者其他组织依法取得的行政许可受法律保护,行政机关不得擅自改变已经生效的行政许可。行政许可所依据的法律、法规、规章修改或者废止,或者准予行政许可所依据的客观情况发生重大变化的,为了公共利益的需要,行政机关可以依法变更或者撤回已经生效的行政许可。由此给公民、法人或者其他组织造成财产损失的,行政机关应当依法给予补偿。

同时,《行政许可法》第六十九条还规定了撤销行政许可时信赖保护原则的适用,即,有下列情形之一,行政机关决定撤销行政许可,但是损害被许可人的合法权益的,行政机关应当依法给予赔偿:

(1)行政机关工作人员滥用职权、玩忽职守作出准予行政许可决定的;

(2)超越法定职权作出准予行政许可决定的;

(3)违反法定程序作出准予行政许可决定的;

(4)对不具备申请资格或者不符合法定条件的申请人准予行政许可的;

(5)依法可以撤销行政许可的其他情形。

不过,如果被许可人是以欺骗、贿赂等不正当手段取得行政许可的,那么行政机关不仅应当撤销行政许可,而且被许可人基于行政许可获得的利益不受保护。

交通运输行政执法主体撤销或撤回行政许可时,同样要遵守信赖保护原则。

【案例】

某公司不服市政府收回大桥收费权案

【基本案情】

香港某公司与中国内地某市的路桥股份有限公司共同投资成立了一家合作企业,目的是在该市投资修建一座长江大桥。该市政府向省政府请示,得到省政府的同意。此后,该合作企业开始动工修建长江大桥。大桥建成之后,该市政府允许合作企业在大桥两端设收费站,对过往车辆进行收费。物价局根据市政府的决定,核定了收费标准,该合作企业正式对过往车辆进行收费。可是,一年之后,该市政府发布了一项通知,明确市政府将收回该市所有大桥的收费权,过往车辆的过桥费将统一由市政府征收。该合作企业的收费权就这样被市政府收回。通知发布之后,引起了香港公司的不满。香港公司认为自己当初与该市路桥公司合作修建长江大桥,看中的就是大桥的收费权,并且当初投资的时候,政府曾向其承诺合作公司将享有二十年的收费权,现在政府一纸通知就将收费权收回,这种做法严重违法,遂要求市政府补偿其损失。

【评析】

信赖保护原则,是指当公民、法人或者其他组织对行政机关及其管理活动已经产生信赖利益,并且这种信赖利益因其具有正当性而应当得到保护时,行政机关不得随意变动其作出的已经生效的行政决定,或者确需变动必须补偿相对方的信赖损失。本案中市政府的行为显然违反了信赖保护原则,原本允许香港公司与路桥公司合作成立的公司投资修建长江大桥,并向香港公司承诺给予其二十年收费权。香港公司正是基于对市政府这一决定的信赖而投资修建了长江大桥。而市政府却在香港公司收费一年之后反悔,通过发布通知的方式将长江大桥的收费权收回。这一做法严重违背了信赖保护原则,是错误的。即使市政府确因法定事由要收回收费权,也应当给予香港公司相应的补偿。

(六) 行政许可不得违法转让原则

交通运输行政许可是根据行政相对人的申请作出的,是赋予符合法定的条件、标准的特定行政相对人以特定权利。因此,交通运输行政许可一般不得转让。如果对交通运输行政许可转让不加严格限制,会给倒卖许可证件等违法行为提供可乘之机。因此,《行政许可法》第九条规定:"依法取得的行政许可,除法律、法规规定依照法定程序和条件可以转让的外,不得转让。"

【案例】

张某非法转让道路运输证案

【基本案情】

2009年2月16日,张某将山JT××××号欧曼牌重型货车及该车道路运输证卖给胡某。3月13日,胡某驾驶该车从事运输活动时被某县运管所发现。有现场笔录、买卖合同、张某陈述、贾某的证人证言等证据证实。某县运管所收缴了道路运输证,对张某处以2000元罚款。

【评析】

现实中,很多货车在交易时,都会将道路运输证一并交易。根据《道路运输条例》第六十七条规定:"违反本条例的规定,客运经营者、货运经营者、道路运输相关业务经营者非法转让、出租道路运输许可证件的,由县级以上道路运输管理机构责令停止违法行为,收缴有关证件,处2000元以上1万元以下的罚款;有违法所得的,没收违法所得。"某县运管所依法对非法买卖道路运输许可证件的张某进行处罚,是正确的。

(七) 监督原则

监督原则,指交通运输行政执法主体依法对下级交通运输行政执法主体实施行政许可的活动和被许可人从事许可事项的活动进行监督,包括上级交通运输行政执法主体对下级交通运输行政执法主体的监督,以及交通运输行政执法主体对被许可人的监督。

三、行政许可事项的设定

行政许可是准许申请人进行特定活动的行为。根据《行政许可法》第十四至十七条的规定,除法律、行政法规、国务院决定、地方性法规和省级地方政府规章外,其他规范性文件则一律不得设定行政许可。

(一)法律的设定权

根据《行政许可法》第十二条的规定,下列六类事项可以设定行政许可:一是直接涉及国家安全、公共安全、经济宏观调控、生态环境保护以及直接关系人身健康、生命财产安全等特定活动,需要按照法定条件予以批准的事项;二是有限自然资源开发利用、公共资源配置以及直接关系公共利益的特定行业的市场准入等,需要赋予特定权利的事项;三是提供公众服务并且直接关系公共利益的职业、行业,需要确定具备特殊信誉、特殊条件或者特殊技能等资格、资质的事项;四是直接关系公共安全、人身健康、生命财产安全的重要设备、设施、产品、物品,需要按照技术标准、技术规范,通过检验、检测、检疫等方式进行审定的事项;五是企业或者其他组织的设立等,需要确定主体资格的事项;六是法律、行政法规规定可以设定行政许可的其他事项。

同时,根据《行政许可法》第十三条的规定,对前述事项,如果通过下列方式能够予以规范的,可以不设行政许可:一是公民、法人或者其他组织能够自主决定的;二是市场竞争机制能够有效调节的;三是行业组织或者中介机构能够自律管理的;四是行政机关采用事后监督等其他行政管理方式能够解决的。

根据《行政许可法》第十四条第一款的规定,对前述可以设定行政许可的六类事项,法律可以设定行政许可。

(二)行政法规的设定权

根据《行政许可法》第十四条第一款的规定,对可以设定行政许可的事项,尚未制定法律的,行政法规可以设定行政许可。同时,行政法规可以在法律设定的行政许可事项范围内,对实施该行政许可作出具体规定。

(三)国务院决定的设定权

根据《行政许可法》第十四条第二款的规定,必要时,国务院可以采用发布决定的方式设定行政许可。实施后,除临时性行政许可事项外,国务院应当及时提请全国人民代表大会及其常务委员会制定法律,或者自行制定行政法规。

如,国务院于2009年1月29日发布《国务院对确需保留的行政审批项目设定行政许可的决定》,其中由交通运输部作为实施机关实施行政许可的事项包括:航运公司安全营运与防污染能力符合证明核发,国际船舶及港口设施保安证书核发,从事内地与台湾、港澳间海上运输业务许可,公路、水运投资项目立项审批;由地(市)级以上人民政府交通行政主管部门作为实施机关实施行政许可的事项,包括新增客船、危险品船投入运营审批;由交通运输部、交通运输部海事局作为实施机关实施行政许可的事项,包括设立引航及验船机构审批。

(四)地方性法规的设定权

根据《行政许可法》第十五条的规定,对可以设定行政许可的事项,尚未制定法律、行政法规的,地方性法规可设定行政许可。不过,地方性法规不得设定应当由国家统一确定的公民、法人或者其他组织的资格、资质的行政许可;不得设定企业或者其他组织的设立登记及其前置性行政许可。而且,地方性法规设定的行政许可,不得限制其他地区的个人或者企业到本地区从事生产经营和提供服务,不得限制其他地区的商品进入本地区市场。

(五)省级地方政府规章的设定权

根据《行政许可法》第十五条的规定,对可以设定行政许可的事项,尚未制定法律、行政法规和地方性法规的,因行政管理的需要,确需立即实施行政许可的,省、自治区、直辖市人民政府规章可以设定临时性的行政许可。临时性的行政许可实施满一年需要继续实施的,应当提请本级人民代表大会及其常务委员会制定地方性法规。而且,省级地方政府规章的设定权也受到一定限制,限制内容与对地方性法规的设定权的限制完全相同。

关于行政许可的设定权,补充说明两点。一是并非所有的规章都有权设定行政许可。部门规章和设区的市人民政府规章无权设定行政许可;省级人民政府规章虽然有权设定行政许可,但只能设定临时性行政许可。二是法规、规章对实施上位法设定的行政许可作出具体规定,但不得增设行政许可;对行政许可条件作出的具体规定,不得增设违反上位法的其他条件。

四、行政许可事项管理规范

根据《行政许可标准化指引(2016版)》,行政许可事项管理规范包括三方面内容。

(一)实行行政许可事项清单管理

行政许可实施机关应依据《行政许可法》,逐项明确行政许可事项名称、设定依据、行政许可实施机关、行政许可对象等要素。行政许可制度改革工作主管机关应统一制定行政许可事项清单,按程序报本级人民政府同意后,向社会公开。

行政权力是一种高能量的要素,天然具有扩张性。霍布斯曾说:"全人类共同的爱好,便是对权力永恒的和无止境的追求,这种追求至死方休。"❶编制权力清单,目的是要管住权力,不仅不让它膨胀,还要简政放权。浙江省前任省长李强曾说过一句很生动形象的话:用政府权力的"减法",换取市场与民间活力的"加法",纵向撬动政府自身改革,横向撬动经济社会各领域的改革。❷

在行政审批制度改革过程中,浙江省致力于构建"四张清单一张网"(即行政权力清单、政府责任清单、投资负面清单、财政专项资金管理清单和浙江政务服务网),成效显著。其中,"行政权力清单"就包含了行政许可事项清单。

(二)实施行政许可事项动态管理

行政许可实施机关应根据行政许可事项设定依据的调整和行政许可制度改革的要求,实施动态管理。行政许可事项新设、减少以及变更要素的,应按照程序及时做出调整,并向社会公开。从内容上看,应根据执法依据和机构职能调整等变化,以及政府职能转变的要求,对公布的行政许可事项定期进行修改完善,进一步明确哪些权力事项该削减,哪些该下放,哪些该保留,确保权力清单与时俱进,确保政府职权管理科学化、规范化、法制化,从而真正实现权力清单制度横到边、纵到底、全覆盖、无死角。

(三)实施行政许可事项编码管理

行政许可制度改革工作主管机关应统一制定编码规则,对行政许可事项赋予代码。行政许可事项代码是同一行政许可事项的唯一标识,其变更应履行相应程序。

第二节 交通运输行政许可程序

一、交通运输行政许可程序的类型

按照行政许可决定的类型及行政管理相对人对行政许可决定的需求,交通运输行政许可程序可分为申请、变更、延续、注销和遗失补办等五类。

(一)申请

交通运输行政许可申请,是指公民、法人或者其他组织向交通运输行政许可实施机关初次或前次许可决定失效后,提出获得拟从事特定活动的权利或者资格的意思表示。

---

❶[英]霍布斯:《利维坦》,商务印书馆1986年版,第72页。
❷李强:《以政府权力的减法换取市场活力的加法》,http://politics.people.com.cn/n/2014/1031/c70731-25950370.html。

(二) 变更

交通运输行政许可的变更,指交通运输行政许可实施机关在作出行政许可决定、颁发行政许可证件后,根据被许可人的申请,改变行政许可决定的具体内容的行政行为。

根据《行政许可法》第四十九条的规定,被许可人要求变更行政许可事项的,应当在其已取得的行政许可决定失效前,向作出行政许可决定的交通运输行政许可实施机关提出申请。对被许可人提出的变更申请,交通运输行政许可实施机关经审查,认为该申请符合法定条件、标准的,应当依照法定程序办理变更手续。

行政许可的变更实质上是对原行政许可决定的修改,一般需要交通运输行政执法主体审查后重新作出行政许可决定,有些还需要重新核发行政许可证件。为便于申请人申请变更行政许可,交通运输行政执法主体应当事前公布有关变更行政许可的条件和程序。

(三) 延续

一般来说,交通运输行政许可的效力是有期限限制的,被许可人只能在行政许可的有效期限内从事许可活动。需要在有效期届满后继续从事有关活动的,应当在有效期届满前向交通运输行政执法主体申请延长行政许可的有效期,此即交通运输行政许可的延续。

不过,只有对可以延续的事项,被许可人才可以提出延续行政许可的申请。被许可人提出延续行政许可有效期的,应当在行政许可有效期届满前一定期间内提出,这样可以为交通运输行政执法主体审查其申请预留足够的时间,便于交通运输行政执法主体及时作出是否准予延续的决定。根据《行政许可法》第五十条的规定,除非法律、法规、规章另有规定,被许可人应当在该行政许可有效期届满三十日前提出申请。交通运输行政执法主体在法定期限内没有对延续申请作出答复的,视为准予延续。

(四) 注销

交通运输行政许可的注销,指发生《行政许可法》规定的情形时,交通运输行政执法主体依法注销有关行政许可的行政行为。

《行政许可法》第七十条规定了应当注销行政许可的六种情形:
(1) 行政许可有效期届满未延续的;
(2) 赋予公民特定资格的行政许可,该公民死亡或者丧失行为能力的;
(3) 法人或者其他组织依法终止的;
(4) 行政许可依法被撤销、撤回,或者行政许可证件依法被吊销的;
(5) 因不可抗力导致行政许可事项无法实施的;
(6) 法律、法规规定的应当注销行政许可的其他情形。

执法基础
交通运输执法实务系列丛书

【案例】

孙某某与兴化市交通运输局交通其他行政行为上诉案
[（2015）泰中行终字第00094号]

【基本案情】

2012年5月3日，孙某某从他人处购买了"兴盛源机5858"船舶并实际使用，该船挂靠在兴化市某公司名下，船舶所有权人登记为兴化市大垛盛源运输有限公司，船舶检验簿中内河船舶载重线证书、内河船舶防止油污证书、内河船舶适航证书许可有效期均为至2012年10月20日止。2014年4月6日，孙某某向江苏省船舶检验局提交申请书，申请撤销涉案的五份船舶登记证书，请求省船检局、兴化船检处、某公司共同赔偿损失60万元。2014年6月4日，省船检局作出回复，认为"兴盛源机5858"证书如存在过错，可以请求兴化船检处依法撤销许可行为与签发的相关检验证书；主张国家赔偿应当根据过错的行政行为是否符合国家赔偿的要件。孙某某不服该回复，提起诉讼。南京市中级人民法院于2014年11月19日判决驳回孙某某的诉讼请求。2014年11月28日，孙某某向兴化市交通运输局邮寄申请书，申请撤销涉案的五份船舶登记证书，请求江苏省船舶检验局兴化船检处、兴化市某公司共同赔偿损失60万元。2015年1月26日，兴化市交通运输局作出回复，告知孙某某：1.涉案船舶检验是经所有权人某公司申请，由兴化市船舶检验处对其提供的船舶进行实船检验后，依职权核发的船舶检验证书簿，检验结果与被检船舶相符。被检船舶与原"兴盛源机5858"船舶不同一，系船舶所有权人虚构事实、隐瞒真相造成。该船检行为的相对人是某公司，船舶检验证书簿因超过有效期限失效，而无须撤销，故对孙某某的上述请求不能支持；2.孙某某的赔偿请求缺乏事实根据，与《国家赔偿法》的规定不符。孙某某对兴化市交通运输局作出的上述回复不服，诉至兴化市人民法院，请求依法撤销兴化市交通运输局作出的回复，责令兴化市交通运输局在一定期限内履行撤销涉案的五份船舶登记证书的法定职责。兴化市人民法院判决驳回孙某某的诉讼请求。孙某某不服，向泰州市中级人民法院提起上诉。

【评析】

行政许可是行政机关根据公民、法人或者其他组织的申请，经依法审查，准予其一定期限内或一定范围内从事特定活动的行为，如果行政许可超过许可期限而未申请延续的，被许可人即丧失从事特定活动的资格，该行政许可应当视为已经自然失效。此时，即便相关行政许可实施机关未及时办理行政许可的注销手续，也不影响该行政许可的失效。本案中，涉案的"兴盛源机5858"船舶的船舶检验簿中内河船舶载重线证书、内河船舶防止油污证书、内河船舶适航证书许可有效期均为至2012年10月20日止，而且该船检行为的相对人兴化市某公司也没有申请延续该行政许可。《河船法定营运检验技术规程（2011）》第二章中明确规定，船舶适航证书和其他证书在发生"证书有效期满,未继续向船舶检验机构申请检验或展期者"的情况时即自动失效。因此,兴化市交通运输局认定涉案的五份船舶登记证书已经失效并无不当。

(五)遗失补办

交通运输行政许可证件的遗失补办,是指公民、法人或者其他组织向交通运输行政许可实施机关申请并获得准予许可决定后,在许可有效期内遗失《行政许可法》规定的许可证件、资格证等,依法申请补办,经交通运输行政许可实施机关审查后,依法予以补办的行政行为。

《行政许可法》第三十九条规定了遗失后可以补办的四类许可证件和资格证,即:

(1)许可证、执照或者其他许可证书;
(2)资格证、资质证或者其他合格证书;
(3)行政机关的批准文件或者证明文件;
(4)法律、法规规定的其他行政许可证件。

二、交通运输行政许可程序的流程

交通运输行政许可程序分为一般程序和特别程序。一般程序的流程包括申请与受理、审查与决定。其中,符合法定条件时,应当通过听证的形式进行审查。

(一)申请与受理

1. 申请

(1)申请的概念

交通运输行政许可申请,指公民、法人或者其他组织向交通运输行政许可实施机关初次或前次许可决定失效后提出获得拟从事特定活动的权利或者资格的意思表示。提出交通运输行政许可申请的公民、法人或者其他组织,为交通运输行政许可申请人。

需要注意的是,在一定时期内、一定条件下,某些行政相对人的行政许可申请人资格受到限制。例如,根据《行政许可法》第七十八条的规定,行政许可申请人隐瞒有关情况或者提供虚假材料申请行政许可的,行政机关不予受理或者不予行政许可,并给予警告;行政许可申请属于直接关系公共安全、人身健康、生命财产安全事项的,申请人在一年内不得再次申请该行政许可。又如,根据《行政许可法》第七十九条的规定,被许可人以欺骗、贿赂等不正当手段取得行政许可的,行政机关应当依法给予行政处罚;取得的行政许可属于直接关系公共安全、人身健康、生命财产安全事项的,申请人在三年内不得再次申请该行政许可;构成犯罪的,依法追究刑事责任。《行政许可法》第七十八条和第七十九条对行政许可申请人资格的限制,同样适用于交通运输行政许可申请人。

(2)申请的方式

申请人申请交通运输行政许可有多种方式,一般为书面方式。根据《交通行政许可实施程序规定》第八条的规定,除法律、法规、规章对申请书格式文本已有规定外,申请人以书面方式提出交通行政许可申请的,应当填写本规定所要求的《交通行政许可申请书》。同时,申请人可以通过信函、电报、电传、传真、电子数据交换和电子邮件等方式,提交交通运输行政许可申请。

申请人申请交通运输行政许可,既可以本人申请,也可以委托他人代为申请。凡法律、法规、规章没有明确规定申请人必须到交通运输行政执法主体办公场所提出行政许可申请的,交通运输行政执法主体均不得拒绝接受申请人委托代理人提出的行政许可申请。不过,代理人代为提出申请时,应当出具载明委托事项和代理人权限的授权委托书,并出示能证明其身份的证件。

(3)申请材料的完整性真实性

在通常情况下,法律、法规、规章对交通运输行政许可事项规定了标准和条件。因此,申请人提交交通运输行政许可申请材料,必须做到两点:一是申请材料完整、全面。申请人要对照交通运输管理法律法规规定的条件和标准,提供完整、全面的材料。二是保证申请材料的真实性。《行政许可法》第三十一条规定:"申请人申请行政许可,应当如实向行政机关提交有关材料和反映真实情况,并对其申请材料实质内容的真实性负责。"这意味着,申请人提出申请时,不仅他提交的申请材料本身是真实的,而且申请材料所反映的内容也是真实的。《交通行政许可实施程序规定》第七条第二款也有相同规定。

2. 受理

(1)受理的概念

交通运输行政许可的受理,指交通运输行政许可实施机关审查行政许可申请后,对申请材料齐全、符合法定形式,且行政许可事项属于本机关管辖的行政许可申请予以接受的行为。

交通运输行政许可实施机关受理行政许可申请,就意味着启动了行政许可的审查与决定程序。自受理行政许可申请之日起,有关行政许可期限的规定开始适用,交通运输行政许可实施机关即负有在法定期限内作出是否准予行政许可的义务。交通运输行政许可实施机关在法定期限内不作出行政许可决定的,申请人可以依法通过行政复议、行政诉讼维护自身合法权益。

(2)受理前的审查

交通运输行政许可实施机关收到行政许可申请后,首先要确定是否予以受理。为此,交通运输行政许可实施机关需要对申请人提交的申请材料进行形式审查,而不需要审查行政许可申请材料的实质内容以及申请人是否具备取得行政许可的条件。

交通运输行政许可实施机关主要就下列内容进行形式审查：

①申请的行政许可事项是否属于依法需要取得行政许可的事项；

②申请的行政许可事项是否属于本机关管辖范围；

③申请人是否按照法律、法规、规章的规定提交了符合规定数量、种类的申请材料；

④申请人提供的行政许可申请材料是否符合法定形式；

⑤其他事项。如申请人提供的材料是否有明显的数字、文字错误以及类似的错误等。

3.对交通运输行政许可申请的处理

根据《行政许可法》第三十二条和《交通行政许可实施程序规定》第十条的规定，交通运输行政许可实施机关对收到的交通运输行政许可申请材料进行形式审查后，应当根据下列情况分别作出处理：

（1）申请事项依法不需要取得交通运输行政许可的，应当及时告知申请人不受理；

（2）申请事项依法不属于本实施机关职权范围的❶，应当即时作出不予受理的决定，并向申请人出具《交通行政许可申请不予受理决定书》，同时告知申请人应当向有关行政机关提出申请；

（3）申请材料可以当场补全或者更正错误的，应当允许申请人当场补全或者更正错误❷；

（4）申请材料不齐全或者不符合法定形式，申请人当场不能补全或者更正的，应当当场或者在五日内向申请人出具《交通行政许可申请补正通知书》，一次性告知申请人需要补正的全部内容；逾期不告知的，自收到申请材料之日起即为受理；

（5）申请事项属于本实施机关职权范围，申请材料齐全，符合法定形式，或者申请人已提交全部补正申请材料的，应当在收到完备的申请材料后，受理交通运输行政许可申请，除当场作出交通运输行政许可决定的外，应当出具《交通行政许可申请受理通知书》。

4.作出书面处理决定

对公民、法人或者其他组织提出的行政许可申请，交通运输行政许可实施机关都应当作出书面处理决定。书面处理决定包括受理申请和不予受理申请两种类型。交通运输行政许可实施机关决定受理申请的，应当出具加盖本行政机关专用印章和注明日期的书面受理凭证。不予受理申请的，应当出具加盖本行政机关专用印章和

---

❶依法不属于本行政机关管辖的事项，包括三种情况：超越法定行政许可管辖权的事项；超越法定级别管辖权的事项；超越法定地域管辖权的事项。

❷这类错误主要指文字错误、计算错误或者其他类似错误，但不影响材料的实质内容。

注明日期的书面不受理凭证,并说明理由。也就是说,《交通行政许可申请不予受理决定书》《交通行政许可申请补正通知书》《交通行政许可申请受理通知书》等都应当加盖实施机关行政许可专用印章,并注明日期。

根据《行政许可法》第五十七条的规定,对有数量限制的行政许可,并且有两个或者两个以上申请人的申请符合法定条件和标准时,行政机关应当根据受理行政许可申请的先后顺序,作出准予行政许可的决定。因此,行政机关作出的书面受理凭证还应该按照受理的先后顺序进行编号。

同时,为贯彻落实便民原则,《交通行政许可实施程序规定》第十一条规定了诸多便民措施,包括:交通运输行政许可需要实施机关内设的多个机构办理的,该实施机关应当确定一个机构统一受理行政许可申请,并统一送达交通运输行政许可决定;实施机关未确定统一受理内设机构的,由最先受理的内设机构作为统一受理内设机构。

(二)审查与决定

1.审查

(1)审查的概念

交通运输行政许可审查是交通运输行政许可实施机关作出行政许可决定的必经程序,它是指交通运输行政许可实施机关对已经受理的行政许可申请材料进行核查,以确定申请人是否实质上具备行政许可所要求的法定条件的过程。

审查程序是对申请材料的实质内容进行审查的阶段,审查质量直接影响行政许可的质量,因而作用重大。此外,审查程序还充分体现了行政机关的权力与义务在行政许可上的统一,实际上给行政机关设定了法定义务,行政机关要对其作出的行政许可决定承担相应责任。

(2)审查方式

根据《交通行政许可实施程序规定》第十三条第四款的规定,交通运输行政许可实施机关实施实质审查时,应当指派两名以上工作人员进行,并可以采取多种审查方式。具体来说,主要包括如下审查方式:

①书面审查

书面审查即审查申请人提交的申请材料所反映的内容,这是交通运输行政许可实施机关最主要的审查方式。根据《交通行政许可实施程序规定》第十三条第三款的规定,交通运输行政许可实施机关在审查申请人提交的申请材料时,主要审查以下内容:

一是申请人的资格条件。首先对申请材料反映的申请人条件的适法性,材料反映的情况与法律规范规定的申请人的法定条件是否一致进行审查核实,严格把握法律、法规规定的申请人条件。

二是审查申请材料反映的内容的真实性。可通过以下途径进行审查:由申请人承诺声明所述情况真实;用申请材料中反映的内容进行相互印证;用行政机关掌握的有关信息进行印证;请其他行政机关协助核实。

②实地核查

交通运输行政许可实施机关审查申请人提交的材料以书面审查为主,但对有些材料反映的内容还应当进行实地核查。进行实地核查的,交通运输行政许可实施机关应当指派两名以上工作人员进行,并出示执法证件,表明身份。实地核查的内容,应当以法律、法规和规章规定的条件和标准为限,不得超越法定条件和标准,创设或降低、提高条件和标准。核查完毕,交通运输行政许可实施机关执法人员应当制作核查笔录、签署姓名及行政执法证号码,将核查的相关资料归档,并允许申请人和利害关系人查阅。

③听取申请人、利害关系人意见

听取申请人、利害关系人的意见,对交通运输行政许可实施机关广泛获得与许可事项有关的信息,合法公正地作出行政许可决定十分必要。也正因此,《交通行政许可实施程序规定》第十四条明确规定:"实施机关对交通行政许可申请进行审查时,发现行政许可事项直接关系他人重大利益的,应当告知利害关系人,向该利害关系人送达《交通行政许可征求意见通知书》及相关材料(不包括涉及申请人商业秘密的材料)。利害关系人有权在接到上述通知之日起五日内提出意见,逾期未提出意见的,视为放弃上述权利。实施机关应当将利害关系人的意见及时反馈给申请人,申请人有权进行陈述和申辩。实施机关作出行政许可决定应当听取申请人、利害关系人的意见。"对利害关系人提出的意见,交通运输行政许可实施机关应当认真听取,认真研究,记录在案,合理处置,必要时还应当举行听证会来听取意见。利害关系人提出的意见和理由,申请人可以反驳,行政机关应当兼听双方意见,对双方的意见进行核实,不偏不倚,在综合评定后作出决定。

④其他审查方式

交通运输行政许可实施机关通常采取上述3种审查方式。除此之外,实践中还可采用其他方式,如当面询问申请人及申请材料内容有关的相关人员,依法进行检验、勘验、监测等。

2. 决定

(1)决定的概念

交通运输行政许可决定程序,指交通运输行政许可实施机关根据公民、法人或者其他组织提出的行政许可申请,作出是否准予许可的过程。

(2)决定的期限

《行政许可法》第四十二条、第四十三条和《交通行政许可实施程序规定》第十五条明确规定了交通运输行政许可实施机关作出行政许可决定的期限,即:

第一,申请人提交的申请料齐全、符合法定形式,实施机关能够当场作出决定的,应当当场作出交通运输行许可决定,并向申请人出具《交通行政许可(当场)决书》。

第二，除当场作出交通运输行政许可定外，实施机关应当自受理申请之日起二十日内作出交通运输行政许可决定。二十日内不能作出决定的，经实施机关负责人批准，可以延长十日，并应当向申请人送达《延长交通行政许可期限通知书》，将延长期限的理由告知申请人。但是，法律、法规另有规定的，从其规定。

第三，交通运输行政执法主体采取统一办理或者联合办理、集中办理的，办理的时间不得超过四十五日；四十五日内不能办结的，经本级人民政府负责人批准，可以延长十五日，并应当将延长期限的理由告知申请人。

第四，依法应当先经下级交通运输行政执法主体审查后报上级交通运输行政执法主体决定的行政许可，下级交通运输行政执法主体应当自其受理行政许可申请之日起二十日内审查完毕。但是，法律、法规另有规定的，依照其规定。

第五，交通运输行政执法主体作出行政许可决定，依照法律、法规和规章的规定需要听证、招标、拍卖、检验、检测、检疫、鉴定和专家评审的，所需时间不计算在行政许可决定的期限内。但是，交通运输行政许可实施机关应当向申请人送达《交通行政许可法定除外时间通知书》，将所需时间书面告知申请人。

(3) 决定的种类

经审查，交通运输行政许可实施机关可以对行政许可申请依法作出以下不同的行政许可决定。

①准予行政许可决定

准予行政许可决定是交通运输行政许可实施机关经对申请人申请材料及其实际情况进行审查后，认为其符合法律、法规规定的行政许可条件，因而对行政许可申请事项作出积极的肯定，依法作出的书面决定。作出准予行政许可决定时，交通运输行政许可实施机关应当依法出具《交通行政许可决定书》。

②不予行政许可决定

交通运输行政许可实施机关对申请人的申请书及其所附材料以及申请人的实际情况进行审查后，认为其不符合法律、法规规定的条件，因而对其申请予以拒绝，依法作出的书面决定。

根据《行政许可法》第三十八条和《交通行政许可实施程序规定》第十七条的规定，交通运输行政许可实施机关在作出不予行政许可决定时，应当遵守以下规则：一是不予行政许可决定必须以书面形式作出，并且在书面决定中要加盖本行政机关的印章，同时注明作出该决定的日期；二是在书面决定中必须说明不予许可的理由。只有说明不予许可的理由，申请人才能据此判断行政机关的决定是否合法，并决定是否申请行政复议或者提起行政诉讼。交通运输行政许可实施机关作出不予许可的书面决定，必须要有合法的、令人信服的理由，这是为了防止实施行政许可的随意性；三是在书面决定中必须告知申请人享有申请行政复议或者提起行政诉讼的权利。而且，交通运输行政许可实施机关的告知必须明确具体，包括申请人申请行政复议或者提起行政诉讼的时间、方式、复议机关与有管辖权的人民法院等必备内容。

【案例】

廖某某等与乐昌市交通运输局许可上诉案[（2015）韶中法行终字第80号]

【基本案情】

2014年7月4日，丘某某等四人预登记了乐昌市四通客运有限公司，并以乐昌市四通客运有限公司名义向乐昌市交通运输局申请乐昌市梅花镇至乐昌市区的道路旅客运输经营及道路旅客运输班线的行政许可事项。乐昌市交通运输局经审查后认为，在丘某某等四人申请梅花至乐城班线营运行政许可期间，已有韶关市汽运集团有限公司在乐昌汽车客运站至沙坪镇营运班线上停靠梅花站营运，韶关市汽车运输有限公司和乐昌市飞马汽车客运有限公司营运班线均停靠梅花双桥村委会，乐昌市坪石永通汽运有限公司梅花至坪石班线，基本解决了梅花镇群众到乐昌的出行问题，如运力不足，无须增设梅花至乐昌班线加以解决，只要在原营运班线上设定梅花镇临时发车点便可。据此，乐昌市运输局作出乐交许（2014）97号《不予交通行政许可决定书》。

【评析】

《行政许可法》第四条规定："设定和实施行政许可，应当依照法定的权限、范围、条件和程序。"因此，行政机关和被授权的组织在实施行政许可时，一要遵守法定的权限和范围，不得越权实施行政许可；二要遵守法定的条件和程序。我国的单行法律、法规对行政许可颁发的条件，通常都有具体规定。对行政相对人提出的申请，决定是否准予许可，应当按照法律、法规规定的条件。对符合条件的要依法准予许可；对不符合条件的，应当决定不予许可。有数量限制的行政许可，两个或者两个以上申请人的申请均符合法定条件和标准的，行政机关应当根据受理行政许可申请的先后顺序，作出准予行政许可的决定。

《道路运输条例》第十二条规定："县级以上道路运输管理机构在审查客运申请时，应当考虑客运市场的供求状况、普遍服务和方便群众等因素。同一线路有3个以上申请人时，可以通过招标的形式作出许可决定。"这表明，行政法规明确要求县级以上道路运输管理机构在审查客运许可申请时，必须考虑客运市场的供求状况、普遍服务和方便群众等因素。交通运输部制定的《道路旅客运输及客运站管理规定》第三条第一款第（一）项规定："班车客运是指营运客车在城乡道路上按照固定的线路、时间、站点、班次运行的一种客运方式，包括直达班车客运和普通班车客运。加班车客运是班车客运的一种补充形式，是在客运班车不能满足需要或者无法正常运营时，临时增加或者调配客车按客运班车的线路、站点运行的方式。"第十七条第二款规定："道路运输管理机构在审查客运申请时，应当考虑客运市场的供求状况、普遍服务和方便群众等因素。"显然,《道路旅客运输及客运站管理规定》与《道路运输条例》关于客运许可条件的规定相同。乐昌市交通运输局提供的乐昌市花苑客运站有限公司出具的《2014年上半年坪石、梅花两地间群众日出行情况调查表》、乐昌市坪石永通汽运有限公司出具的《关于我公司梅花线运力与客流量情况的报告》等表明,有关丘某某等四人申请广东省乐昌市梅花镇至广东省乐昌街道办事处的客运许可的线路,已经满足了该线路客运市场的供求状况和方便群众等因素。所以,在当时的情况下,乐昌市交通运输局作出《不予交通行政许可决定书》符合相关规定。

(三)听证

1.听证的概念

听证是指行政机关在作出影响公民、法人或者其他组织合法权益的决定前,允许公民、法人或者其他组织对将作出的行政决定所涉及的问题提供证据、材料,发表意见或进行辩解、说明的行政程序。

2.听证的范围

根据《行政许可法》和《交通行政许可实施程序规定》的规定,交通运输行政许可听证分为两类:

(1)依职权听证

根据《行政许可法》第四十六条和《交通行政许可实施程序规定》第二十条的规定,在以下两种情形中,交通运输行政许可实施机关应当依据职权,主动举行听证:一是法律、法规、规章规定实施交通运输行政许可应当听证的事项;二是交通运输行政许可实施机关认为需要听证的其他涉及公共利益的行政许可事项。在前述情形中,交通运输行政许可实施机关应当在作出交通运输行政许可决定之前,向社会发布《交通行政许可听证公告》,并且公告期限不少于十日。

(2)依申请听证

根据《行政许可法》第四十七条和《交通行政许可实施程序规定》第二十一条的规定,交通运输行政许可直接涉及申请人与他人之间重大利益冲突的,交通运输行政许可实施机关在作出交通运输行政许可决定前,应当告知申请人、利害关系人享有要求听证的权利,并出具《交通行政许可告知听证权利书》。申请人、利害关系人在被告知听证权利之日起五日内提出听证申请的,交通运输行政许可实施机关应当在二十日内组织听证。这就是依申请听证。

【案例】

蒋某某与安岳县交通运输管理所行政许可上诉案[(2014)资行终字第71号]

【基本案情】

2008年1月14日,四川省资阳市安岳县交通运输管理所(下文简称安岳运管所)向蒋某某颁发了《道路运输经营许可证》,其中载明"经营范围:机动客三轮(安岳县城区内),证件有效期 2008 年 1 月 14 日至 2012 年 1 月 14 日"。许可期限届满后,安岳运管所先后两次分别同意蒋某某延期经营一年,至 2013 年 12 月 31 日,许可期限届满。2014 年 5 月 5 日,蒋某某向安岳运管所提交申请书,申请许可其机动三轮车道路运输经营权延期。安岳运管所收到申请后经集体讨论,于 2014 年 5 月 23 日作出《不予交通行政许可决定书》,并于当日向蒋某某邮寄送达。

蒋某某向安岳县人民法院提起行政诉讼,认为,根据《行政许可法》第五十五条规定,安岳运管所在未检测或检验原告机动三轮车的情况下,直接认定原告机动三轮车不符合相关技术标准属于不能从事客运经营的车辆,违反法定程序;根据《最高人民法院办公厅印发的〈行政审判办案指南(一)〉的通知》第二十四条规定,安岳运管所在作出对利害关系人不利影响的行政决定前,未给予利害关系人申辩机会,不符合正当程序原则;原告愿意将机动三轮车升级为符合国家规定的车辆进行客运经营;安岳运管所对原告要求延续经营的申请,只能作出不予延续决定,其作出不予许可的决定是错误的。为此,蒋某某请求安岳县人民法院判决撤销安岳运管所作出的安交运许不字 2014(007)号《不予交通行政许可决定书》。安岳县人民法院认为,安岳运管所作出的安交运许不字 2014(007)号《不予交通行政许可决定书》事实清楚、程序合法、适用法律正确,依照《行政诉讼法》第五十四条第一款第(一)项之规定,判决维持了安交运许不字 2014(007)号《不予交通行政许可决定书》。蒋某某不服原审判决,向资阳市中级人民法院提起上诉。资阳市中级人民法院判决驳回上诉、维持原判。

【评析】

上诉人蒋某某在一审中提出,安岳运管所在作出对利害关系人不利影响的行政决定前,未给予利害关系人申辩机会,不符合正当程序原则。原审法院认为,蒋某某向安岳运管所提出的申请不属于法律、法规、规章规定实施行政许可应当听证的事项,安岳运管所未给予蒋某某申辩机会,不违反规定,也未损害蒋某某合法权益。二审法院认为,《行政许可法》第四十六条"法律、法规、规章规定实施行政许可应当听证的事项,或者行政机关认为需要听证的其他涉及公共利益的重大行政许可事项,行政机关应当向社会公告,并举行听证。"和第四十七条"行政许可直接涉及申请人与他人之间重大利益关系的,行政机关在作出行政许可决定前,应当告知申请人、利害关系人享有要求听证的权利"对应当听证的情形作了明确规定。本案涉及上诉人蒋某某持有的《道路运输经营许可证》是否延期的行政许可,不符合上述法律规定应当进行听证的情形,被上诉人针对上诉人延续机动三轮车客运经营权的申请不予行政许可的决定不涉及公共利益,也不涉及除上诉人外第三人的重大利益。因此,被上诉人安岳运管所作出案涉不予行政许可决定未组织听证,并不违反相关法律、法规、规章规定。

3.听证的程序

根据《交通行政许可实施程序规定》第二十二条的规定,交通运输行政许可听证应当按照《行政许可法》第四十八条规定的程序进行。

(1) 发布听证公告与听证通知

交通运输行政许可实施机关决定举行听证的,应当于举行听证的七日前,将听证的时间、地点书面通知申请人和已知的利害关系人,必要时予以公告。

交通运输行政许可实施机关在听证的七日前,通知申请人和利害关系人举行听证的时间、地点,便于当事人做好准备工作,充分收集有关材料,按时参加听证。一般要求在通知中载明两类事项:一是听证本身及听证所涉及的问题,如听证的时间、地点,听证涉及的事实和法律问题,将要作出决定的内容等;二是告知申请人程序上的权利,如委托代理人的权利等。

在申请人和利害关系人数量众多,而听证场所有限时,交通运输行政许可实施机关可以通过抽签、报名等方式挑选利害关系人的代表参加听证。但是,交通运输行政许可实施机关应当事先公布有关规则,并且确保挑选过程公开、公正。

(2) 确定听证主持人

为确保听证的公正性,听证一般实行职能分离原则和回避制度。交通运输行政许可实施机关应当指定审查该行政许可的工作人员以外的工作人员为听证主持人。申请人或者利害关系人认为主持人与本行政许可事项有直接利害关系的,有权申请回避。

(3) 听证中的申辩和质证

听证的核心在于通过听证参加人的互相辩论、质证,发现案件事实,了解真实情况。提出证据、相互质证是保证听证功能实现的重要环节。举行听证时,审查行政许可申请的工作人员作为一方,提出审查行政许可申请材料之后的意见及证据、理由;申请人作为另一方,可以提出证据,并就审查行政许可申请的工作人员提出的证据及理由进行申辩与质证;利害关系人根据其利益关系,可以加入申请人一方,也可以加入审查行政许可申请的工作人员一方,还可以有独立的立场,提出自己的证据、理由,并进行申辩与质证。通过证据展示、辩论与质证,有关行政许可事项的事实更加清楚、信息更加全面,行政机关可以据此做出公正合理的决定。

(4) 听证笔录

根据《交通行政许可实施程序规定》第二十二条的规定,听证应当制作听证笔录,并且听证笔录应当包括下列九类事项:一是听证事由;二是举行听证的时间、地点和方式;三是听证主持人、记录人等;四是申请人姓名或者名称、法定代理人及其委托代理人;五是利害关系人姓名或者名称、法定代理人及其委托代理人;六是审查该行许可申请的工作人员;七是审查该行政许可申请的工作人员的审查意见及证据、依据、理由;八是申请人、利害关系人的陈述、申辩、质证的内容及提出的证据;九是其他需要载明的事项。同时,听证笔录应当由听证参加人确认无误后签字或者盖章。

(5)听证笔录的法律效力

《行政许可法》第四十八条对许可听证笔录的法律效力作出明确规定,即:行政机关应当根据听证笔录,作出行政许可决定。据此,交通运输行政许可实施机关应当根据听证笔录中认定的事实作出行政许可决定。对经听证而作出的交通运输行政许可决定,不管是准予行政许可的决定还是不予行政许可的决定,都必须以听证中所展示并经过质证得以认证的、确有证明力的证据作为事实依据,这些事实依据都必须已经记载于听证笔录中。因此,在举行交通运输行政许可听证时,应当做好听证笔录,必须将申请人、利害关系人陈述申辩的依据、理由、意见、建议逐一记录,并且记录要完整、真实、准确。

(四)行政许可的特别程序

1. 行政许可的特别程序概述

不同类别的行政许可在性质、功能、适用条件等方面存在很大差别,这决定了它们在实施程序方面,特别是作出行政许可的形式方面各有特点。只有根据每种类型行政许可的特点,对其实施程序的关键环节作出进一步的规定,才有可能达到规范行政许可权的目的。

为此,《行政许可法》第四章第六节对行政许可的特别程序作出专门规定:对于特许,原则上要通过招标、拍卖等公平竞争方式作出决定;对于核准,原则上要依据考试或考核结果作出决定;对于认可,要按照公布的技术标准、技术规范进行检验、检测、检疫,并根据检验、检测、检疫的结果作出决定;对于登记,按规定只进行形式审查的,只要符合条件的,要当场予以登记。

2. 交通运输行政许可特别程序的适用范围

根据《行政许可法》的规定,结合交通运输行政许可工作实际,交通运输行政许可实施机关实施下列行政许可时,应适用行政许可的特别程序:

(1)颁发出租客运车辆营运证;

(2)审批道路客运班车线路;

(3)船舶检验、检测等;

(4)运输业从业人员、船员等考试发证;

(5)危险货物运输企业资质认定;

(6)其他依法应当经过特别程序办理许可的事项。

3. 交通运输行政许可特别程序的实施

(1)有数量限制的行政许可的程序

有数量限制的行政许可,申请人能够获得行政许可的数量有限,而竞争行政许可的申请人数量可能较多,如果没有一个客观标准,就会给行政机关滥用裁量权造成可乘之机,进而无法保证行政许可决定的公正性。

按受理先后顺序作为标准,既客观又公平,因此《行政许可法》采取了按受理先后顺序作为有数量限制的行政许可中行政机关作出许可决定的标准,从而确立了"申请在先"的原则。

然而,对于有限资源的开发利用、公共资源配置以及直接关系公共利益的特定行业的市场准入等有数量限制的许可事项,采用受理先后顺序标准,未必能够实现资源的有效利用、合理配置以及许可的公平性。根据《行政许可法》的规定,对上述许可事项,应当通过招标、拍卖等公平竞争方式作出许可决定,而不再适用"申请在先"原则。

同理,实施作出道路客运班车线路、颁发出租客运车辆营运证等行政许可决定时,交通运输行政许可实施机关应当通过招标、拍卖等公平竞争的方式作出许可决定。交通运输行政许可实施机关按照招标、拍卖程序确定中标人、买受人后,应当作出准予行政许可的决定。需要颁发行政许可证件的,依法向中标人、买受人颁发行政许可证件;需要签订协议的,按照招标结果签订书面协议。

(2)认可程序

认可程序,是实施赋予公民特定的资格,赋予法人、其他组织特定资格、资质等行政许可应遵循的特别程序。认可程序的核心是行政机关依据考试或者考核的结果,作出行政许可决定。

赋予运输业从业人员、船员等特定从业资格,依法应当进行考试的,交通运输行政许可实施机关、有关行业组织应当依法组织考试,并根据考试成绩和相关法定条件作出行政许可决定。交通运输行政许可实施机关、有关行业组织举行考试应当公开进行,并事先公布考试的报名条件、报考办法、考试科目及考试大纲,但不得组织考前强制培训或者指定助考材料。

交通运输行政许可实施机关赋予危险货物运输企业资质的,应当对申请人的专业人员构成、技术条件、经营业绩和管理水平等进行考核,并根据考核结果作出行政许可决定。

(3)核准程序

核准程序,是实施对特定的设备、设施、产品、物品是否符合技术标准、技术规范进行审定等行政许可应遵循的特别程序。核准程序的核心是行政机关依据对设备、设施、产品、物品进行检验、检测、检疫的结果作出行政许可决定。

核准事项,通常直接关系公共安全、人身健康、生命财产安全,需要按照技术标准和技术规范,通过检验、检测、检疫等方式进行审定。特定的设备、设施、产品、物品如果达不到技术标准、技术规范,就可能影响公共安全、人身健康、生命财产安全。因此,交通运输行政许可实施机关实施行政许可,必须对相关设备、设施、产品、物品进行检验、检测、检疫,将检验、检测、检疫结果与事前公布的技术标准和技术规范进行对比,达到或者符合技术标准和技术规范的,就准予行政许可;未达到或者不符合技术标准和技术规范的,不予行政许可。

交通运输行政许可实施机关实施船舶检验、检测,应当在受理申请后指派工作人员按照技术标准和技术规范进行检验、检测,结果作出准予或者不予行政许可的决定。作出不予行政许可决定的,应当书面说明不予行政许可的理由及所依据的技术标准和技术规范,并告知申请人享有依法申请行政复议或者提起行政诉讼的权利。

第三节 交通运输行政许可服务规范

一、交通运输行政许可服务规范的基本要求

(一)建立服务制度和规范

结合交通运输行政许可的工作实际,交通运输行政许可实施机关应当制定并完善信息公开制、岗位责任制、一次性告知制等制度和规范,以保证交通运输行政许可实施的规范有序,维护公民、法人或者其他组织的合法权益。

1. 信息公开制

坚持政务公开,公开审批依据、申请材料、办理流程、办理时限、审批结果等信息。

2. 岗位责任制

各岗位职能明确,人员明确,责任明确;工作人员对各自岗位工作负责,遵守岗位工作纪律;熟练掌握各岗位业务,严格按照要求履行岗位职责;不擅自离岗、脱岗,对岗位工作的质量和效率负责;岗位责任与《工作考核办法》挂钩,实行严格的岗位责任考核。

3. 一次性告知制

一次性告知的内容包括申请材料是否齐全以及如何补正、是否受理及其理由、是否需要实地勘查等特殊程序以及下一步需要进行的程序、收费标准等事项。工作人员必须把业务涉及的事项一次性全面准确告知服务对象;有不确定事项的,必须做好解释工作。

4. 首问负责制

行政相对人在办理业务或咨询有关事项时,第一位被问及的工作人员是首问责任人。无论是否属于自己职责范围内的事项,首问责任人都要给行政相对人完整答复或者有效答复的途径。被问及的事项属于自己职责范围的,应帮助当事人办理相关业务,直至办理完毕;不属于自身业务范围的,应告知具体的办理部门和工作人

员,必要时要引导当事人与具体工作人员接洽。在整个办理过程中,不推诿、不回避,不能使用"不知道""不清楚""不归我管"等语言予以回绝。

5.顶岗补位制(即 AB 岗工作制)

在与行政相对人直接接触的环节,对工作人员进行补岗、顶岗分工,实现两个岗位之间顶岗或互为备岗,不得以任何理由、任何方式空岗、缺位,延误工作的正常办理。A 角因故离开工作岗位时,应告知窗口负责人,并交代 B 角具体工作,有义务提醒 B 角需要注意事项。B 角对 A 角交代的工作负责,并认真履行岗位职责,确保工作质量和效率。代理期间,B 角不能解决的事项,应逐级上报请示,确实不能解决的,应做好相关的解释和汇报工作。

6.限时办结制

在保证质量的前提下,行政许可事项严格按规定时间办理;树立"马上办"理念,上午能办的事,不拖到下午;一次能办的事,不办第二次;因客观原因不能在规定时间内办结的,应做好相关的解释工作,争取当事人的理解。

7.服务承诺制

坚持按程序办事,执行"效能建设五项制度"及省效能办"四条禁令";遵守单位规章制度,保持环境清洁卫生;着装统一,挂牌上岗,文明办公,礼貌对待每位服务对象;依法办事,廉洁公正;工作时间不扎堆聊天,对来访人员做到"有问必答"等。

8.失责追究制

工作人员有下列情形的,应当依法追究其行政法律责任:不履行或不正确履行工作职责,违反效能建设有关规定,在工作中不负责任、作风拖拉、办事不力的;工作时间擅离岗位,造成工作失误并产生不良后果的;因工作效能低下或其他原因,被投诉查证有实据的;依照单位规章制度及劳动合同等规定,相应给予诫勉教育、效能告诫、经济惩罚、解除合同等处理措施。涉嫌犯罪的,应当依法移交司法机关处理。

9.投诉处理机制

交通运输系统接受投诉人以意见箱、当事人直接投诉、12328 电话(逐渐合并至 12345 市长热线)、12345 市长电话等形式进行的投诉。投诉处理人为窗口负责人。如果投诉人对投诉结果不满意,可再呈报分管领导作出答复。答复日期一般为收到投诉的七个工作日内。确因内部管理问题造成的投诉事件,除对投诉人作出道歉外,对内部责任人作出相应的批评或处分;如给投诉人带来损失,应酌情给予赔偿。

10.行政执法案件相对人回访制度

由行政相对人填写《行政执法案件相对人回访登记表》,被访对象为一般程序事项相对人。表格内容涉及行政许可依据,流程是否公开、规范,窗口人员有无发生不廉行为,以及对行政许可结果是否满意等,由行政许可申请当场填写表格。此表原则上由窗口负责人每月收集一次,若有不满意事项,则由回访人及时告知负责人,及时分析原因,并采取整改措施。

11. 文明服务制

优化文明用语、微笑服务、指引标识标志、便民服务项目等措施。交通服务窗口积极开展各类文明创建工作,针对争创要求制定创建规范和细则。建立奖惩机制,每月对工作人员的服务质量开展评优考核。

同时,每年还应组织调查行政管理相对人现实需求,不断完善窗口、网上审批等服务方式,开展满意度调查,尽可能方便群众办事,提供便民措施,促进阳光审批和服务水平提升。

(二)编制服务指南

为便于行政相对人提前知晓行政许可事项的办理流程、法定办结时限、所需的申请材料等,交通运输行政许可实施机关应针对每个行政许可事项,编制行政许可事项服务指南(含流程图)。服务指南应包含名称、适用范围、审批依据、受理机构、数量限制、申请条件、申请材料目录、办理基本流程、办结时限、收费依据及标准、结果送达、监督投诉渠道、办公地址和时间、申请材料示范文本、常见问题解答等要素,同时在服务指南中列明并给出示范文本、表格样式。

根据实际情况,交通运输行政许可实施机关可通过规范程序编制服务指南完整版和简版。为方便行政管理相对人索取和使用,服务窗口可仅提供简版,同时应注明完整版的查询途径和获取方式。

根据浙江省委、省政府建设"四张清单一张网"工作的部署,交通运输系统对行政许可事项进行了多轮清理,服务指南已与互联网实现对接,行政相对人可依托"浙江政务服务网",直接进行网上查询和操作。

(三)咨询服务

交通运输行政许可实施机关应提供现场咨询(如窗口咨询)和非现场咨询(如网上咨询、电话咨询、邮件咨询)等多种咨询方式和渠道,指定专人提供咨询服务,并能够进行预约。

1. 现场咨询

交通运输服务窗口可根据情况设立咨询窗口、咨询台等有明显标志的咨询场所。工作人员应按照有关规定对行政相对人的咨询当场做出清晰明确的答复,并提供相关事项的服务网址、服务指南及其他可以查询的相关服务内容等。工作人员现场不能答复的,应告知行政相对人答复时间及其他咨询途径。

2. 非现场咨询

电话、邮件咨询为传统的非现场咨询渠道,回答应做到及时、畅通。

交通运输行政许可实施机关可运用"互联网+",实现咨询服务从实体窗口向网上窗口延伸,在专门的网站、微信平台客户端等设立咨询窗口,提供每项事项的服务指南完整版以及进一步咨询的渠道。对于常见错误示例、常见问题解答等应及时更新。

(四) 网上服务

浙江省已开展"浙江政务服务网"工程,将其作为全省统一的网上行政许可服务平台。经过几年的建设,全省大部分行政许可事项已纳入该平台,基本能满足行政许可事项网上咨询、审批信息公开、投诉监督,行政许可事项的网上申报、受理、审批等。行政许可事项涉及共同审批的,牵头的行政许可实施机关需根据审批流程情况,协调建立统一接口标准,实现联网审批和数据交换。审批过程中涉及下级行政机关的,也应根据实际许可流程,建立规范的流程和数据交换接口,实现信息交换。

二、行政许可受理场所建设与管理规范

(一) 总体要求

行政许可受理场所是统一受理行政许可申请、送达行政许可决定的专门场所。交通运输行政许可实施机关应根据本机关行政许可事项的数量、申请量、办理机构数量等情况,设置窗口或服务大厅,实现"一窗式"服务。

(二) 受理场所的设置与建设

1. 窗口的设置

交通运输行政许可实施机关应在本机构内设置一个固定场所作为窗口,统一受理申请,统一送达决定,并在办公区域显著位置设立指示标志,引导行政管理相对人到窗口办事。当地政府成立统一政务服务中心(行政审批服务中心)开展行政审批集中办理的,可一并在行政审批服务中心开展受理、送达等行政许可工作。

2. 服务大厅的设置与建设

交通运输行政许可实施机关根据场地、设备等实际情况,可设立实体性服务大厅(窗口)。现场平均日受理量达到10件的(日受理量是指现场受理量,不包括网上受理量),应设立实体性服务大厅,将所有行政许可事项纳入服务大厅集中受理。

服务大厅的设置与建设应当符合下列要求。

(1) 服务大厅(窗口)设置科学,布局合理,具备业务咨询、业务受理、按顺序叫号(或设置1米线)等功能。

(2) 服务大厅整体环境整洁,大厅内常年放置绿色植物,办公桌上不放与工作无关的物品,物品摆放整齐有序;室外路面平整,车辆停放有序。

(3) 窗口服务设施齐全,运行正常,能满足群众的需要。

(4) 服务大厅内外形象统一,使用统一规范的交通系统(或政务)视觉形象识别系统,各类指示标志、上墙资料等设置规范。

(5) 便民设施(书写文具、老花镜、桌椅、胶水、饮水设施等)配备齐全完好。根据需要提供医药箱、便民伞等服务设施。

(6)办事指南、相关表格的填写样本等服务材料清晰齐全,领取方便,并做到及时更新。意见簿和意见箱齐备。有条件的设立咨询台和引导员等,引导群众有序等候、规范办理。

(7)按规定公开工作人员照片、办事依据、办事程序、法定期限、监督电话、服务承诺、岗位制度、许可结果等,公开信息统一、完整、规范,查询便捷。

(8)服务大厅可张贴弘扬社会主义核心价值观的宣传画,张贴禁止吸烟、节约用水等节能环保的标识图识,传播社会主义新风尚。

(三)建立日常管理机制

1. 受理场所的管理

交通运输行政许可实施机关应指定日常管理机构(行政许可科或办证中心等),对受理场所进行日常管理和监督。设立窗口的,由日常管理机构对窗口人员、安全、设施设备等进行管理。

(1)人员管理

应明确各岗位人员的工作职责,建立对工作人员的管理机制;应定期开展对窗口人员的培训,不断提升为民服务能力;应建立日常考核机制,对工作人员的工作效率、工作质量进行定期考评。

(2)设施设备

服务大厅配备必要的办公设施设备以及信息化设备,如办公桌椅、电话传真、柜台、电脑、打印机、电子显示屏、文件拍摄仪、身份证读卡器、饮水机、休息椅、填表台等,有条件的配备咨询台、排队叫号机、服务评价器、残疾人通道等,并明确专人负责,定期检查和维护设施设备完好情况,确保正常使用。划分功能性区域(如填表区、等候区、咨询区、办理区等),同时设置醒目的、便于识别的办事引导标志或警示标志,方便服务对象办事。

(3)安全管理

合理设置出入口、通道等基础设施,配备消防器材、应急照明灯和标志,在服务大厅安装监控设备和报警装置,建立突发事件的应急处理预案,明确突发情况的应急措施。

2. 人员配置与服务要求

交通运输行政许可受理场所应配备政治素质高、业务能力强、熟悉行政许可事项服务流程、相对稳定的窗口工作人员。

(1)岗位设置科学,人员配备合理,岗位职责明确清晰,满足业务工作的需要,能正常履行工作职能,并且向一窗多能、一窗全能方向发展。

(2)窗口工作人员符合任职要求的规定,工作人员熟悉交通运输相关法律法规,掌握本岗位业务知识,服务技能过硬。

（3）工作人员严格执行考勤制度，工作时间不得擅自脱岗离岗，不扎堆聊天，不做与工作无关的事情；确因有事需请假的，应按规定提前逐级申请，批准后方可离岗。

（4）工作人员坚守岗位，严格按照公开办理事项的条件、程序、时限为群众提供服务，实行服务承诺制、首问负责制、限时办结制、过失追究制等工作制度。作风和效能建设各项制度落实到位，认真执行党风廉政建设各项规定，严格依法依规办事，严格遵守省效能办"四条禁令"。

（5）工作人员统一着装、佩戴徽章、仪容整洁、不化浓妆、不染鲜艳头发，举止文明、大方得体、表情神态亲切自然，保持良好精神面貌；工作人员坐姿端正、站姿挺拔、行姿稳重，接待群众主动热情、面带微笑；服务用语规范、准确、文明，语音清晰，语速适中，表达应言简意赅，便于理解。

（6）积极开展便民服务活动，推行适合窗口特点的便民措施，如提供预约服务、延时服务、夏令时加班服务、周日轮值服务等；合理简化优化办事程序，逐渐向"最多跑一次"目标靠近，实行"一站式"服务、一次性告知、取号后一次性办结制度，方便群众快速办理业务。

（7）职业道德教育和岗位廉政教育以及政治业务学习做到经常化、制度化，同时做好学习笔记；强化窗口人员的业务技能培训，每年开展业务测试，着力提升窗口人员的业务水平。

（8）明示服务热线（12345/12328）及本单位投诉电话，有条件的增设服务评价器，接受和配合群众行风评议、服务对象投诉举报、新闻媒体舆论监督等多种方式监督，对群众反映的问题认真受理、积极整改、反馈及时。每年开展民意调查活动，对群众反映的重大问题进行整改和改进。

（9）服务窗口制定的《窗口内业管理规范》，每年适度调整和完善，要求执行到位。健全考核机制，每月开展考评，做到奖罚分明，同时根据评价和考核结果，落实各项改善措施。

3.信息公开与保密、档案管理

除涉及国家秘密、商业秘密或个人隐私外，交通运输行政许可实施机关要主动公开行政许可的实施和结果。信息公开的方式包括宣传栏（板）、触摸屏、LED公告屏、政府信息公开栏或信息资料索取点、网络等，交通运输行政许可实施机关可根据自身实际情况选择适用。

交通运输行政许可实施机关应建立档案管理制度，行政许可的过程应有记录、可追溯，许可档案由交通运输行政许可实施机关按照档案管理要求进行归档、管理。具体要求有：一是许可档案要求专人负责，并配备完整的档案管理设施；二是案卷装订统一、整齐，目录清晰，方便查阅，案卷归档符合相关法律法规规定；三是档案保管保证完整性、持续性，档案出借或移交手续完备。

第四节　交通运输行政许可监督检查

一、交通运输行政许可监督检查概述

（一）行政许可监督检查的含义

《行政许可法》规定的监督检查是广义的行政许可监督检查，它是指有权机关对行政机关的行政许可行为以及被许可人实施行政许可行为的监督检查。对行政许可的监督检查，最终目的是维持和增强社会行为的合法性，保证法律、法规和政策执行的有效性。

（二）行政许可监督检查的主体

行政许可监督检查的主体，指依法对行政许可实施机关的行政许可行为以及被许可人实施行政许可的行为进行监督检查的主体。

根据《行政许可法》的规定，行政许可监督检查主体有两类：对行政机关的行政许可行为进行监督检查的主体主要是其上级行政机关；对被许可人实施行政许可的行为进行监督检查的主体主要是行政许可机关。

1. 行政许可实施机关的上级行政机关

《宪法》关于我国行政管理结构和权属关系的规定，确定了行政许可机关的上级行政机关监督行政许可事项的法律地位。《行政许可法》对行政许可实施机关的上级行政机关的监督检查责任作出了明确规定。根据《行政许可法》第六十条的规定，上级行政机关应当加强对下级行政机关实施行政许可的监督检查，及时纠正行政许可实施中的违法行为。

2. 行政许可机关

行政许可机关履行的对被许可人的监督职责，与行政许可机关行使的许可权是相平衡的，是依法行政原则的具体表现。

根据《行政许可法》第六十一条第一款的规定，行政机关应当建立健全监督制度，通过核查反映被许可人从事行政许可事项活动情况的有关材料，履行监督责任。

二、行政许可监督检查的重点内容与检查方式

（一）对行政许可机关的监督

根据《行政许可标准化指引》（2016年版），对行政许可机关的监督检查，应重点检查下级行政机关及其工作人员超权限、超时限、逆程序办理行政许可事项，及不作为、乱作为、权力寻租、恶意刁难、吃拿卡要等其他违规情况。

《行政许可法》第六十九条规定了上级行政机关的撤销权，第七十一条至第七十

七条则规定了行政许可机关的法律责任。

上级对下级的监督是一种层级管理,上级行政机关应该建立相应的执法检查制度,明确本单位的执法监督机构和监督检查方式,定期或者不定期对下级行政机关进行执法监督。总体上,上级行政机关可以通过以下方式进行监督检查。

1. 查看下级行政机关的文件制度

这种方式是指上级行政机关监督检查下级行政机关的内部监督机制是否具有可行性,相关制度是否包含了机关内部的监督机构,是否包含了举报、投诉处理方案,是否把责任落实到部门和个人等。

2. 案卷评查

案卷最能直观真实地反映出行政许可机关的执法能力和水平。上级行政机关应随机抽查下级行政机关的案卷,主要检查行政许可主体是否合法,行政许可程序是否合法,行政许可文书是否规范,行政许可认定的事实是否准确,行政许可适用的法律、法规、规范性文件是否准确。

3. 执法评议考核

执法评议考核应结合单位的年度重点工作开展,可以通过开展执法人员法律素质考试,侧面监督检查执法办案人员的办案能力和风纪情况。对下级行政机关的监督检查还可以通过统计下级行政许可机关的复议、诉讼案件来进行,虽然被复议、诉讼的案件并不意味着就是错误办件,但可以在一定程度上起着监督作用。执法评议考核结果直接影响着下级行政许可机关的年度考核结果,并作为任用和奖惩执法人员的依据。

4. 查看交通信息监管系统

通过交通运输执法管理系统能够非常清晰地了解到某个执法机关或者执法人员的办件情况。交通运输执法管理系统将执法程序分解为若干步,针对每个步骤设置系统流程,要求执法人员的每个步骤都要在系统流程上反映出来。交通运输执法管理系统能够反映出执法人员的执法过程。例如时限问题,交通运输执法管理系统对每个执法人员超过时限的行为都有记录。案件超过时限的,应按照系统提示报请批准;最后仍超过时限的,应按照系统提示,经过交通运输执法机关集体讨论提出意见,能办结的办结,仍不能办结的,进入未办结案件库。

(二)对被许可人的监督

为了加强对从事行政许可事项活动的公民、法人或者其他组织的监督,严格行政机关的监督检查责任,《行政许可法》第六十一条规定:"行政机关应当建立健全监督制度,通过核查反映被许可人从事行政许可事项活动情况的有关材料,履行监督责任。行政机关依法对被许可人从事行政许可事项的活动进行监督检查时,应当将监督检查的情况和处理结果予以记录,由监督检查人员签字后归档。公众有权查阅行政机关监督检查记录。行政机关应当创造条件,实现与被许可人、其他有关行政机关的计算机档案系统互联,核查被许可人从事行政许可事项活动情况。"

根据《行政许可法》的规定,对被许可人的监督检查包括下述内容:

1.书面审查

为了不妨碍被许可人的正常营业活动后,根据《行政许可法》的规定,行政机关可以要求被许可人报送有关书面材料,通过对这些材料的审查,监督被许可人是否按照许可的条件、范围、程序等从事被许可事项。

2.抽样检查、检验、检测和实地检查

作为对书面审查方式的必要补充,《行政许可法》第六十二条第一款授权行政机关在必要时可以依法进行抽样检查、检验、检测和实地检查。需要注意的是,只有在法律、行政法规规定需要进行定期检验的,才能进行定期检验,并且定期检验的范围仅限于直接关系公共安全、人身健康、生命财产安全的重要设备、设施。

3.被许可人违法行为的抄告

《行政许可法》第六十四条规定:"被许可人在作出行政许可决定的行政机关管辖区域外违法从事行政许可事项活动的,违法行为发生地的行政机关应当依法将被许可人的违法事实、处理结果抄告作出行政许可决定的行政机关。"这样,作出行政许可决定的行政许可机关可以及时了解被许可人的活动情况,并作出处理决定,以切实履行监督职责,实施有效监管。这一规定,还有利于明确监管责任,防止行政机关之间相互推诿扯皮,督促行政许可机关对被许可人的违法行为及时作出处理。

4.对举报的核实与处理

《行政许可法》第六十五条规定:"个人和组织发现违法从事行政许可事项的活动,有权向行政机关举报,行政机关应当及时核实、处理。"举报也是监督被许可人的一种相当重要的方式,是发现违法活动的有效手段。行政许可机关应当对举报及时作出反应:对举报反映的问题属实的,应当对不依法开展活动的被许可人和未经许可擅自从事依法应当取得行政许可的活动的公民、法人或者其他组织依法作出处理,并告知举报人处理结果;对举报反映的问题不符合实际情况的,应当向举报人说明有关情况。同时,行政许可机关应当为举报人保密。

5.对取得有限自然资源的开发利用及公共资源配置许可的被许可人的监督

《行政许可法》第六十六条规定:"被许可人未依法履行开发利用自然资源义务或者未依法履行利用公共资源义务的,行政机关应当责令限期改正;被许可人在规定期限内不改正的,行政机关应当依照有关法律、行政法规的规定予以处理。"对于有限自然资源的开发利用及公共资源的配置,行政机关只能授予有限的申请人。对这些事项的许可,主要功能是分配稀缺资源,以提高资源利用的效益。被许可人取得行政许可往往负有依法开展有关活动,充分利用自然资源或者公共资源的义务,违反义务的应当依法受到处理。

6. 对取得直接关系公共利益的特定行业市场准入行政许可的被许可人履行义务的监督管理

《行政许可法》第六十七条规定:"取得直接关系公共利益的特定行业的市场准入行政许可的被许可人,应当按照国家规定的服务标准、资费标准和行政机关依法规定的条件,向用户提供安全、方便、稳定和价格合理的服务,并履行普遍服务的义务;未经作出行政许可决定的行政机关批准,不得擅自停业、歇业。被许可人不履行前款规定的义务的,行政机关应当责令限期改正,或者依法采取有效措施督促其履行义务。"

直接关系公共利益的特定行业,就是通常所称的自然垄断行业,如道路客运班车线路的许可,出租客运车辆营运证的许可等,直接影响到经济发展和生产、生活。授予上述被许可人行政许可权,就是因为根据其申请材料及实际条件,该申请人比其他申请人条件更优,能够提供更为便捷、安全、稳定的服务。如果不对其加强管理,被许可人可能会滥用其垄断地位,降低服务质量,损害消费者的利益和社会公共利益。因此,对于这类行业,国家一般都对其服务标准、价格、服务质量及普遍服务的义务等作出了相应的规定,并规定这些行业的被许可人不得擅自停业、歇业,因特殊原因需要停业、歇业的,也必须报经原作出许可决定的行政机关批准,并有相应的替代其履行公共服务职能的方案。在监督检查中,发现被许可人不按要求履行义务的,应当及时作出处理,责令其履行义务或者采取必要的措施,迫使其履行义务。

7. 对直接关系公共安全、人身健康、生命财产安全的重要设备、设施的监督检查

《行政许可法》第六十八条第一款规定:"对直接关系公共安全、人身健康、生命财产安全的重要设备、设施,行政机关应当督促设计、建造、安装和使用单位建立相应的自检制度。"当然,对直接关系公共安全、人身健康、生命财产安全的重要设备、设施,除了通过许可人的自检发现问题,行政机关还应当通过定期检验、不定期巡查,及时发现违法行为。根据《行政许可法》第六十八条第二款的规定,行政许可机关在监督检查时发现安全隐患的,应当责令停止建造、安装和使用,并责令设计、建造、安装和使用单位立即改正。对这些直接关系公共安全、人身健康、生命财产安全的行政许可事项,将监督责任重点放在预防安全隐患的产生上,重在防止违法行为的产生。

三、审批制度改革与事中事后监管

(一)行政审批制度改革的提出

行政审批是指行政机关(包括有行政审批权的其他组织)根据公民、法人或者其他组织的申请,经过依法审查,采取"批准""同意""年检""发放证照"等方式,准予其从事特定活动、认可其资格资质、确认特定民事关系或者特定民事权利能力和行为能力的行为。

行政审批制度是包括行政审批的设定权限、设定范围、实施机关、实施程序、监督和审批责任等内容在内的一个有机整体。行政审批制度是行政机关依法对经济社会事务实行管理的一种重要手段。

行政审批制度在我国计划经济时代,有着广泛而普遍的基础,渗透到经济社会各个领域。它的存在既与计划经济体制有紧密联系,又是一个带有传统产权制度先天性缺陷的产物。行政审批的无所不包和滥用,实质上是政府权力高度集中和不断扩张与膨胀的结果。

随着社会主义市场经济的发展和改革的不断深入,我国现行行政审批制度的弊端日渐突出。过多过滥的行政审批妨碍了市场机制的有效发挥,阻碍了社会生产力的发展。我国资源配置方式正从计划配置为主逐渐走向市场配置,这就要求行政审批制度也要从传统的审批泛滥向有限审批的方向发展。2001年9月,国务院决定成立行政审批制度改革工作领导小组,自此,行政审批制度改革正式拉开序幕。2001年10月,标志着行政审批制度改革起步的《国务院批转关于行政审批制度改革工作实施意见的通知》明确指出,各级政府"要进一步转变政府职能,减少行政审批。少管微观,多管宏观,少抓事前的行政审批,多抓事后的监督检查,切实加强监督和落实"。

(二)行政审批制度改革的内容

党的十八届三中全会明确提出行政审批制度改革的标准和依据。具体如下:第一,从落实企业自主权角度看,企业投资项目,除关系国家安全和生态安全、涉及全国重大生产力布局、战略性资源开发和重大公共利益等项目外,一律由企业依法依规自主决策,政府不再审批;第二,从发挥市场决定作用角度看,市场机制能有效调节的经济活动,一律取消审批;第三,从管理效果角度看,直接面向基层、量大面广、由地方管理更方便有效的经济社会事项,一律下放地方和基层管理。

2016年5月23日,《国务院关于印发2016年推进简政放权放管结合优化服务改革工作要点的通知》明确提出,2016年要继续深化行政审批制度改革,继续加大放权力度,把该放的权力放出去,能取消的要尽量取消,直接放给市场和社会。具体要求是对确需下放给基层的审批事项,要在人才、经费、技术、装备等方面予以保障,确保基层接得住、管得好。对相同、相近或相关联的审批事项,要一并取消或下放,提高放权的协同性、联动性。对确需保留的行政审批事项,要统一审批标准,简化审批手续,规范审批流程。所有行政审批事项都要严格按法定时限做到"零超时"。继续开展相对集中行政许可权改革试点,推广地方实施综合审批的经验。

(三)交通行政审批制度改革的主要任务

交通行政审批制度改革的主要任务,是加大交通行政审批事项取消和下放力度。具体内容包括:

1. 精简和下放行政审批事项

对于市场竞争机制能够有效调节、公民法人或者其他组织能够自律管理、采取事后监督等管理方式能够解决的经济活动,应当取消审批。进一步开放交通运输建设市场,扩大企业和个人投资自主权,减少投资项目审批。科学界定运输市场准入门槛,减少运输生产经营活动审批事项和运输主体资质资格许可。

2. 向基层下放管理权限

法律、法规、国务院决定规定由县级以上地方交通运输部门实施或直接面向基层和群众、由基层交通运输部门就近实施更为方便有效的行政审批事项,特别是对由下级交通运输部门负责受理、审核,上级交通运输部门批准发证的项目,要按照事权财权一致、方便申请人、便于监管的原则,创造条件逐步交由基层交通运输部门组织实施。

3. 做好取消下放审批事项承接落实工作

对于国务院、地方人民政府决定取消的行政审批事项,各级交通运输部门要依法停止审批。上级交通运输部门对于下放到下级交通运输部门管理的审批事项,要主动与承接单位衔接协调,制定承接方案,明确权限责任,规范管理措施。对于上级交通运输部门取消和下放的审批事项,下级交通运输部门要认真做好落实和承接工作,通过明确审批单位、统一审批标准、规范审批流程、加强监督检查等措施,确保取消的事项不再实施,下放的事项承接到位。

4. 大力减少工商登记前置审批

以调整规制、促进就业创业创新为目标,按照"先照后证"的原则,通过修订相关法律法规规章,将"国际海上运输业务及海运辅助业务经营审批"等工商登记前置审批事项改为后置,减少前置性审批,推行企业主体资格和经营资格相对分离,充分落实企业投资自主权,推进投资创业便利化。

5. 禁止变相审批

各级交通运输行政执法主体要严格规章和规范性文件管理,严禁以"红头文件"等方式设定审批事项,严禁以各种形式变相设置审批事项。严禁以事前备案、出具备案证明、登记、注册、年检、监制、认定、认证、审定、达标考核等形式或者以非行政许可审批名义变相设定行政许可;严禁借实施行政审批变相收费或者违法设定收费项目;严禁将属于行政管理的事项转为有关事业单位、行业协会和中介组织的服务事项,搞变相审批、有偿服务;严禁以加强事中事后监管为名,变相恢复、上收已取消和下放的行政审批事项。

6. 做好"最多跑一次"改革

通过简政放权、优化流程、精简环节、推进网上办理实现行政审批服务领域"最多跑一次"工作目标。力争2017年底实现"最多跑一次"事项覆盖80%左右的行政权力事项,基本实现"最多跑一次是原则、跑多次是例外"的要求,增强群众和企业的获得感。

(四)"最多跑一次"改革

1."最多跑一次"改革的提出及背景

"最多跑一次",即企业和群众到政府办事最多跑一次,最初是在2016年浙江省委经济工作会议上提出的。该会议指出,要加大全面深化改革力度,深入推行"互联网+"政务服务,以"最多跑一次"倒逼简政放权、优化服务。随后,这一提法就出现在浙江省《政府工作报告重点工作责任分解》中。

2."最多跑一次"改革的原则及主要措施

浙江省人民政府《关于印发加快推进"最多跑一次"改革实施方案的通知》(浙政发〔2017〕6号)明确提出了"最多跑一次"改革的原则。一是全面推进,重点突破,示范引领。省市县乡四级全面推进"最多跑一次"改革,在一些重点地区、重点部门,包括重点项目率先突破,部分基础条件较好的市、县(市、区)和省级部门起到示范引领作用。二是全面梳理,分类要求,分步快走。对群众和企业到政府办事事项进行全面梳理,制订清单,因地制宜、因事制宜、分类施策,对各类办事事项分别提出具体要求,分批公布。三是条块结合,重在基层,加大指导。注重条块结合,省级部门要勇于担当、率先垂范,加大对基层的指导力度。基层政府直接面向群众和企业,要不等不靠,切实抓好落实。坚持上下齐抓联动,形成合力。四是功能互补,优化流程,提升服务。坚持网上网下结合,通过功能互补、不断优化办事流程,切实提升政务服务水平。以浙江政务服务网为平台,全面深化"互联网+"政务服务,推动实体办事大厅与浙江政务服务网融合发展,提高政府办事事项和服务事项网上全流程办理率,通过让数据"多跑路",换取群众和企业少跑腿甚至不跑腿。

行政审批制度改革是一项复杂的系统工程,不可能一蹴而就。要真正做到做好"最多跑一次",就一定要科学布局,踏踏实实、循序渐进。"一窗受理、集成服务"改革是实现"最多跑一次"的牛鼻子和主抓手。"一窗受理、集成服务",核心在于打造"前台综合受理、后台分类审批、综合窗口出件"的全新工作模式,建立第三方对政务服务的全程统筹协调和监管管理机制,形成"统一收件、按责转办、统一督办、统一出件、评价反馈"的业务闭环。实现"一窗受理、集成服务"的关键,在于实现部门间规章制度的对接和流程整合。数据共建共享是其中最重要的技术支撑,但由于公共数据和电子政务管理涉及的部门多、链条长,长期以来已经形成多头管理、各自为政的体制,带来了数据壁垒等各种弊病。2017年5月1日正式施行的《浙江省公共数据和电子政务管理办法》从顶层设计高度,对公共数据的获取、归集、共享、开放、应用等各个环节的管理作了规范,特别是明确提出了"公共数据共享为原则,不共享为例外"的原则,对在法律层面进一步规范、促进"最多跑一次"改革的落实,以及"互联网+"政务服务和大数据建设将产生重大影响。

(五) 事中事后监管

行政审批制度改革是政府简政放权的突破口,取消、下放行政审批,绝不是简单地取消、下放了事,而是要坚持放管结合并举,对审批事项实行宽进严管,将注重事前审批转为加强事中事后监管的政府管理模式。

1. 审批部门加强自身监管

对本部门正在实施的审批事项,要根据业务受理情况对审批流程进行及时修改,确保审批效率和质量的稳步提升。对本部门取消的审批事项,要随时了解情况,防止变相审批现象发生。对本部门下放管理层级的审批事项,要加强对下级部门的业务指导,确保下放事项放得下,接得住,管得好。同时,要根据本部门审批事项的变化,加强对审批窗口人员的业务培训并动态调整本部门行政审批事项目录。

2. 积极推行双随机抽查机制

全面推广随机抽取检查对象、随机选派检查人员的双随机抽查机制,规范监管行为,落实监管责任。通过制定市场主体名录库、执法检查人员名录库和抽查事项清单,制定抽查办法,建立统一的监管信息平台,提高监管效能,激发市场活力。

3. 加快推进社会信用体系建设

完善市场主体信用信息记录,建立信用信息档案和交换共享机制,推进信用标准化建设。建立以公民身份证号码和组织机构代码为基础的统一社会信用代码制度,完善信用信息征集、存储、共享与应用等环节的管理制度。强化信用约束,健全经营异常名录制度和违法经营者黑名单制度,对守信主体予以支持和激励,对失信主体在经营、投融资、出入境、工程招投标、政府采购、从业任职资格、资质审核等方面依法予以限制或禁止,对严重违法失信主体实行市场禁入制度,形成一处失信、处处受制的失信惩戒长效机制。

4. 加大科技手段在交通运输管理中的应用力度,提升管理效率

加强现场电子取证和检测设施建设,充分利用信息网络技术实现在线即时监管,积极推广非现场执法方式。充分运用移动执法、电子案卷等手段,提高执法效能。探索利用物联网技术,改善交通运输监管。充分利用和整合各地各系统已有的信息资源,建设跨区域执法信息共享平台,健全信息共享机制,推动系统内各管理部门监管信息的归集应用和全面共享,实现各地区、各系统执法联动和区域协作。

四、现行交通运输行政许可事项及标准

(一) 现行交通运输行政许可事项

自2014年权力事项集中入库后,相关法律法规有多处进行了调整。依据浙江省人民政府的相关要求,省交通运输厅法规处牵头梳理出《浙江省交通运输行政权力事项目录(2016年)》,其中行政许可42项。

(二)行政许可事项的标准

行政许可标准是行政机关在实施行政许可过程中制定并公布的判断行政许可申请人是否符合法定的行政许可条件,进而决定能否获得相应行政许可的裁量基准。可见,行政许可标准是对行政许可的法定条件、程序的解释和细化,在学理上属于许可的裁量基准,在功能上构成了许可获得的限制性条件,在形式上表现为一个自上而下的阶梯式规范体系。

在相对集中行政许可视角下,市场准入过程往往是多个单一许可组成的复合许可过程,由此产生了不同部门间实体和程序标准的冲突现象。其发生的内在机理是行政权及许可背后的部门利益与家长主义规制,外在形式则表现为复数机关参与的异位规范间的冲突,性质上多属经验冲突而非逻辑冲突。

推进行政许可标准化,是解决人民群众反映"审批难"、约束裁量权、降低制度性交易成本、提高审批效率的重要措施。对行政许可实行标准化管理,细化行政许可具体实施的程序和实体要求,规范行政许可中的裁量权,已经成为当前实现行政许可法治化的重要探索路径,也是巩固新一轮行政审批制度改革成果,确保行政审批事项规范化操作,提高审批透明度和效率的重要措施。行政审批标准的提升,是落实简政放权、放管结合、优化服务的重要举措,是全面提升政务服务水平,提高企业和群众增强改革获得感的重要途径。按照国务院"以标准化促进规范化"的要求,国务院审改办、国家标准委按照国家标准编制程序,国务院审改办组织制定了《行政许可标准化指引(2016版)》,规定了行政许可事项、行政许可流程、行政许可服务、行政许可受理场所建设与管理以及监督评价的规范化要求,提出了具体可操作的工作指引。

第三章 交通运输行政处罚

第一节 交通运输行政处罚的概念、特征

一、交通运输行政处罚的概念

交通运输行政处罚,指享有行政处罚权的交通运输行政执法主体依照法定的权限和程序,对违反交通运输行政管理秩序的公民、法人或其他组织给予制裁的行政行为。

交通运输行政处罚具有以下属性:

1. 法定性

行政处罚是对行政相对人作出的不利处理,是对行政相对人财产权和人身权的约束和限制。基于保护行政相对人的合法权益,防止公权力滥用的目的,行政处罚必须依法设定和依法实施。交通运输行政处罚作为行政处罚中的一个门类,也概莫能外:处罚的机关、种类、范围和程序等必须严格适用《行政处罚法》《交通行政处罚程序规定》和其他与交通运输相关的法律、法规和规章。

2. 行政性

性质上,行政处罚是特定行政执法主体针对特定行政相对人作出的一种行政执法行为。作为行政执法行为,交通运输行政处罚在内容上是对交通运输行政管理领域的法律、法规和规章的落实,与行政许可、行政强制、行政命令、行政指导等并列为一种行政执法手段,共同致力于行政管理目的的实现。

3. 处分性

行政处罚的后果是实质性地影响行政相对人的权利和义务,并且这一影响是结论性的,而非暂时的,必然导致行政相对人某种权利的剥夺、某些财产的损失或社会评价的减损。除非通过行政复议、行政诉讼和国家赔偿等法律救济途径撤销行政处罚或确认行政处罚无效,否则行政相对人必须终局地接受该不利决定。处分性是行政处罚区别于行政强制的重要属性。

4.制裁性

行政处罚是行政主体对违反行政法律规范的行政相对人施以惩罚,包括对相对人的财产权、行为能力(资格)的限制或剥夺;或者科以新的义务。前者如建设单位未依法报送航道通航条件影响评价材料而开工建设的,航道管理机构可责令停止建设,处三万元以下的罚款;后者如前述违法行为发生后,航道管理机构可要求当事人限期补办手续,导致航道通航条件严重下降的,还可以责令限期采取补救措施或者拆除。以上由违法行为导致的新的义务或责任,正是制裁性的体现。

二、交通运输行政处罚的特征

(1)实施交通运输行政处罚的主体是拥有处罚权的交通运输行政执法主体。交通运输行政执法主体必须严格依据法定权限行使行政处罚权,超越法定权限的处罚无效。交通运输行政执法主体的内设机构、派出机构和受委托组织不得以自己的名义实施行政处罚,否则该处罚行为无效。

(2)交通运输行政处罚的相对人一般是处于交通运输行政执法主体之外,负有交通运输行政义务的公民、法人和其他组织。因此,交通运输处罚作为一种外部行政行为,是交通运输行政执法主体对外实现行政管理、维护交通运输秩序的重要手段。

(3)交通运输行政处罚的前提是行政相对人实施了交通运输行政违法行为。强调违法性,一方面,指只有法律、法规和规章规定可以处罚的行为才能给予处罚;另一方面,指只有行政相对人实施了违反交通运输法律规范的行为,才能给予行政处罚。

(4)交通运输行政处罚以实现管理、惩戒、教育为目的。交通运输行政处罚以直接限制或剥夺违法行政相对人的财产、资格或其他利益为内容,其目的既是为了有效地实施交通运输行政管理,维护公共利益和社会秩序,保护公民、法人和其他组织的合法权益,同时也是对违法的行政相对人予以惩戒和教育,促使其不再实施行政违法行为。

三、交通运输行政处罚与相关概念的区别

1.交通运输行政处罚与行政处分

交通运输行政处分是交通运输行政执法主体对其内部违法失职的国家工作人员实施的惩戒。

交通运输行政处分在基本性质、决定机关、惩戒对象、法律依据和救济途径方面,均与行政处罚有根本差异。具体来说:

(1)性质上,交通运输行政处分是交通运输行政执法主体对隶属于自身的人员进行管理的内部行政行为,而非实施公共事务管理的外部行政行为;

（2）交通运输行政处分的决定机关是受处分的国家工作人员所在的交通运输行政执法主体或其上级机关，或监察机关；

（3）交通运输行政处分的惩戒对象是在交通运输行政执法主体中从事行政执法工作的执法人员，并且指向执法人员的资格、荣誉和职务，而不包含财产；

（4）交通运输行政处分的法律依据是国家工作人员管理类法律规定，如《公务员法》《事业单位工作人员处分暂行规定》和各类交通运输行政法律规范中对公职人员的责任条款等；

（5）对交通运输行政处分不服，受处分人只能向作出处分决定的机关申请复核，或向其上级机关或监察部门申诉，而不能提起行政复议或行政诉讼。此外，与其他行政处分相同，交通运输行政处分种类也包括警告、记过、记大过、降级、撤职和开除等六种。

2. 交通运输行政处罚与刑罚

刑罚是国家审判机关对刑事犯罪分子给予的一种法律制裁，与行政处罚同属于公法上对违法行为人的制裁措施和责任形式。但刑罚在决定机关、违法程度、法律依据、责任后果、程序要求等方面，均与行政处罚存在较大差异。刑罚虽然不是交通运输行政执法主体的职责，但严格落实"过当处罚、罪当刑罚"的执法要求，持续强化对行政执法领域发现违法犯罪行为移送司法机关追究刑责的力度，本身也是增强交通运输行政执法威慑力的有效途径。近年来，浙江省交通运输系统大力推动"两法衔接"工作，在打击交通运输领域违法犯罪、防止执法人员徇私渎职和"以罚代刑"方面，取得明显成效。

3. 交通运输行政处罚与行政强制

行政强制包括行政强制措施和行政强制执行。行政强制措施是指行政机关在行政管理过程中，为制止违法行为、防止证据损毁、避免危害发生、控制危险扩大等情形，依法对公民的人身自由实施暂时性限制，或者对公民、法人或者其他组织的财物实施暂时性控制的行为。与行政处罚相比，行政强制措施更加突出对当事人人身自由或财产控制的暂时性和程序性。如在公路治超中，公路管理机构对涉嫌违法超载超限的车辆予以扣留，这种扣留不是对涉嫌违法超载超限车辆的最终处置。行政执法人员在实施行政处罚的过程中，要注意两者在法律依据、文书式样等方面的区别。

行政强制执行是指行政机关或者行政机关申请人民法院，对不履行行政决定的公民、法人或者其他组织，依法强制履行义务的行为。根据《行政强制法》的规定，行政强制执行的方式包括：加处罚款或者滞纳金；划拨存款、汇款；拍卖或者依法处理查封、扣押的场所、设施或者财物；排除妨碍、恢复原状；代履行。对于行政处罚而言，行政强制执行是针对当事人逾期不履行行政处罚决定的强制执行，并非科以新的制裁。

原则上,交通运输行政执法主体均无行政强制执行权。这样,根据《行政强制法》第五十三条的规定,交通运输行政处罚中的被处罚人在法定期限内不申请行政复议或者提起行政诉讼,又不履行行政处罚决定的,交通运输行政执法主体可以自期限届满之日起三个月内,依照《行政强制法》的有关规定,申请人民法院强制执行。当然,有的法律法规赋予某些交通运输行政执法主体一定的行政强制执行权,如,《内河交通安全管理条例》第七十二条规定:"违反本条例的规定,未经批准擅自设置或者撤销渡口的,由渡口所在地县级人民政府指定的部门责令限期改正;逾期不改正的,予以强制拆除或者恢复,因强制拆除或者恢复发生的费用分别由设置人、撤销人承担。"

第二节 交通运输行政处罚的基本原则

法律原则是指法律基础性真理或原理,为其他法律规则提供基础性或本源的综合性规则或原理,体现了法的本质和根本价值。《行政处罚法》第三条至第六条规定了行政处罚的基本原则。这些原则同样适用于交通运输行政处罚。

一、处罚法定原则

《行政处罚法》第三条规定:"公民、法人或者其他组织违反行政管理秩序的行为,应当给予行政处罚的,依照本法由法律、法规或者规章规定,并由行政机关依照本法规定的程序实施。"据此,交通运输行政处罚法定原则主要体现在以下四个方面:

1. 交通运输行政处罚设定法定

只有享有立法创制权或创设权的国家机关才能设定行政处罚。有权设定交通运输行政处罚的国家机关主要有:全国人大及其常委会,国务院,交通运输部,省级人大及其常委会,设区的市的人大及其常委会,省、自治区、直辖市人民政府,设区的市的人民政府。除此之外的国家机关均无权创设交通运输行政处罚事项。同时,前述国家机关创设行政处罚的形式也是法定的,如,浙江省人民政府只能以地方政府规章的形式对部分违反本省交通运输行政管理秩序的行为,设定警告或者一定数量罚款的行政处罚。

这里需要注意的是,规范性文件不得设定任何行政处罚。实践中,印发规范性文件是各级交通运输行政主管部门实施监管的常用手段。某些面向交通运输行业管理对象的"办法"、"规定"等,可能对行政相对人未按规定为某种行为或不为某种行为设定一定的后果,但这其中不得包含行政处罚内容。当然,在依法享有裁量权的范围内,规范性文件有权就如何根据具体情况适用行政处罚的问题作出规范性的决议或命令,其中可以包含本机关对法律法规的理解,并要求下级机关和人员据以执行。如,某地区发生了重特大安全生产事故,所在地区的交通运输局印发了关于加强在本地区交通运输行业安全生产执法监管的规范性文件,要求执法部门对所查获的涉及港区重大危险源、道路危化品运输等领域的安全生产违法行为,依法从重处罚。这是处罚法定原则所允许的。

2. 交通运输行政处罚依据法定

对交通运输行政执法主体而言,法无明文规定不处罚,如交通运输法律、法规或规章没有规定给予行政处罚的,对任何公民、法人或其他组织均不得实施交通运输行政处罚。这其中包括:判断行政相对人当罚与不罚的标准是法定的,以及处以何种类型的处罚也是法定的。如,《道路运输条例》第六十九条规定:"客运经营者、货运经营者不按照规定携带车辆营运证的,由县级以上道路运输管理机构责令改正,处警告或者20元以上200元以下的罚款。"这意味着,客运经营者如果未携带车辆营运证以外的证件,县级以上道路运输管理机构则不能依据该条款进行处罚。

3. 交通运输行政处罚主体法定

交通运输行政处罚必须由具有行政处罚权的行政机关或获得法律、法规授权的具有管理公共事务职能的组织在法定权限内实施。哪个行政执法主体拥有行政处罚权,以及行政处罚权限的大小,都需要法律、法规的明确。如,对于渡口船舶、船员、旅客定额的安全管理责任制的落实,《内河交通安全管理条例》规定由乡(镇)人民政府负责,但对渡口船舶未标明识别标志、载客定额、安全注意事项的,则规定由渡口所在地县级人民政府指定的部门实施处罚,即渡口所在地乡(镇)人民政府无处罚权。

4. 交通运输行政处罚要符合合法性要件

行政行为的合法性要件包括:主体合法、权限合法、内容合法适当、程序合法。具体而言:一是指交通运输处罚必须要有确凿的证据,即存在需要进行处罚的客观事实;二是指交通运输处罚必须正确地适用法律法规,不仅认定事实时引用的法律条文要准确,而且作出行政处罚决定的依据也要准确;三是交通运输处罚必须遵守法定程序;四是不得超越职权和滥用职权。

二、处罚公正、公开原则

《行政处罚法》第四条规定:"行政处罚遵循公正、公开的原则。设定和实施行政处罚必须以事实为依据,与违法行为的事实、性质、情节以及社会危害程度相当。对违法行为给予行政处罚的规定必须公布;未经公布的,不得作为行政处罚的依据。"据此,交通运输行政处罚的公正、公开原则主要体现在以下两个方面:

1. 处罚公正是合法合理的必要要求

交通运输行政执法对象具有"多、小、散、杂"等特点,导致某些类型的交通运输行政处罚案件天然地高发、易发、复发。加之许多执法发生在偏远地区,行政相对人的权利保护意识较低,这为少数执法人员提供了徇私枉法、钱权交易的空间。因此,在一段时期、某些地域,曾经集中出现大量选择处罚对象、裁量畸轻畸重的交通运输行政处罚案件。要深刻杜绝此类现象,落实公正处罚是关键。《浙江省交通运输行政处罚裁量基准》的颁行,为制约恣意处罚,实现过罚相当、裁量正当提供了圭臬。

2. 处罚公开是处罚公正的前提和保障

《浙江省行政程序办法》第五条要求行政机关必须依法公开实施行政行为的依据、程序和结果。就交通运输行政处罚而言,应当做到以下三点:一是设定和实施行政处罚的依据和具体内容必须向当事人和社会公开;二是依法向当事人和社会公开形成行政处罚的过程,包括执法人员身份、作出处罚的事实及依据和当事人的有关权利;三是依法向当事人公开和社会公开处罚结果,包括向当事人送达处罚决定文书,并根据《浙江省行政处罚结果信息网上公开暂行办法》在互联网上及时公开、公示处罚结果,接受社会监督。

三、处罚与教育相结合的原则

《行政处罚法》第五条规定:"实施行政处罚,纠正违法行为,应当坚持处罚与教育相结合,教育公民、法人或者其他组织自觉守法。"处罚与教育相结合的原则具体是指设定和实施行政处罚,既要体现对违法行为人的制裁,又要贯彻教育违法行为,实现惩戒和教育的双重目的。

1. 处罚以教育为目的

本质上,作为一种行政管理的手段,交通运输行政处罚不是目的,其直接目的是通过处罚来教育当事人,避免当事人再次实施行政违法行为。因此,几乎所有的交通运输行政法律法规,都高度重视行政处罚的教育目的。为实现该目的,交通运输行政执法主体应当在法律法规规定的权限内,严格过罚相当,在有利于当事人改过自新的原则下,把握处罚类型及尺度。在交通运输行政处罚实践中,执法人员要求当事人在询问笔录中阐明对违法行为危害后果的认识,或要求从轻处罚的行为人提供具结悔过书等,都是落实处罚教育目的的有益做法。

2. 处罚本身也是教育

在行政执法过程中,如果一味地强调批评教育,不实际实施处罚,也有失行政执法本身的权威和严肃,易导致执法失之于宽、失之于软,最终也不利于促使当事人自觉地改正违法行为。因此,对于应予以行政处罚的行为,施以必要的、恰当的处罚,也能够产生特殊的预防和教育效果。这也是减轻处罚不等于不处罚、从轻处罚不等于减轻处罚的题中之意。

处罚和教育相结合的原则,本质上是为了让交通运输行政相对人自觉遵守交通运输的行政法律规范,减少违法违章行为的发生,维护正常的市场经营秩序和社会公众的合法权益。处罚和教育相得益彰、不可偏废,绝不可以罚代管、以罚代教、一罚了之,也不可只教不罚,变相枉法。另外,从管理的长效性的角度看,如果当事人未认识到违法行为的社会危害性,不仅无法从中吸取教训,反而容易与管理者之间产生对立情绪。因此,一方面,交通运输行政执法主体应当通过教育,让当事人深刻了解其行为的危害后果(一般可以在询问笔录中体现);另一方面,交通运输行政执法主体可以开展多种形式的警示教育活动,如讲解违法违章行为的危害后果、观看事故展览、违法警示教育片等,使当事人心悦诚服,主动预防违法行为的发生。

四、权利保障原则

《行政处罚法》十分重视保障行政相对人的合法权利,其第六条规定:"公民、法人或者其他组织对行政机关所给予的行政处罚,享有陈述权、申辩权;对行政处罚不服的,有权依法申请行政复议或者提起行政诉讼。公民、法人或者其他组织因行政机关违法给予行政处罚受到损害的,有权依法提出赔偿要求。"这一规定包含以下内容:

1. 保障行政相对人的合法权利贯穿行政处罚始终

随着法治政府建设的不断推进,保障行政相对人合法权利的观念持续深入人心,包括交通运输法律法规在内的各类涉及行政处罚的法律法规,都为行政相对人设定了越来越丰富的权利,包括申请听证权、陈述权、申辩权、了解权、拒绝权、获得通知权、委托代理权、行政救济权等。以上权利贯穿行政处罚程序的始终,是行政相对人防止公权滥用、充分维护自身合法权益的有效武器。

2. 侵犯行政相对人的合法权利将导致行政处罚行为不能成立

《行政处罚法》第四十一条规定:"行政机关及其执法人员在作出行政处罚决定之前,不依照本法第三十一条、第三十二条的规定向当事人告知给予行政处罚的事实、理由和依据,或者拒绝听取当事人的陈述、申辩,行政处罚决定不能成立……"以上规定表明,行政执法主体在实施处罚时未履行相应义务,侵犯了行政相对人的获得通知权、陈述权和申辩权,从而导致行政处罚决定不能成立。损害行政相对人其他合法权利的,包括违反法定程序,也可能导致该行政处罚行为在行政复议中被撤销,或在行政诉讼中被确认违法或撤销。

五、过罚相当原则

过罚相当原则是合理行政原则以及比例原则在行政处罚领域的具体表现,是指当行政相对人因违反行政管理法律规范而被处罚时,行政主体作出的处罚应当与被处罚的违法行为相当,不能畸轻畸重、重责轻罚、轻责重罚。

过罚相当原则要求行政执法主体实施行政处罚时应当以事实为依据,以法律为准绳,根据违法行为的事实、性质、情节以及社会危害程度等,在法律、法规和规章设定的处罚种类和幅度范围内,做出适当的行政处罚。《浙江省交通运输行政处罚裁量权实施办法》第三条明确将过罚相当作为交通运输行政处罚裁量的基本原则。《浙江省行政程序办法》第四条也要求："行政机关实施行政行为所采取的方式应当必要、适当，并与行政管理目的相适应。"因此，不论是交通运输行政处罚的结果，还是处罚的方式，都应当符合这一原则。

第三节　交通运输行政处罚的种类

《行政处罚法》第八条对行政处罚的种类做了统一规定，按照制裁程度由轻到重，分为警告、罚款、没收违法所得或没收非法财物、责令停产停业、暂扣或吊销营业执照、行政拘留等六类，并设兜底条款一档——法律、行政法规规定的其他行政处罚。也就是说，除了《行政处罚法》第八条明确规定的六类行政处罚外，只有法律和行政法规可以增设其他类型的行政处罚。鉴于行政拘留只适用于严重违反社会治安的行政违法行为，不属于交通运输行政处罚的类型，因此本书不予介绍。

一、警告

警告，是指对违法行为人予以谴责和告诫，使其名誉、荣誉、信誉或其他精神上的利益受到一定损害的处罚措施。

警告通常只适用于情节较轻微或者实际危害程度不大的违法行为。如《浙江省水路运输管理条例》第四十七条规定："违反本条例规定，未随船携带船舶营业运输证，或者未按规定交验运输单证的，由港航管理机构责令改正，并予以警告。"又如，《道路运输管理条例》第六十八条规定："违反本条例的规定，客运经营者、货运经营者不按照规定携带车辆营运证的，由县级以上道路运输管理机构责令改正，处警告或者20元以上200元以下的罚款。"当可以在警告与其他类型的行政处罚之间选择适用时，要注意准确把握违法行为的情节轻重，并依照行政处罚裁量权基准进行选择适用。

特别强调的是，要区分《行政处罚法》意义上的"警告"和一般口头"警告"的异同。两者的相同点是，向行政相对人所传达的都是一种精神上的否定性评价，是对行政相对人的违法行为的申诫。两者的不同点在于：一是法律效力不同。《行政处罚法》中的"警告"是法律明文规定的行政处罚的种类，具有法律效力；口头"警告"则属于行政执法管理的手段，即便法无明文规定，执法人员也可以根据实际情况实施。二是程度不同。作为行政处罚的"警告"所针对的违法行为尽管较为轻微，但依旧未达到《行政处罚法》第二十七条所规定的"违法行为轻微并及时纠正，没有造成危害后果的"因而不予处罚的程度，依然要实施处罚；口头"警告"所针对的就是违法行为轻微并及时纠正，没有造成危害后果的行政违法行为。三是形式不同。作为行政处罚的"警告"是一种要式行政行为,与其他类型的处罚一样,须遵循行政处罚一般程序或简易程序的规定,出具书面的行政处罚决定书,并送达当事人;口头"警告"不属于行政处罚,仅属于批评教育,一般可由执法人员自行做出。

二、罚款

1. 基本规定

罚款,指行政主体依法强令违反行政法律规范的行政相对人在指定期限内向国家缴纳一定数额金钱的处罚。如《公路法》第七十四条规定:"违反法律或者国务院有关规定,擅自在公路上设卡、收费的,由交通主管部门责令停止违法行为,没收违法所得,可以处违法所得3倍以下的罚款,没有违法所得的,可以处2万元以下的罚款……"

罚款与罚金、执行罚不同。罚金是刑罚的一种,由人民法院作出,适用于已经构成犯罪的违法行为。执行罚是一种行政强制执行方式,是指行政机关依法作出金钱给付义务的行政决定,当事人逾期不履行时,行政机关可以依法加处罚款或者滞纳金,其目的是促使违法行为人履行义务。另外,作为行政处罚的罚款与人民法院作出的司法罚款也不同,后者旨在惩戒扰乱法庭秩序的违法行为人。

目前,法律法规和规章对罚款数额的设定形式较为多样:有的规定固定金额,有的同时规定罚款的上限和下限,有的只规定罚款的上限或下限,有的规定计算罚款数额的基数和倍数,等等。行政机关在裁量时要仔细甄别,避免计算错误。

2. "罚缴分离"制度

根据国务院《罚款决定与罚款收缴分离实施办法》的规定,"罚缴分离"是指原则上作出罚款决定的行政机关应当与收缴罚款的机构分离。对此,《行政处罚法》第四十六条也有明确要求。建立"罚缴分离"制度的目的,是加强对行政罚款的监督和制约,防止国有资产流失,避免少数行政机关为部门利益不当执法,杜绝乱罚款、滥罚款现象。

交通运输行政处罚应当严格执行"罚缴分离"制度。按照规定,代收机构应当由县级以上地方人民政府组织本级财政部门、中国人民银行当地分支机构和依法具有行政处罚权的行政机关共同研究确定,一般是指定作出处罚决定的交通运输行政执法主体所在地的银行等金融机构具体承担。即使在依照《行政处罚法》的规定,允许执法人员当场收缴罚款的情况下,代收罚款的执法人员也应当自收缴罚款之日起2日内,交至其所属的交通运输行政执法主体;在水上当场收缴的罚款,应当自抵岸之日起2日内交至所属交通运输行政执法主体;交通运输行政执法主体应当在2日内将罚款缴付指定的银行。

3. 一事不再罚款

"一事不再罚款"脱胎于行政法中的"一事不再罚"原则,具体规定于《行政处罚法》第24条,即,"对当事人的同一个违法行为,不得给予两次以上罚款的行政处罚。"

准确理解"一事不再罚款"制度,关键是要厘清以下问题:"一事不再罚款"中的"一事"是指怎样的"同一违法行为"?是自然上的"同一行为"还是法律上的"同一行为"?

对于"同一违法行为"的界定,本书认为:只有行政相对人的行为符合一个法律、法规或规章规定的违法行为的构成要件,才是一个违法行为;若同一行为符合数个违法行为的构成要件(不同法的数个法条存在竞合),即为数个违法行为,则可以实施"两次罚款"。换言之,某些行政相对人的行为尽管在外观上是一个自然状态的行为,但若符合数个行政违法行为的构成要件,那么在行政法上就构成数个违法行为,有关行政执法主体可以依法给予数次罚款处罚。

以当事人在船舶上向航道内倾倒垃圾的行为为例:根据《内河海事行政处罚规定》第三十六条第一项的规定,由海事管理机构依照《水污染防治法》第八十条的规定,责令当事人停止违法行为,处以5000元以上5万元以下的罚款。同时,对这一行为,根据《航道法》第四十二条第二项的规定,由航道管理机构责令改正,对单位处5万元以下罚款,对个人处2000元以下罚款;造成损失的,依法承担赔偿责任。可见,该同一违法行为同时触犯了两部行政法律(规章),分别破坏了维护航道设施的行政管理秩序和防止船舶污染水域的行政管理秩序,符合两个违法行为的构成要件,可以分别依据《内河海事行政处罚规定》和《航道法》对其实施处罚。

当然,执法实践中,基于行政合理性原则和过罚相当原则,同一交通运输行政执法主体,如有权依据不同门类的行政法律法规对行政相对人实施数个处罚的,建议以较重处罚吸收较轻处罚。如上文所述情形中,负责内河船舶污染防治的地方海事管理机构与当地的航道管理机构往往同属于一个港航执法单位(同一单位两块牌子),这样,结合实际案情,该单位应根据裁量基准,选择处罚较重的案由,作出处罚决定。

三、没收违法所得和非法财物

没收违法所得和非法财物,指有行政处罚权的行政执法主体依法将违法行为人的违法所得和非法财物收归国有的处罚形式。

其中,"违法所得"是指违法行为人通过非法手段获取的不正当收益。该处罚类型在交通运输行政执法领域中较常见于涉及非法经营或超越经营范围经营、扰乱市场秩序的违法行为,如当事人未经许可,从事非法道路旅客运输并取得收益。"非法财物"是指违法行为人用于从事违法活动的违法工具、物品和违禁品等。不管是没收违法所得,还是没收非法财物,这两类行政处罚所针对的对象,都是违法行为人的非法财产,即不能没收与违法行为人共同生活的家庭成员的财产,也不能没收违法行为人的合法收入。

关于违法所得数额的认定,一般采用"获利说",即没收行政相对人通过违法行为所获得的纯利益,可以用以下公式表达:

认定数额＝通过违法行为所获取的全部实际收入－投入的成本费用

"获利说"更有利于保护行政相对人的合法财产，更好地实现教育与处罚相结合的目的。但是，在交通运输行政执法实践中，不能机械地适用"获利说"，尤其不能要求执法人员主动收集证据来证明违法行为的成本费用，否则就会影响行政管理目标的实现。换言之，"获利说"只是原则性要求。在相关证据无法取得的前提下，可以没收行政相对人全部的非法收入。因此，交通运输行政处罚中所没收的违法所得的数额，应指行政违法行为人从事非法经营等获得的纯利益；如无证据证明该利益数额，也可以指违法行为人通过违法行为所获取的实际收入。

作出没收违法所得这类行政处罚时，还应注意以下三点：一是搜集取得证明纯收益的证据，应切忌使用孤证。以当事人的询问笔录作为直接证据的，应当与其他证人证言、会计账簿等间接证据互相印证。二是已缴税费应当从违法所得数额中扣除。这是因为，行政相对人就该违法所得所缴纳的税费，与违法所得相同，都是要上缴国库的，不应重复没收。三是认定数额的范围应包括全部已收和应收的非法收入。后者主要指以行政相对人作为债权人的应收账款。

四、责令停产停业

责令停产停业，是指行政执法主体剥夺行政相对人一定期限内从事某种生产或经营活动权利的处罚。

责令停产停业不是剥夺违法行为人的财产权，也不是剥夺违法行为人的资格，而是在一段时间内限制他们的某些权利，暂时停止他们从事特定生产经营的资格。如果违法行为人依法纠正了违法行为，则仍可继续从事曾被停止的生产经营活动。如，《港口危险货物安全管理规定》第五十六条规定："危险货物港口经营人有下列情形之一的，由所在地港口行政管理部门责令改正，处5万元以上10万元以下的罚款；拒不改正的，责令停产停业整顿直至吊销其港口经营许可证件。"

责令停产停业的处罚一般适用于与人的生命、健康和财产安全密切相关的安全生产领域，且针对违法程度较为严重的行为，其制裁力度比单纯的罚款大。近年来，交通运输领域是重特大安全生产事故的高发区和易发区，社会公众加强安全生产立法和严格执法的呼声不断高涨。作为督促交通运输经营人提高安全意识、打击安全生产违法行为的重要举措，"责令停产停业"频繁进入各类交通运输行政立法。

正确实施责令停产停业，需要注意它与以下概念的区别：

1. 责令停产停业与责令整改

责令整改不是行政处罚，不具有责令停产停业的制裁性和教育性；而是一种行政命令，更加侧重于通过督促当事人为或者不为某种行为以达到特定的行政管理目的。同时，责令整改是行政处罚的前置程序。如，《行政处罚法》第二十三条规定："行政机关实施行政处罚时，应当责令当事人改正或者限期改正违法行为。"又如，

《安全生产法》第九十一条规定："生产经营单位的主要负责人未履行本法规定的安全生产管理职责的,责令限期改正;逾期未改正的,处2万元以上5万元以下的罚款,责令生产经营单位停产停业整顿。"

2.责令停产停业与责令停产停业整顿

"责令停产停业整顿"的表述常见于《安全生产法》《危险化学品安全管理条例》《浙江省安全生产条例》等安全类行政法律法规中。"责令停产停业整顿"与"责令停产停业"尽管在表述上不同,但二者在法律效果上并无实质区别——都将导致行为人的生产经营活动被暂停,只不过后者有更加积极地强调"整改"这一行政命令的成分。同时,在具体法律责任条款的设置上,"责令停产停业整顿"也体现出对相对更严重的违法行为的惩治。因此,"责令停产停业整顿"就是"责令停产停业"的一种同义互换。最新修订的《浙江省交通运输行政处罚裁量基准》也认同了该观点。

五、暂扣或吊销许可证、执照

暂扣或吊销许可证、执照,是暂时扣留或者取消违法行为人已经取得的从事某种活动的凭证或资格证明的处罚。

许可证或执照是行政执法主体向行政相对人依法颁发的,准予其从事某种活动、享有某种资格的证明文件。本质上,二者都是行政执法主体对原先做出的行政许可决定的调整——暂扣是暂时冻结行政相对人特定的行政许可;吊销则是永久取消相对人特定的行政许可,除非相对人嗣后重新申请并获得许可。有时,吊销许可证、执照被表述为"撤销资格",如《国际海运条例》第四十四条规定:"国际船舶运输经营者、无船承运业务经营者和国际船舶管理经营者将其依法取得的经营资格提供给他人使用的,由国务院交通主管部门或者其授权的地方人民政府交通主管部门责令限期改正;逾期不改正的,撤销其经营资格。"

在交通运输行政管理中,如果说行政许可作为市场准入措施,具有"水龙头"的作用,那么吊销许可证照就是用于规制不法市场主体的一种市场退出手段,是能够发挥"排水阀"功能的调节机制。如《内河交通安全管理条例》第七十六条规定:"违反本条例的规定,船舶、浮动设施遇险后未履行报告义务或者不积极施救的,由海事管理机构给予警告,并可以对责任船员给予暂扣适任证书或者其他适任证件三个月至六个月直至吊销适任证书或者其他适任证件的处罚。"

实施暂扣或吊销许可证、执照等行政处罚时,需要特别注意以下两点:

1.作为行政处罚的"暂扣"和作为行政强制措施的"暂扣"

交通运输行政法律规范中大量散见的"暂扣"实际上都是一种行政强制措施。如《道路旅客运输及客运站管理规定》第七十三条规定:"道路运输管理机构的工作人员在实施道路运输监督检查过程中,对没有《道路运输证》又无法当场提供其他有效证明的客运车辆可以予以暂扣,并出具《道路运输车辆暂扣凭证》。"虽然,作为行政处罚的"暂扣"和作为行政强制措施的"暂扣"在形式上都是对当事人的许可证照实施暂时性的扣押,避免当事人继续从事违法行为,但是两者还是有区别的:作为行政处罚的"暂扣"具有程序内的终结性,其目的是惩戒违法行为人,执法人员要按照行政处罚的程序实施,并出具行政处罚类法律文书;作为行政强制措施的"暂扣"只是为了保证行政管理行为的顺利实施而采取的暂时性控制,行政管理行为一旦实施完毕,该"暂扣"也须立即终止,行政执法主体应及时返还扣押的证照。此外,就在法律文本中的位置来看,作为行政处罚的"暂扣"一般规定于法律文本的"法律责任"或"罚则"章节,作为行政强制措施的"暂扣"一般规定于法律文本的"监督检查"章节。

2.吊销和注销许可、撤销许可、撤回许可

注销行政许可是指由行政执法主体基于特定事由,依据法定程序,收回行政许可证件或者公告行政许可失去效力。《行政许可法》规定了应当注销行政许可的五种事由,即:行政许可有效期届满未延续的;赋予公民特定资格的行政许可,该公民死亡或者丧失行为能力的;法人或者其他组织依法终止的;行政许可依法被撤销、撤回,或者行政许可证件依法被吊销的;因不可抗力导致行政许可事项无法实施的。这些事由表明,应当注销行政许可的情形,或基于当事人无过错,或是对已经失去意义的行政许可在程序上和形式上予以消灭。

撤销行政许可是指作出行政许可决定的行政执法主体或者其上级行政执法主体,根据利害关系人的请求或者依据其职权,对行政执法主体及其工作人员违法作出的准予行政许可的决定,或被许可人以欺骗、贿赂等不正当手段取得行政许可的,依法撤销其法律效力的行为。

撤回行政许可是指行政许可所依据的法律、法规、规章修改或者废止,或者准予行政许可所依据的客观情况发生重大变化的,为了公共利益的需要,行政执法主体可以依法变更或者撤回已经生效的行政许可。

吊销、注销、撤销和撤回都是将导致行政相对人的行政许可归于无效的行政行为。区别在于:吊销许可、执照是一种行政处罚,具有与其他处罚相似的目的和相同的程序,本质上是通过取消许可、剥夺行为人从事许可行为资格的方式来制裁行政相对人;注销、撤销和撤回行政许可都是一种行政许可行为,其目的并非是制裁被许可人,而是基于特定原因,使行政许可更符合实际情况或行政管理的目的。

第四节 交通运输行政处罚的实施机关和相对人

一、交通运输行政处罚的实施机关

交通运输行政处罚的实施机关是指具有行政处罚权,在相应的职权范围内实施

交通运输行政处罚的机关或组织。

根据《交通行政处罚程序规定》第三条的规定,交通运输行政处罚的实施机关分为三类:一是县级以上人民政府的交通运输主管部门;二是法律、法规授权的交通运输管理机构;三是县级以上人民政府的交通运输主管部门依法委托的交通运输管理机构。

1. 交通运输主管部门

交通运输主管部门,指各级人民政府中依法设置的主管交通运输工作的行政机关。它是一级级人民政府的组成部门,名称一般为交通运输部(厅、委员会、局)。

一般,在一个行政辖区内,只有一个交通运输主管部门,主管所有的交通运输工作。不过,有时,不同类型的交通运输,可能由不同的部门主管,从而形成在一个行政辖区内,具有多个交通运输主管部门的现象。如,《港口法》第六条第三款规定:"由港口所在地的市、县人民政府管理的港口,由市、县人民政府确定一个部门具体实施对港口的行政管理;由省、自治区、直辖市人民政府管理的港口,由省、自治区、直辖市人民政府确定一个部门具体实施对港口的行政管理。"浙江省大部分市级人民政府均确定本市的交通运输主管部门为港口行政管理部门,而台州市、嘉兴市和舟山市人民政府则确定本市的港航(务)管理局为本市港口行政管理部门。这意味着,台州市、嘉兴市和舟山市的交通运输主管部门除本市的交通运输局外,还包括本市的港航(务)管理局。

2. 法律、法规授权的交通运输管理机构

交通运输管理机构作为非行政机关的社会组织,一般不具有独立的行政执法主体资格。但经法律、法规授权的交通运输行政管理机构,承担行政管理职责,可以取得行政执法主体资格。

从静态的组织形式看,交通运输管理机构大部分是具有行政管理职能的事业单位,也包括一些国有企业。前者如《航道法》第五条规定:"国务院交通运输主管部门按照国务院规定设置的负责航道管理的机构和县级以上地方人民政府负责航道管理的部门或者机构,承担本法规定的航道管理工作。"后者如《铁路法》第三条规定:"国家铁路运输企业行使法律、行政法规授予的行政管理职能。"交通运输行政执法实践中,主要是由这类主体实施具体的交通运输行政处罚行为。

鉴于法律、法规授权的指向性并不十分明确,判断一个交通运输管理机构是否具有行政执法主体资格,还需要考察有关人民政府的机构编制管理机关制定的"三定方案"或人民政府法制部门印发的确认具有行政执法主体资格的文件。

3. 受交通运输主管部门依法委托的交通运输管理机构

行政处罚中的行政委托,指的是具有行政处罚权的行政机关,基于行政管理的目的,依法将自身的行政处罚权委托给其他组织行使,并由其自己承担相关法律责任的行为。

在交通运输领域,具体是指受交通运输行政主管部门的委托,而具有行政处罚资格的组织。如,《交通行政处罚程序规定》第四条规定:"县级以上人民政府的交通主管部门可以委托依法设置的符合行政处罚法第十九条规定的运输、航道、港口、公路、规费、通信等交通管理机构实施行政处罚。"

目前,在交通建设管理领域,行政委托较为普遍,如《浙江省交通建设工程质量和安全生产管理办法》第六条规定:"县级以上人民政府交通运输行政主管部门和港口管理部门可以委托监督机构具体实施对交通建设工程质量和安全生产的监督管理工作。"在施行交通工程建设分级管理的地区,交通运输行政主管部门一般将公路、水运工程管理事项,包括行政处罚权委托给行业管理机构和交通建设工程质量安全监督机构。

受委托的组织实施行政处罚具有以下六个特征:

(1)委托处罚的主体是交通运输主管部门;

(2)受委托的组织必须符合《行政处罚法》第十九条规定的条件,即:依法成立的管理公共事务的事业组织;具有熟悉有关法律、法规、规章和业务的工作人员;对违法行为需要进行技术检查或者技术鉴定的,应当有条件组织进行相应的技术检查或者技术鉴定;

(3)受委托的组织只能以委托方的名义实施行政处罚,相关法律责任由委托方承担;

(4)交通运输主管部门必须在法律、法规或者规章规定的法定权限内进行委托;

(5)受委托的组织不得再委托其他组织或者个人实施行政处罚;

(6)委托必须以书面方式进行。

需要注意的是,以上各类交通运输行政处罚实施机关的内设机构或派出机构均不是行政处罚的实施主体,如各类执法大队、稽查中队、违章处理中心、检查站等。

二、交通运输行政处罚的相对人

交通运输行政处罚的相对人是指在交通运输行政法律关系中,与行政执法主体相对应的另一方当事人,即处于被处罚地位上的组织和个人。

在《交通行政处罚程序规定》中,"行政相对人"具体指:"公民、法人或者其他组织违反行政管理秩序的行为……"中的"公民、法人或者其他组织"。

1.公民

公民应当具有相应的行为能力和责任能力。根据《行政处罚法》第二十五条、第二十六条的规定,不满14周岁的人和不能辨认或者不能控制自己行为的精神病人,均不具有行为能力和责任能力;对他们实施的违法行为,不予行政处罚,但应责令监护人加以管教或严加看管和治疗。

从国籍上来看,作为行政相对人的公民,不仅包括我国公民,还包括违反行政法律规范的外国人、无国籍人。

2. 法人

根据《民法总则》第三十六条和第三十七条的规定,具有民事权利能力和民事行为能力,依法独立享有民事权利和承担民事义务的组织是法人。法人必须具备下列四项条件:依法成立;有必要的财产或者经费;有自己的名称、组织机构和场所;能够独立承担民事责任。

法人非依法设立的分支机构,或虽依法设立,但没有领取营业执照的,以设立该分支机构的法人为被处罚人。同时,法人或者其他组织的工作人员的职务行为或者授权行为违反行政管理秩序时,该法人或者其他组织为被处罚人。

3. 其他组织

其他组织是指依法成立、有一定的组织机构和财产,但又不具备法人资格的组织,包括:①依法登记领取营业执照的私营独资企业、合伙组织;②依法登记领取营业执照的合伙型联营企业;③依法登记领取我国营业执照的中外合作经营企业、外资企业;④经民政部门核准登记领取社会团体登记证,但不具备法人资格的社会团体;⑤法人依法设立并领取营业执照的分支机构;⑥中国人民银行、各专业银行设在各地的分支机构;⑦中国人民保险公司设在各地的分支机构;⑧经核准登记领取营业执照的乡镇、街道、村办企业;⑨符合法律规定条件的其他组织。

对于依法领取工商营业执照,有字号的个体工商户,最高人民法院《关于适用〈民事诉讼法〉若干问题的意见》第四十六条规定:"在诉讼中,个体工商户以营业执照上登记的业主为当事人。有字号的,应在法律文书中注明登记的字号。"因此,在行政处罚中,应将营业执照上登记的业主列为行政相对人,并在行政处罚文书中注明登记字号。

行政处罚相对人概念的提出,对交通运输行政执法实践具有重要意义:

一是明确实体法上行政处罚的承受主体。各类交通运输法律、法规或规章在调整交通运输行政关系的过程中,基于不同的立法目的或职能划分,对不同主体的违法行为设定了不同的处罚类型。交通运输行政执法主体只有正确认定行政处罚相对人,才能正确地启动调查程序和正确地适用法律,进而作出正确的行政处罚决定。如《国内水路运输管理条例》第三十四条规定:"水路运输经营者使用未取得船舶营运证件的船舶从事水路运输的,由负责水路运输管理的部门责令该船停止经营,没收违法所得,并处违法所得一倍以上五倍以下的罚款;没有违法所得或者违法所得不足2万元的,处2万元以上10万元以下的罚款。"该条所规定的行政相对人是水路运输经营者,而非船舶所有人、使用人或船员。港航管理机构在对该违法行为进行处罚时,应注意将涉案的船舶经营企业或个人列为当事人,船长等船员仅可以作为企业法定代表人的委托代理人处理处罚事项。

二是确保行政程序法上救济权利的落实。行政处罚相对人不是单纯意义上的法律义务人,同样也享有《行政处罚法》赋予的各项程序性权利,如申请回避的权利,提出陈述申辩的权利,申请听证的权利,提起行政复议、行政诉讼的权利,等等。行政处罚相对人概念的提出,意味着不再将行政处罚案件的当事人置于以往被动、从属的义务人角色之上,而是将其作为行政执法主体的相对方,同样享有权利、承担义务。这对于交通运输行政执法主体和执法人员切实重视保护当事人的程序性权利,纠正不当执法行为,具有深远意义。

第五节　交通运输行政处罚的管辖

行政处罚的管辖,指依法具有行政处罚权的主体最初查处行政处罚案件时的权限和分工。按照划分管辖的不同方式,以下简要介绍常见的管辖类型。

一、地域管辖

地域管辖,指相同级别、相同职能或同类行政处罚主体之间对行政处罚案件在不同区域内实施查处的权限和分工。

《行政处罚法》第二十条规定:"行政处罚由违法行为发生地的县级以上地方人民政府具有行政处罚权的行政机关管辖。法律、行政法规另有规定的除外。"也就是说,除非法律、行政法规另有规定,否则交通运输行政处罚由违法行为发生地的县级交通运输行政执法主体管辖。如果行为人实施的具有持续性或继续性的违法行为跨越数个行政辖区,理论上,任何一个行政辖区的县级交通运输行政执法主体对该案都拥有地域管辖权。不过,本质上,具有持续性或继续性的违法行为行为显然只能被评价为单一行为。这样,根据"一事不再罚款"原则,只能由先立案的交通运输行政执法主体实施处罚。

二、职能管辖

职能管辖,指拥有不同行政职能的交通运输行政执法主体之间在实施行政处罚时的权限和分工。

在交通运输行政执法领域,可以按照公路、道路运输、港航(地方海事)、质监等条状专业化分工,根据相关行业交通运输行政法律规范和各级人民政府关于职能划分与机构设置的"三定方案",来确定各行业交通运输行政处罚案件的管辖。如公路行政处罚案件(除特定案由)均由公路管理机构负责,包括浙江省公路管理局、各设区的市级公路管理局、各县(不设区的市)区级公路管理段(局)等。

当前,在持续深化行政执法体制改革、全面推进综合行政执法的大背景下,交通运输行政执法主体也要逐步打破各行业管理部门执法权泾渭分明的藩篱,深入探索交通运输综合执法改革,组建本行政区域内统一的交通综合行政执法机构,并由其集中行使处罚权。行政处罚权的相对集中行使,其本质是行政处罚权从一个行政机关转移到另一个行政机关。这涉及行政机关之间的职能分配与调整,应当慎重对待。因此,《行政处罚法》要求该事项必须由国务院或者国务院授权的省级人民政府决定,其他任何行政机关不能自行决定。

三、级别管辖

级别管辖,又称层级管辖,是指具有相同职能的上下级行政执法主体之间在最初查处行政处罚案件时的权限和分工。

《交通行政处罚程序规定》第五条对交通运输行政处罚的级别管辖有着较为明确的规定,即:"各级交通管理部门依法可以作出警告、罚款、没收违法所得、没收非法财物、暂扣证照的行政处罚。县级以上人民政府交通主管部门、交通部直接设置的管理机构、省级人民政府交通主管部门直接设置的管理机构依法可以作出吊销证照、责令停产停业的行政处罚。省级人民政府交通主管部门直接设置的管理机构的下设机构,根据省级人民政府交通主管部门的决定,依法可以作出吊销证照、责令停产停业的行政处罚。港务(航)监督机构行政处罚案件的管辖另行规定。对涉外、涉台、涉港澳当事人作出行政处罚的权限,法律、法规、规章另有规定的,从其规定。"

简言之,原则上,在交通运输行政执法领域,责令停产停业和吊销许可证、执照这两类处罚,只能由县级以上的交通运输行政执法主体作出;县级以下的交通运输行政执法主体在查处违法行为时,如果认为可能会作出前述两类行政处罚决定,则应当将案件移交给县级以上的交通运输行政执法主体。但实际上,许多交通运输行政法律规范明确规定,县级以下的交通运输管理机构也有责令停产停业或吊销许可证的行政处罚权。如某县交通运输局所属的县道路运输管理所负责本县区域内的道路运输管理工作。该所执法人员在上路执法检查中发现本县某长途客运企业所属的客车不按规定的线路、公布的班次行驶的,且已达法定严重违法的情节,根据《浙江省道路运输管理条例》第六十一条的规定,该县道路运输管理所作为当事人的原许可机关,有权并处吊销班线客运经营权、经营许可证等行政处罚。因此,对于级别管辖的认定,应视具体执法依据而定。

1. 公路行政处罚

《公路法》第八条第四款和第八十二条依次规定:"县级以上地方人民政府交通主管部门可以决定由公路管理机构依照本法规定行使公路行政管理职责";"除本法第七十四条、第七十五条的规定外,本章规定由交通主管部门行使的行政处罚权和行政措施,可以依照本法第八条第四款的规定由公路管理机构行使。"《浙江省公路路政管理条例》第四十九条明确规定,《公路法》中规定由交通运输行政主管部门行使的行政处罚权一律均由公路管理机构行使。综上,公路行政处罚的级别管辖分工情况如下:县级以上交通运输主管部门负责对擅自在公路上设卡、收费以及未经有关交通主管部门批准擅自施工等两类公路违法行为的处罚,其他公路违法案件的处罚均由县级以上公路管理机构管辖。

2. 道路运输行政处罚

根据《浙江省道路运输管理条例》的规定,县级以上道路运输管理机构负责具体实施道路运输管理工作,道路运输行政处罚一般均由县级以上道路运输管理机构管辖。但是,对第六十一条规定的班线客运经营者不按规定的客运站点停靠或者不按规定的线路、公布的班次行驶的等五种行为实施吊销班线客运经营权、经营许可证的处罚决定,须由原许可机关作出。

3. 港航行政处罚

(1)港政案件

根据《港口法》和《浙江省港口管理条例》的规定,港口行政处罚案件由港口所在地县级以上港口管理部门管辖。

《船舶引航管理规定》规定,由市级地方人民政府港口主管部门对未经批准擅自设置引航机构,引航机构不选派适任的引航员或者拒绝或者拖延引航、不指定责任引航员,港口企业不按规定配合和保障被引船舶靠离泊、不按规定向引航机构提供相关资料等违法行为实施处罚。此处的级别管辖就被限定为设区的市级港口主管部门。

(2)地方海事案件

根据《内河海事行政处罚规定》和《海上海事行政处罚规定》的规定,各级海事局管辖本辖区内的所有海事行政处罚案件。各级海事局所属的海事处管辖本辖区内的下列海事行政处罚案件:一是对自然人处以警告、1000元以下罚款、扣留船员职务证书3个月至6个月的海事行政处罚;二是对法人或其他组织处以警告、1万元以下罚款的海事行政处罚。

(3)航道和水路运输处罚

一般由县级以上港航管理机构按地域管辖;设区的市级港航管理机构管理的区域或管理对象所涉处罚案件由设区的市级港航管理机构管辖;未设置县级港航管理机构的,由同级交通运输主管部门或市级港航管理机构管辖。例外的是,对于擅自经营国际船舶运输业务的违法案件,根据《国际海运条例》,由交通运输部或者其授权的地方人民政府交通主管部门管辖。

(4)交通质监行政处罚

交通质监机构在交通运输主管部门委托事项的权限内对公路、水运工程质量违法行为实施行政处罚。依据《公路工程质量监督规定》《水运工程质量监督规定》,一般由县级以上人民政府交通主管部门委托的公路、水运工程质量监督机构实施相应处罚。

(5) 交通运输安全生产行政处罚

为全面贯彻落实"党政同责、一岗双责、齐抓共管"的安全生产责任体系，2014年新修订的《安全生产法》第九条第二款明确规定，县级以上地方各级人民政府有关部门在各自的职责范围内对有关行业、领域的安全生产工作实施监督管理。交通运输部门也是执行安全生产法律法规的主要行业部门。

在管辖方面，《安全生产法》第一百一十条规定："本法规定的行政处罚，由安全生产监督管理部门和其他负有安全生产监督管理职责的部门按照职责分工决定。予以关闭的行政处罚由负有安全生产监督管理职责的部门报请县级以上人民政府按照国务院规定的权限决定；给予拘留的行政处罚由公安机关依照治安管理处罚法的规定决定。"交通运输行政执法主体在各自职责范围内承担《安全生产法》规定的各项违法行为的处罚。"予以关闭"是《安全生产法》第一百零八条规定的，对不具备《安全生产法》和其他有关法律、行政法规和国家标准或者行业标准规定的安全生产条件，经停产停业整顿仍不具备安全生产条件的生产经营单位的处理结果，其对应的处罚种类即吊销有关证照。适用该条作出吊销证照的处罚决定须由有权处罚的交通运输行政执法主体报请县级以上人民政府按照国务院规定的权限决定。

四、管辖权争议的处理

大多数情况下，依据前述地域管辖、职能管辖和级别管辖规则，可以确定特定行政处罚案件的管辖机关。当发生管辖权争议——包括积极争议和消极争议——则需要根据如下特殊管辖原则来确定行政处罚案件的管辖机关。

1. 移送管辖

移送管辖，指行政执法主体对行政处罚案件已经立案查处，但后来发现自己没有管辖权时，将案件移送给具有管辖权的其他机关管辖。

接受移送的机关可以是司法机关，也可以是其他行政执法主体。前者如交通运输行政执法主体在查处违法案件时，发现违法行为构成犯罪的，应将案件移送司法机关。对此，《行政处罚法》第二十二条、《交通行政处罚程序规定》第二十二条都有明确规定。对于后者，许多法律法规的态度也非常明确，如《安全生产法》第六十六条规定："负有安全生产监督管理职责的部门……发现存在的安全问题应当由其他有关部门进行处理的，应当及时移送其他有关部门并形成记录备查，接受移送的部门应当及时进行处理。"

移送案件时，已受理该案件的行政执法主体应根据浙江省交通行政处罚标准文书式样制作《案件移送函》，将其随同案件全部材料一并移送给有权部门。

2. 指定管辖

指定管辖，指数个行政执法主体就行政处罚案件的管辖问题发生争议，或原本具有管辖权的行政执法主体因故无法行使管辖权情况下,由有权行政执法主体依法指定某个行政执法主体来管辖该案件。

指定管辖的法律依据之一是《行政处罚法》的第二十一条,即:"对管辖发生争议的,报请共同的上一级行政机关指定管辖。"如,B市和C市的交通运输(港口)局都认为其对某未经批准,非法使用岸线建设港口设施案享有处罚权,在其他管辖原则都无法确定的前提下,作为B市、C市道交通运输(港口)局共同上级的A省交通运输厅来确定其中的一家单位管辖。对于因自然灾害、严重缺员等特殊情况,导致原先有权管辖的交通运输行政执法主体无法管辖的,当然也可由其上级行政执法主体来指定其他行政执法主体管辖。

《浙江省行政程序办法》第十一条对指定管辖也有所规定,即:除法律、法规和规章另有规定外,两个以上行政机关对同一行政管理事项发生职权争议时,应当主动协商解决;协商不成的,报请本级人民政府决定;不属于本级人民政府决定权限的,报请共同的上级行政机关决定。

3. 管辖权转移

管辖权转移,指经上级行政执法主体同意或决定,把本属于下级行政执法主体管辖的行政处罚案件移交上级政执法主体管辖,或者把本属于上级行政执法主体管辖的行政处罚案件移交下级政执法主体管辖。

不过,《交通行政处罚程序规定》第七条规定:"上级交通管理部门可以办理下一级交通管理部门管辖的行政处罚条件;下级交通管理部门对其管辖的交通行政处罚案件,认为需要由上级交通管理部门办理时,可以报请上一级交通管理部门决定。"由此可见,交通运输行政处罚中,只允许本属于下级行政执法主体管辖的行政处罚案件移交给上级行政执法主体管辖,而不允许把本属于上级行政执法主体管辖的行政处罚案件移交给下级行政执法主体管辖。

管辖权转移与其他管辖规则最大的区别在于,它会产生行政处罚案件管理与行政处罚权的双重转移效果。

第六节 交通运输行政处罚的具体制度

一、调查、检查不少于二人制度

1. 基本规定

《行政处罚法》第三十七条规定:"行政机关在调查或者进行检查时,执法人员不得少于两人,并应当向当事人或者有关人员出示证件。"这本是对行政处罚调查程序的一种要求,但因为被大量其他非处罚行政法律规范所确认,实际上已经成为一种制度。如《浙江省行政程序办法》第五十一条就规定："行政机关开展调查时，应当指派二名以上工作人员进行，且其中至少一人是行政执法人员。行政处罚、行政强制等法律、法规明确规定必须是二名以上行政执法人员的，从其规定。"另外，交通运输行业的某些规章，如《港口危险货物安全管理规定》，也有类似规定。

关于行政调查或者行政检查的性质，学术界尚有争议：有的认为它与行政处罚一样，是一种独立的行政行为；有的认为它是行政处罚的前置行为或者过程性行为，是行政处罚程序的一部分。姑且不考虑上述争议，仅从现行法律、法规和规章的规定来看，基于防止行政权滥用和保护当事人合法权益的需要，一般都要求在任何类型的行政调查或检查中，都必须指派至少二名执法人员。因此，交通运输行政执法主体要形成不少于二人参加行政处罚调查、检查的意识。

2. 人员不足问题的解决

实践中，调查、检查不少于二人制度遇到的最突出的问题就是基层行政执法持证人员不足。因体制和历史的原因，浙江省大量基层甚至个别设区的市级交通运输行政执法主体中，从事一线执法工作的行政执法人员，即持有浙江省交通运输行政执法证的人员严重不足，有时较难满足"调查、检查不少于二人"的要求。为解决该问题，不得不大量使用行政执法辅助人员。

关于这个问题，应当明确以下两点：

一是严守基本原则，必须由二名执法人员参加行政处罚的调查、检查，不得逾越或变通。

二是灵活调配分工。根据《浙江省行政程序办法》第四十条第二款的规定，行政执法辅助人员不是不能参加行政处罚中的调查、检查，而是应当在行政执法人员的指导监督下，从事与调查、检查相关的辅助性工作，包括宣传教育、信息采集、接收或者受理申请、参与调查、劝阻违法行为、送达文书、后勤保障等。因此，交通运输行政执法主体应当建立健全与本领域、本行业行政处罚相适应、符合本单位人员实际情况的处罚流程和分工方案，灵活调配交通运输行政执法辅助人员，确保持证的行政执法人员主导行政处罚调查、检查全过程和主要、关键环节。其他较为次要的调查、检查中的辅助工作，可以由行政执法辅助人员完成。尤其要注意的是，行政执法文书的签字落款，不得由未取得执法资格的行政执法辅助人员签署。

二、调查与处罚相分离制度

1. 基本规定

调查与处罚相分离制度，指在行政处罚过程中，将调查取证与作出处罚决定相分开，由不同的部门或人员分别实施。

调查与处罚相分离制度与上文所述的"罚缴分离"制度有着一脉相承的关系，本质上都是为了加强对行政处罚工作的监督和制约，确保公平公正。尽管《行政处罚法》和交通运输行政法律规范中尚未确立该制度,但是该制度已经在其他行业的行政执法领域推行,而且一直以来也为交通运输行政执法工作所提倡和鼓励。

2.实施模式

实践中,调查与处罚相分离制度适用于行政处罚的一般程序,主要有两种实施模式:

第一种模式是对参与行政处罚的部门进行分离,即交通运输基层执法单位既设有从事一线执法的执法大(中)队或执法站,同时设有法制部门的,可以由前者作为行政处罚案件的调查部门,由后者作为行政处罚的决定部门。前者的主要工作是实施案件的调查取证、排摸走访和文书送达,做好调查现场的全过程记录等,基本任务是弄清案件事实,并向处罚部门移送现场笔录、询问笔录、照片录音等证据材料,同时归档原始记录;后者负责对证据材料进行合法性审查,研究是否能够证明案件事实,并在认清案件事实的基础上,正确适用法律法规,并拟定行政处罚文书。

第二种模式是对参与行政处罚的人员进行分离,即行政处罚案件由同一个部门(如执法站)完成的,可以由内设的执法中队或执法人员小组,分别"扮演"调查部门和处罚部门的角色,具体职责分工同第一种模式。不过,因为同属于一个部门,所以在执行过程中,要注意彼此保持独立:在调查取证的过程中,负责处罚的人员不参与;在法律适用的过程中,负责调查的人员不参与,防止先入为主。同时,也应当注意回避,也就是负责某片区日常执法监管的人员不得参加涉及此片区当事人的行政处罚案件处理全过程,不管在调查环节还是处罚环节,均不得参与。

补充说明的是,此处的"作出处罚决定",实际上是行政处罚内部审批程序中的一个环节,并不是行政处罚决定的最终作出,因为,根据《行政处罚法》第三十八条的规定,在行政机关内部,行政处罚决定有两种作出形式:一是行政机关负责人直接作出;二是对情节复杂或者重大违法行为给予较重的行政处罚,行政机关的负责人应当集体讨论决定。

三、追诉时效制度

行政处罚的追诉时效,指在行政违法行为发生后,对该违法行为有行政处罚权的行政执法主体在法律规定的期限内未发现这一违法行为,超过法律规定的期限才发现的,对违法行为人不再给予处罚。简言之,行政处罚的追诉时效就是指违法行为人被追究行政处罚责任的有效期限。

《行政处罚法》第二十九条规定:"违法行为在二年内未被发现的,不再给予行政处罚。法律另有规定的除外。前款规定的期限,从违法行为发生之日起计算;违法行为有连续或者继续状态的,从行为终了之日起计算。"即,除非法律另有规定,否则,行政相对人的交通运输行政违法行为在二年内未被交通运输行政执法主体发现的,则交通运输行政执法主体不得再对行政相对人实施行政处罚。

计算行政处罚的追诉时效时,应注意两点:一是对于没有连续或继续状态的违法行为,从行为发生之日起开始计算;二是连续或继续状态的违法行为,从该行为终了之日起计算。前者如行政相对人未按规定取得许可证,擅自设置水下设施的,设置行为一旦发生,即开始计算追溯时效;后者如行政相对人无证非法从事道路运输,在运输班次的结束之日,才开始计算追溯时效。

除此以外,还需要正确理解"发现"的含义。违法行为是否被发现的标准,应当是交通运输行政执法主体是否已经对该行为立案。如果没有立案,只是被执法人员记录在巡查日志、执法台账中,则不能认定为已经"发现"。

四、责令改正制度

1. 基本含义

行政处罚中的责令改正,一般是指行政执法主体为了预防或制止正在发生或可能发生的违法行为、危险状态以及不利后果,而做出的要求违法行为人履行法定义务、停止违法行为、消除不良后果或回复原状的具有强制性的决定。

《行政处罚法》第二十三条对责令改正作出明确规定,即:"行政机关实施行政处罚时,应当责令当事人改正或者限期改正违法行为。"在交通运输行政执法领域,责令改正是交通运输行政执法主体最基本的职责。如《危险化学品安全管理条例》第八十六条规定了由交通运输主管部门实施行政处罚权的七种情形,都要求交通运输主管部门首先必须责令改正。

鉴于处罚与教育相结合是行政处罚的基本原则之一,交通运输行政执法主体在给予当事人行政处罚的同时,大部分情况下也必须责令违法行为人改正其违法行为。两者不可偏废。况且,责令改正体现的往往是直接的行政管理目的,也事关行政处罚的社会效果,因此在一定程度上,责令改正比行政处罚更加重要。

2. 责令改正的类型

责令改正一般分为单独适用的责令改正、作为处罚前置程序的责令改正和与行政处罚合并适用的责令改正。

上述第一种属于一种单纯的行政命令,本书不展开论述。后两种则与行政处罚密切相关,在交通运输行政管理的立法例中较为常见。如《港口法》第四十五条规定:"有下列行为之一的,由县级以上地方人民政府或者港口行政管理部门责令限期改正;逾期不改正的,由作出限期改正决定的机关申请人民法院强制拆除违法建设的设施;可以处5万元以下罚款。"这就是将责令改正作为行政处罚的前置条件。又如,《浙江省道路运输管理条例》第六十条规定:"道路运输管理机构对许可事项实施监督检查时,发现经营者未按规定对已经核准的车辆进行维护和检验、使用不符合相应技术标准的车辆或者改变已经核准的场地、设备、设施等,导致其与相应许可条件不符的,责令限期改正,并处1000元以上5000元以下罚款。"这就是与行政处罚合并适用的责令改正。不论是作为行政处罚的前置条件责令改正,还是与行政处罚合并适用的责令改正,二者的相同之处在于,责令改正的程序、文书、结果都必须体现在行政处罚的过程中,并作为行政处罚案卷的一部分。二者的区别之处在于,作为行政处罚前置条件的责令改正出现在行政处罚案卷中,必然是当事人未履行规定的责令改正要求,责令改正的时间、结果都应当反映这一事实,但责令改正并不涉及最终的处罚结果;与行政处罚合并适用的责令改正虽然不是法定类型化的处罚种类,但应当作为一种终局性的处理意见与处罚决定一并提出,共同反映在最终的处罚结果上,且作为结案的依据。

第七节 交通运输行政处罚简易程序

一、交通运输行政处罚简易程序的概念

《行政处罚法》规定了实施行政处罚的两种程序:简易程序与一般程序。

所谓简易程序,又称当场处罚程序,指在具备法定条件的情况下,行政执法人员当场做出行政处罚决定的步骤、方式、时限和形式等过程的总称。简易程序的设置,旨在在不影响被处罚人合法权益的情况下,尽量节约行政执法成本,提高行政效率。

交通运输行政处罚简易程序,是行政处罚简易程序在交通运输行政处罚领域的适用。

需要注意的是,简易程序只是行政处罚决定的作出程序,不是行政处罚决定的执行程序。也就是说,简易程序虽然是当场处罚程序,但依据简易程序作出的行政处罚决定未必当场执行。

二、交通运输行政处罚简易程序的适用条件

《行政处罚法》第三十三条和《交通行政处罚程序规定》第十条均规定:"违法事实确凿并有法定依据,对公民处以50元以下、对法人或者其他组织处以1000元以下罚款或者警告的行政处罚,可以当场作出行政处罚决定。"这就从三个方面规定了行政处罚简易程序的适用条件:一是违法事实确凿,这意味着用以证明违法事实的证据比较全面、充分,或者违法行为人对违法事实没有异议。二是具有法定依据,即法律、法规或规章明确规定对该行为应予行政处罚。三是处罚类型限于警告和罚款,并且罚款的数额较低——对公民处以50元以下、对法人或者其他组织处以1000元以下罚款。而且,必须是三项条件同时具备,才能适用简易程序。

三、交通运输行政处罚简易程序的步骤

《行政处罚法》规定了简易程序的要点,《交通行政处罚程序规定》以《行政处

法》为依据,对交通运输行政执法人员适用简易程序当场作出行政处罚的步骤作出了详细规定。《浙江行政程序办法》第六十条也规定了行政执法决定的简易程序的具体要求。❶ 综合前述立法,交通运输行政处罚实施机关在适用简易程序时,应当遵循以下步骤:

(1)主动向当事人出示交通运输行政执法证件,表明身份,并查明当事人的身份。

(2)制作检查、询问笔录,收集必要的证据。

(3)口头告知当事人违法的事实、处罚的理由和依据。

(4)告知当事人享有的权利与义务,特别是陈述和申辩的权利。

(5)听取当事人的陈述和申辩,并进行复核;当事人提出的事实、理由和证据成立的,应当采纳;不予采纳的,应当说明理由。

(6)制作统一编号的《行政(当场)处罚决定书》,并当场交付当事人,同时告知当事人可以依法申请行政复议或提起行政诉讼。

(7)当事人在《行政(当场)处罚决定书》上签字。

(8)作出当场处罚决定之日起五日内,将《行政(当场)处罚决定书》副本提交所属交通运输行政执法主体备案。

第八节 交通运输行政处罚一般程序

一、交通运输行政处罚一般程序的概念和特点

交通运输行政处罚的一般程序是交通运输行政执法主体开展行政处罚工作时的常用程序,是指交通运输行政执法主体对于案情比较复杂或者情节比较严重的违法行为给予较重的行政处罚时所适用的程序,也称普通程序。

与简易程序相比,交通运输行政处罚的一般程序具有以下特点:一是比较注重调查取证的环节。这是因为,与适用简易程序的案件相比,适用一般程序的案件大都比较复杂,需经过系统的调查取证,方能查明案件事实。同样基于此,在一般程序中,案件调查人员调查、收集证据时,不得少于两名行政执法人员。而在简易程序中,案件调查人员一人即可。二是案件的调查与处罚决定的作出是相分离的,案件的调查是承办人员经办,处罚决定的作出由部门领导决定。

---

❶与《交通行政处罚程序规定》相比,《浙江行政程序办法》第六十条特别强调,当场听取当事人的陈述与申辩,对其合理的意见予以采纳,对不予采纳的意见说明理由。对报备期限,《浙江行政程序办法》在规定三日内的同时,表示"法律、法规和规章对报备日期另有规定的,从其规定"。因此,交通运输行政处罚简易程序中,报备日期应当适用《交通行政处罚程序规定》的规定,即五日内。

二、交通运输行政处罚一般程序的适用条件

实施交通运输行政处罚,除适用简易程序外,都适用一般程序。因此,根据交通运输行政处罚简易程序的适用条件,可以发现,具有以下情形之一的,就应当适用一般程序:

第一,尚没有充分、确凿的证据来证明违法事实,即行政相对人对违法事实有争议;

第二,对该违法行为应否给予行政处罚,法律规定不是很明确;

第三,处罚类型方面,包括:对公民处以50元以上、对法人或者其他组织处以1000元以上的罚款;没收违法所得;没收非法财物;责令停产停业;暂扣或者吊销许可证、暂扣或者吊销执照;法律、行政法规规定的其他较重的行政处罚。❶

三、交通运输行政处罚一般程序的步骤

根据《行政处罚法》《交通行政处罚程序规定》以及《交通行政处罚行为规范》的规定,交通运输行政处罚一般程序的主要步骤如下:

1. 立案

立案是指交通运输行政执法主体发现行政相对人的违法行为应予以查处的,应该登记并确定为调查处理案件。除依法可以当场作出的交通运输行政处罚外,交通运输行政执法主体依据监督检查职责或者通过举报、其他机关移送、上级机关交办等途径,发现公民、法人或其他组织有依法应当处以行政处罚的交通行政违法行为,应当自发现之日起7日内决定是否立案。立案应当填写《立案审批表》,同时附上相关材料(现场笔录、举报记录、上级机关交办或者有关部门移送的材料、当事人提供的材料、监督检查报告等),由交通运输行政执法主体负责人批准。对于决定立案的,交通运输行政执法主体负责人应当指定办案机构和二名以上办案人员负责调查处理。对于不予立案的举报,经交通运输行政执法主体负责人批准后,将结果告知具名的举报人。交通运输行政执法主体应当将不予立案的相关情况作书面记录留存。

2. 调查取证

立案后,办案人员应当全面、客观、公正地进行调查,收集、调取证据,并可以依照法律、法规的规定进行检查。办案人员调查、收集证据时,应当遵守下列规定:

(1)首次向案件当事人收集、调取证据的,应当告知其有申请办案人员回避的权利。根据《浙江省行政程序办法》第四十一条的规定,当事人认为行政执法人员与其所实施的行政执法行为有利害关系或者有其他关系可能影响公正行使行政职权的,

---

❶行政拘留也应当适用一般程序。不过,由于行政拘留不是交通运输行政处罚的类型,所以此处未列出。

有权在调查取证前,口头或者书面提出回避申请,申请行政执法人员回避。行政机关应当在收到回避申请之日起三日内作出是否回避的决定,并告知当事人;决定不予回避的,应当说明理由。行政执法人员与所实施的行政执法行为有利害关系或者其他关系的,应当主动提出回避;未提出回避的,行政机关应当责令其回避。行政执法人员的回避,由行政机关负责人决定;行政机关负责人的回避由该行政机关负责人集体讨论决定或者由上一级行政机关决定。对行政执法人员的回避作出决定前,行政执法人员应当继续履行职务。被决定回避的行政执法人员在回避决定作出前所进行的执法活动是否有效,由作出回避决定的行政机关根据实际情况决定。

(2)办案人员调查案件,不得少于二人。办案人员调查取证时,应当出示《交通行政执法证》。调查人员应当向被调查人出示行政执法证件或者工作证件;不出示行政执法证件或者工作证件的,被调查人有权拒绝调查。行政执法主体应当制作调查的书面记录,经被调查人核实后由调查人员和被调查人签名。被调查人拒绝签名的,调查人员应当在书面记录上注明情况并签字。

(3)需委托其他单位或个人协助调查、取证的,应当制作并出具《协助调查通知书》。

(4)能够证明交通运输行政处罚案件真实情况的事实,都是证据。办案人员应当依法收集与案件有关的证据,包括以下几种:①书证;②物证;③视听资料;④电子数据;⑤证人证言;⑥当事人陈述;⑦鉴定结论;⑧勘验笔录、现场笔录。

(5)办案人员所收集的证据应当满足以下要求:①合法主体按照法定程序收集取得的事实,并且符合法律、法规、规章等关于证据的规定;②确实存在着的客观事实;③和所实施的行政处罚有关联,并对证明其违法行为具有实际意义的事实。

(6)办案人员可以询问当事人及证明人。询问证人首先要告知其权利义务。证人的主要权利有:有权要求行政机关和司法机关予以保护,有权使用本民族语言文字提供证言,有权阅读或要求宣读自己的证言笔录并有权申请补充或更正。同时,证人应当如实陈述所了解的案件事实,不得故意作伪证。

询问证人或者当事人应当分别进行。询问应当制作《询问笔录》并应当交被询问人核对;对阅读有困难的,应当向其宣读。询问涉及国家秘密、商业秘密和个人隐私的,交通运输行政执法主体和办案人员应当保守秘密。

(7)办案人员应当收集、调取与案件有关的原始凭证作为证据。调取原始证据有困难的,可以提取复制件、影印件或者抄录本,由证据提供人标明"经核对与原件无误",注明出证日期、证据出处,并签名或者盖章。

(8)对于视听资料、电子数据,办案人员应当收集有关资料的原始载体。收集原始载体有困难的,可以收集复制,并注明制作方法、制作时间、制作人等情况。声像资料应当附有该声像内容的文字记录。

(9)勘验检查的范围仅限于与案件有关的物品或者现场,并应当通知当事人到场。当事人拒不到场的,可以请在场的其他人员见证。勘验检查应当制作《勘验(检查)笔录》。对有违法嫌疑的物品或者场所进行勘验(检查)时,应当有当事人或者第三人在场,并制作《勘验(检查)笔录》,载明时间、地点、事件等内容,由办案人员、当事人、第三人签名或者盖章。必要时,可以采取拍照、录像等方式记录现场情况。

(10)交通运输行政执法主体抽样取证时,应当有当事人在场。办案人员应当制作《抽样取证凭证》,对样品加贴封条,开具物品清单,由办案人员和当事人在封条和相关记录上签名或盖章。法律、法规、规章或者国家有关规定对抽样机构或者方式有规定的,交通运输行政执法主体应当委托相关机构或者按照规定方式抽取样品。对抽样的物品需要妥善保管的应当妥善保管,需要退回的应当退回。

(11)为查明案情,需要对案件中专门事项进行鉴定的,交通运输行政执法主体应当出具载明委托鉴定事项及相关材料的《鉴定委托书》,委托具有法定鉴定资格的鉴定机构进行鉴定;没有法定鉴定机构的,可以委托其他具备鉴定条件的机构进行鉴定。鉴定机构应当出具载有鉴定结论的《鉴定意见书》。

(12)在证据可能灭失或者以后难以取得的情况下,交通运输行政执法主体可以对与涉嫌违法行为有关的证据采取先行登记保存措施。采取先行登记保存措施或者解除先行登记保存措施,应当经交通运输行政执法主体负责人批准。先行登记保存有关证据,应当当场清点,开具《证据登记保存清单》,由当事人和办案人员签名或者盖章,当场交当事人一份。先行登记保存期间,当事人或者有关人员不得损毁、销毁或者转移证据。

对于先行登记保存的证据,交通运输行政执法主体应当在 7 日内采取以下措施,并制作《证据先行登记保存处理决定书》:①根据情况及时采取记录、复制、拍照、录像等证据保全措施;②需要鉴定的,及时送交有关部门鉴定;③违法事实成立,应当予以没收的,作出行政处罚决定,没收违法物品;④违法事实不成立,或者违法事实成立但依法不应当予以查封、扣押或者没收的,决定解除先行登记保存措施。逾期未作出处理决定的,先行登记保存措施自动解除。

(13)法律、法规规定暂扣车辆、责令车辆停驶等行政强制措施的,可以根据具体情况实施,并制作和出具《车辆暂扣凭证》或《责令车辆停驶通知书》。采取行政强制措施的,应当经交通运输行政执法主体负责人批准,并告知当事人有申请行政复议和提起行政诉讼的权利。解除行政强制措施,应当经交通运输行政执法主体负责人批准,并向当事人出具《解除行政强制措施通知书》。

(14)必须对公民的人身或者住所进行检查的,应当依法提请公安机关执行,交通运输行政执法主体予以配合。

(15)交通运输行政执法主体在调查过程中发现当事人的违法行为的,可以制作《责令改正通知书》,责令当事人立即或在一定期限内纠正其违法行为。

(16)办案人员在调查取证过程中,要求当事人在笔录或者其他材料上签名、盖章或者以其他方式确认,当事人拒绝到场,拒绝签名、盖章或者以其他方式确认,或者无法找到当事人的,办案人员应当在笔录或其他材料上注明原因,必要时可邀请有关人员作为见证人。

(17)案件调查结束后,办案人员应当按照以下方式处理:①认为违法事实成立,应当予以行政处罚的,制作《违法行为调查报告》,连同《立案审批表》和证据材料,移送交通运输行政执法主体中负责法制工作的内设机构进行审核。《违法行为调查报告》应当包括当事人的基本情况、违法事实、相关证据及其证明事项、案件性质、自由裁量理由、处罚依据、处罚建议等;②认为违法事实不成立,应当予以销案的;或者违法行为轻微,没有造成危害后果,不予行政处罚的;或者案件不属于本单位管辖应当移交其他单位管辖的;或者涉嫌犯罪应当移送司法机关的,应当制作《违法行为调查报告》,说明拟作处理的理由,移送交通运输行政执法主体中负责法制工作的内设机构进行审核,根据不同情况分别处理。

3. 法制审核

根据自 2018 年 1 月 1 日起施行的《全国人大常委会关于修改〈中华人民共和国法官法〉等八部法律的决定》,《行政处罚法》第三十八条增加一款,作为第三款:"在行政机关负责人作出决定之前,应当由从事行政处罚决定审核的人员进行审核。行政机关中初次从事行政处罚决定审核的人员,应当通过国家统一法律职业资格考试取得法律职业资格。"《交通行政处罚行为规范》在《交通行政处罚程序规定》的基础上,规定由交通运输行政执法主体中负责法制工作的内设机构负责审核案件。具体要求如下:

(1)审核机构

交通运输行政执法主体中负责法制工作的内设机构,即法制机构。

(2)审核方式

采取书面形式进行。

(3)审核内容

交通运输行政执法主体的法制机构在审核案件时,主要审核如下内容:①案件是否属于本部门管辖;②当事人的基本情况是否清楚;③案件事实是否清楚,证据是否确实、充分;④定性是否准确;⑤适用法律、法规、规章是否准确;⑥行政处罚是否适当;⑦办案程序是否合法。

(4)审核结果

交通运输行政执法主体的法制机构应当制作法制审核意见书或者在内部审批件载明审核意见,并作为副卷归入行政执法案卷。就审核意见而言,主要包括如下类型:①违法事实清楚,证据确凿、充分,行政处罚适当、办案程序合法的,同意办案机构的意见,建议报批后告知当事人;②违法事实清楚,证据确凿、充分,但定性不准、适用法律不当、行政处罚不当的,建议办案机构修改;③违法事实不清,证据不足的,建议办案机构补正;④办案程序不合法的,建议办案机构纠正;⑤不属于本部门管辖的,建议移送其他有管辖权的机关处理。

(5)报批

交通运输行政执法主体的法制机构审核完毕后,应当及时退卷。办案人员应将《案件处理意见书》、案卷及审核意见及时报交通运输行政执法主体负责人审查批准决定。

4.权利告知

交通运输行政执法主体负责人对《案件处理意见书》批准后,拟对当事人予以行政处罚的,办案人员应当制作《违法行为通知书》,以交通运输行政执法主体的名义,告知当事人拟作出行政处罚的事实、理由、依据、处罚内容,以及当事人依法享有的陈述权、申辩权或听证权,并告知当事人可以在收到该通知书之日起3日内进行陈述和申辩,符合听证条件的可以要求组织听证。当事人逾期未提出陈述、申辩或者未要求组织听证的,视为放弃上述权利。

办案人员可以将《违法行为通知书》直接送达当事人,也可以委托当事人所在地的交通运输行政执法主体代为送达,还可以采取邮寄的方式送达当事人。采用上述方式无法送达的,可以公告方式送达。邮寄送达的,如因不可抗力或者其他特殊情况,当事人在规定的期间内没有收到的,应当自实际收到之日起3日内行使权利。

【案例】

彭某诉重庆市云阳县道路运输管理所交通行政处罚案

【基本案情】

2014年1月21日,刘某与彭某联系,约定次日由彭某开车送刘某等5人走亲戚,并给彭某车费。1月22日,彭某驾驶长安牌自用车先后分别接刘某等5人上车后行驶至公路检查站时,重庆市云阳县道路运输管理所(简称云阳县运管所)的执法人员将彭某的车辆拦下检查,现场询问刘某等人作笔录后,以彭某涉嫌非法营运为由将其车辆及随车的红糖、电子秤予以暂扣,暂扣时间为1月22日至2月22日。2月20日,云阳县运管所向彭某邮寄《行政处罚告知书》,告知其享有陈述、申辩和听证的权利,彭某于2月26日收到该告知书。2月23日,云阳县运管所以彭某逾期未到该所接受调查处理为由,对车辆暂扣的行政强制措施延长期限30日。同日,云阳县运管所以彭某未取得道路运输经营许可擅自从事道路运输经营为由,依据《道路运输条例》第十条、第六十四条之规定对彭某作出《行政处罚决定书》,对其处以罚款3万元的行政处罚。彭某诉至法院,请求判决撤销云阳县运管所作出的《行政处罚决定书》。

另据了解,《重庆市行政处罚听证程序规定》第三条规定:"行政机关作出下列重大行政处罚决定之前,应当告知当事人有要求举行听证的权利。当事人要求听证的,行政机关应当组织听证:(一)责令停产停业;(二)吊销许可证或者执照;(三)较大数额罚款。前款第(三)项所称较大数额罚款,是指对非经营活动中的违法行为处以1000元以上,对经营活动中的违法行为处以2万元以上罚款。本市行政机关需要执行高于上述标准的规定的,应当报经市人民政府批准。"

【评析】

云阳县运管所作为依法设立的道路运输管理机构,具有道路运输管理的法定职权。但是,云阳县运管所必须按照法定程序行使法定职权。关于行政处罚的程序,《行政处罚法》有明确规定,而其核心是保障当事人的知情权和参与权,进而防止行政机关滥用职权。具体来说,《行政处罚法》第三十一条规定:"行政机关在作出行政处罚决定之前,应当告知当事人作出行政处罚决定的事实、理由及依据,并告知当事人依法享有的权利。"第三十二条规定:"当事人有权进行陈述和申辩。行政机关必须充分听取当事人的意见,对当事人提出的事实、理由和证据,应当进行复核;当事人提出的事实、理由或者证据成立的,行政机关应当采纳。行政机关不得因当事人申辩而加重处罚。"第四十二条规定:"行政机关作出责令停产停业、吊销许可证或者执照、较大数额罚款等行政处罚决定之前,应当告知当事人有要求举行听证的权利;当事人要求听证的,行政机关应当组织听证……"同时,根据《重庆市行政处罚听证程序规定》第三条之规定,行政机关对经营活动中的违法行为处以2万元以上罚款的,应当告知当事人有要求举行听证的权利;当事人要求听证的,行政机关应当组织听证;本市行政机关需要执行高于上述标准的规定的,应当报市人民政府批准。因此,就本案而言,云阳县运管所在对彭某作出处以罚款3万元的行政处罚前,应当告知其有依法申请听证的权利。

本案中,云阳县运管所确实向彭某邮寄了《行政处罚告知书》,告知其享有陈述、申辩和听证的权利,但并未核实彭某是否收到《行政处罚告知书》,也没有确定彭某是否放弃了陈述申辩和申请听证的权利,而是在彭某收到《行政处罚告知书》(即2月26日)之前(即2月23日)就做出了《行政处罚决定书》,这就剥夺了彭某的陈述申辩权和申请听证的权利。性质上,该情形已经构成行政程序违法,行政处罚决定因此应当被撤销。事实上,本案二审程序就判决撤销云阳县运管所作出的《行政处罚决定书》,由云阳县运管所在该判决生效后60日内重新作出行政行为。

本案对交通运输执法主体和执法人员的启示在于:行政处罚必须遵守法定程序,充分保障当事人的程序性权利。当事人行使陈述权、申辩权和申请听证权的期限是《行政处罚告知书》送达之日起3日内,而不是《行政处罚告知书》交付邮寄之日起3日内。或者说,《行政处罚告知书》重在当事人的"知",以送达之日作为计算当事人行使陈述权、申辩权和申请听证权的期限的起点。

5. 权利保障

当事人在收到《违法行为通知书》之日起 3 日内提出陈述、申辩的,交通运输行政执法主体应当对其提出的事实、理由和证据予以记录、复核并归入案卷。当事人提出的事实、理由或者证据成立的,交通运输行政执法主体应当采纳;不成立的,应当说明理由。但是,当事人书面表示放弃陈述、申辩的或者逾期提出的除外。在正式作出行政处罚决定前,交通运输行政执法主体应当对当事人在期限届满前有无提出陈述、申辩进行核实,并不得因当事人陈述、申辩、申请听证而加重行政处罚。

6. 作出行政处罚决定

(1) 一般案件

案件调查完毕后,交通运输行政执法主体负责人应当及时审查有关案件调查材料、当事人陈述和申辩材料、听证会笔录和听证会报告书,根据不同情况分别做出如下处理决定:①违法事实清楚,证据确凿充分,依照本规定不需要经过听证程序的案件,根据情节轻重,作出处罚决定;②应当经过听证程序处理的案件,适用听证程序后作出处理决定;③案件还需要作进一步调查处理的,责令案件调查人员补充调查;④违法行为轻微,依法可以不予行政处罚的,不予行政处罚;⑤违法事实不能成立的,不得给予行政处罚;⑥违法行为已构成犯罪的,应当将案件有关材料移送有管辖权的司法机关处理。

(2) 重大、疑难、复杂案件

与一般案件相比,重大、疑难、复杂案件的处理程序更加复杂,增加了集体讨论程序。

《行政处罚法》第三十八条第二款规定:"对情节复杂或者重大违法行为给予较重的行政处罚,行政机关的负责人应当集体讨论决定。"因此,对于部分重大行政处罚案件,在处罚决定作出前还需进行集体讨论。集体讨论制度对于规范行政处罚裁量权的行使,切实保护当事人的合法权益具有重要意义,有利于行政执法主体集思广益,充分发挥集体智慧,审慎、合理地作出行政处罚决定。

集体讨论程序适用于重大、复杂、疑难和处罚较重的案件。重大,是指社会影响大,危害后果严重,涉及面广等;复杂疑难,是指案情复杂,存在疑难点,案情调查曲折、询问、认定困难,一般审查程序难以定论等;处罚较重,是指拟作出责令停产停业、吊销许可证或者批准证明文件、较大数额罚款等类型的行政处罚。

为便于适用,《浙江省交通运输行政处罚裁量权实施办法》第十七条具体列举了交通运输行政执法主体应当进行集体讨论的五种情形:①情节复杂,对认定事实和证据有较大争议,或对适用法律、法规和规章有较大争议的案件;②交通运输行政执法主体作出的对公民 1 万元、对法人或者其他组织 10 万元以上的罚款、吊销证照、责令停产停业等的行政处罚决定;③对当事人减轻处罚的(《裁量基准》明确减轻处罚的除外);④适用本办法和《裁量基准》会导致个案显失公正的;⑤行政执法主体根据实际情况确定的其他案件。

在集体讨论过程中,主持人是交通运输行政执法主体的主管领导,参加人员是指对案件进行讨论具有表决权的交通运输行政执法主体的领导成员,具有表决权的与会人数为奇数个,汇报人一般是案件承办人员。

对经集体讨论的案件,应当填写重大案件集体讨论记录。制作集体讨论记录时,应当注意下列事项:

①讨论时间应包括起始时间,具体到分;制作时间不得早于证据取得的时间(如询问笔录的制作时间),不得晚于行政处罚决定书的作出时间。

②讨论地点应具体到门牌号、房间号。

③首先应由案件承办人员汇报案情,记述案发时间、地点、行为人员姓名及所属单位、案件来源、违法事实、情节后果、法律依据、当事人意见等。随后如实逐一分别列段记录讨论中有表决权人员发表的意见,对不同意见或者保留意见应当如实记录。发言人员凡与前发言观点相同的,可只记结论性观点,但与前发言的观点持不同意见的,应当具体记录。

④集体讨论记录要有明确的结论性意见,这是在有表决权的人员发表意见后形成的综合处理意见,应当写明对违法行为的定性结论,违反的法律、法规和规章条款以及处罚的依据和具体的处罚建议,表决权人员有不同意见的应当予以注明。结论性意见要与行政处罚决定书作出的处理决定一致。

⑤讨论结束后,记录人将讨论记录交主持人和参加讨论人员核对无误后,分别签字,以体现集体负责制。

(3)作出行政处罚决定书

①交通运输行政执法主体作出行政处罚决定的,必须制作《交通行政处罚决定书》。行政处罚决定书应当包括如下内容:a.当事人的姓名或者名称、地址等基本情况;b.违反法律、法规或者规章的事实和证据;c.行政处罚的内容和依据;d.采纳当事人陈述、申辩的情况及理由;e.行政处罚的履行方式和期限;f.不服行政处罚决定,申请行政复议或者提起行政诉讼的途径和期限;g.作出行政处罚决定的交通运输行政执法主体的名称和作出决定的日期。行政处罚决定书应当加盖作出处罚决定的交通运输行政执法主体的印章。

②认为当事人的违法行为轻微,可以不予行政处罚的,交通运输行政执法主体应当制作《不予行政处罚决定书》,加盖作出不予行政处罚决定的交通运输行政执法主体的印章。

7. 送达

《交通行政处罚决定书》《不予行政处罚决定书》应当在交通运输行政执法主体宣告后当场交付当事人,并将告知情况记入送达回证,由当事人在送达回证上签名或盖章;当事人不在场的,应当在 7 日内依照《民事诉讼法》的规定送达当事人。下文结合《民事诉讼法》及《最高人民法院关于适用〈民事诉讼法〉的解释》,对各送达方式的基本要求作一介绍:❶

(1) 直接送达

直接送达受送达人,由受送达人在《交通行政处罚文书送达回证》上注明收到日期、签名或者盖章,受送达人在《交通行政处罚文书送达回证》上的签收日期为送达日期。

直接送达具体有三种方式可供选择:

第一,在受送达人的住所地向其送达。此时,受送达人若是公民,本人不在的,交其同住成年家属签收;受送达人是法人或者其他组织的,应当由法人的法定代表人、其他组织的主要负责人或者该法人、组织的办公室、收发室、值班室等负责收件的人签收或者盖章;受送达人有代理人的,可以送交其代理人;受送达人已向交通运输行政执法主体指定代收人的,送交代收人签收。受送达人的同住成年家属,法人或者其他组织的负责收件的人,代理人或者代收人在送达回证上签收的日期为送达日期。

第二,通知受送达人到交通运输行政执法主体领取。当事人到达交通运输行政执法主体所在地,但拒绝签署送达回证的,视为送达。交通运输行政执法主体的工作人员应当在送达回证上注明送达情况并签名。

第三,在受送达人住所地以外向其直接送达。受送达人拒绝签署送达回证的,交通运输行政执法主体采用拍照、录像等方式记录送达过程即视为送达,工作人员应当在送达回证上注明送达情况并签名。

(2) 留置送达

受送达人拒绝签收的,送达人应当邀请有关基层组织(指受送达人住所地的居民委员会、村民委员会)或者所在单位的代表到场,说明情况,在《交通行政处罚文书送达回证》上写明拒收事由和日期,由送达人、见证人签名或者盖章,把交通行政处罚文书留在受送达人的住所,即视为送达;也可以把交通行政处罚文书留在受送达人的住所,并采取拍照、录像、录音或邀请公证机构见证送达过程等相应方式记录送达过程,即视为送达。

(3) 委托送达

直接送达交通行政处罚文书有困难的,可以委托其他交通运输行政执法主体代

---

❶《民事诉讼法》还规定了电子送达,即,第八十七条规定:"经受送达人同意,人民法院可以采用传真、电子邮件等能够确认其收悉的方式送达诉讼文书,但判决书、裁定书、调解书除外。"本处分析的是行政处罚决定书的送达问题。本书认为,行政处罚决定书的重要性不亚于人民法院的判决书、裁定书、调解书,因此不宜采用电子送达方式送达。为此,后方未提及电子送达。此外,《交通行政处罚决定书》《不予行政处罚决定书》之外的其他行政处罚文书的送达,应当适用《浙江省行政程序办法》。详见本书第一章第三节。

为送达。此时,委托方应当出具委托函,并附需要送达的交通行政处罚文书和送达回证,受委托方应当自收到委托函及相关法律文书之日起十日内代为送达。最终,以受送达人在送达回证上签收的日期为送达日期。

(4)邮寄送达

直接送达交通行政处罚文书有困难的,交通运输行政执法主体除可以委托送达外,还可以邮寄送达,以回执上注明的收件日期为送达日期。❶

(5)公告送达

受送达人下落不明,或者用其他方式无法送达的,可以公告送达,即在交通运输行政执法主体的公告栏和受送达人住所地张贴公告,也可以在报纸、信息网络等媒体上刊登公告;在受送达人住所地张贴公告的,应当采取拍照、录像等方式记录张贴过程。❷ 发出公告日期以最后张贴或者刊登的日期为准,自发出公告之日起,经过60日,即视为送达。公告送达时,公告中应包含以下内容:公告送达的原因;《交通行政处罚决定书》的主要内容;受送达人享有的权利,如申请行政复议、提起行政诉讼的期限和具有管辖权的行政复议机关、人民法院。公告送达的,还应当在案卷中记明原因和经过。

8. 反馈告知

交通运输行政执法主体对举报所涉及的违法嫌疑人作出行政处罚,不予行政处罚、销案、移送其他机关等处理决定的,应当将处理结果告知被调查人和具名举报人。

9. 办案期限

适用一般程序处理的案件应当自立案之日起2个月内办理完毕。因特殊需要,经交通运输行政执法主体负责人批准可以延长办案期间,但最长不得延长至3个月。如3个月内仍不能办理完毕,经上一级交通运输行政执法主体批准可再延长办案期间,但最长不得延长至6个月。

案件处理过程中听证、公告和鉴定等时间不计入前述所指的案件办理期限。

10. 授权委托

在行政相对人不能亲自参加行政处罚程序的情况下,可委托其他人办理行政处罚相关手续,行使相关权利。此时,行政相对人应当向行政机关提交由委托人签名或者盖章的授权委托书,以及委托人和被委托人的身份证明。

---

❶ 关于邮寄送达,《民事诉讼法》及《最高人民法院关于适用〈民事诉讼法〉的解释》规定较少。这是因为,《最高人民法院关于以法院专递方式邮寄送达民事诉讼文书的若干规定》(法释〔2004〕13号)已有非常详细的规定。就交通运输行政处罚文书的邮寄送达而言,可适用《浙江省行政程序办法》的相关规定。

❷ 在信息网络上发布公告和张贴公告的,可借鉴《浙江省行政程序办法》的规定,即:通过浙江政务服务网(电子政务平台)、本机关或者本级人民政府门户网站公告;在受送达人住所地、经营场所或者所在的村(居)民委员会公告栏公告。

授权委托书应当写明委托事项、委托权限和期限,如全权委托对该案的代理,包括听证、复议、诉讼、受偿等与本案有关的活动。

11. 执行

交通运输行政处罚决定一经送达给当事人即产生法律效力。其效力具体表现在以下三个方面:一是确定力,即行政处罚决定依法作出后,交通运输行政执法主体非经法定程序不得随意变更与撤销。二是约束力,即行政处罚决定的约束效力。它既包括对交通运输行政执法主体的约束,又包括对当事人的约束。三是执行力,是指行政处罚决定作出后,交通运输行政执法主体具有合法的执行手段,使行政处罚决定的内容得以完全实现的效力。

行政处罚决定作出后,必须得到执行。行政处罚的执行包括广义和狭义的执行,广义的执行既包括强制执行和当事人的自觉履行,即一般执行程序,狭义的执行指的是强制执行。

(1)一般执行程序

①概念

一般执行程序是作出行政处罚决定的行政机关保证行政处罚决定的当事人的义务得以履行的具体方法、方式、步骤的总称。

《行政处罚法》规定,行政处罚决定依法作出后,当事人应当在行政处罚决定的期限内,予以履行。这对一般执行提出了如下要求:a.实际履行。行政处罚决定作出后,当事人应当以其实际行动履行处罚决定规定的义务。b.全面履行。当事人履行行政处罚决定,应当全面地履行,而不是部分地履行所规定的义务。c.按时履行。当事人应当在行政处罚决定书规定的期限内按时履行义务。

②原则

a.救济不停止执行原则。根据《行政处罚法》第二十五条和《交通行政处罚程序规定》第三十二条的规定,交通运输行政处罚决定依法作出后,当事人对行政处罚不服,申请行政复议或提起行政诉讼的,除法律另有规定的,行政处罚不停止执行。复议、诉讼不停止行政处罚的执行原则的确立,其目的是保障行政管理的连续性,维护正常的行政管理秩序。需要注意的是,复议、诉讼不停止行政处罚的执行是原则性规定,《行政诉讼法》和《行政复议法》还规定了停止执行的若干例外情形。

b.罚缴分离原则。罚缴分离原则,指作出罚款决定的行政机关应当与收缴罚款的机构分离。这一原则体现在《行政处罚法》第四十五条和《交通行政处罚程序规定》第二十三条。该原则有利于保证所有罚款都依法上缴国库,有利于改善行政机关的执法形象,有利于减少收缴罚款过程中的腐败行为,从而促进行政机关廉洁自律,依法行政。

③内容

a.专门收缴。专门收缴一般遵循如下程序:

一是通知送达。交通运输行政执法主体应在行政处罚决定书中注明指定的银行和缴纳罚款的期限。因此,行政处罚决定书的送达,本身具有通知当事人缴纳罚款的法律效力。当事人应当在收到处罚决定书之日起15日内,到指定的银行缴纳罚款。

二是催交。指定收缴罚款的专门机构可根据处罚决定书限定的当事人自动交纳罚款的时间,在期限届满之前,向当事人发出催交通知书,以提醒和督促当事人按期主动履行缴纳罚款义务。

三是收受罚款。当事人向专门机构缴纳罚款的,专门机构应向缴纳人开具统一的罚款收据。

四是上缴国库。银行收受罚款后,应将罚款直接上缴国库。

b.当场收缴。

根据《行政处罚法》第四十七条的规定,有下列情形之一的,可以由办案人员当场收缴罚款:当场处以20元以下罚款的;对公民处以20元以上50元以下,对法人或者其他组织处以1000元以下罚款,不当场收缴事后难以执行的;在边远、水上、交通不便地区以及其他原因,当事人向指定银行缴纳罚款确有困难,经当事人提出的。

根据《行政处罚法》的规定,交通运输行政执法主体及其执法人员当场收缴罚款的,必须向当事人出具省级财政部门统一制发的罚款收据。不出具省级财政部门统一制发的罚款收据,当事人有权拒绝缴纳罚款。

办案人员当场收缴的罚款,应当自收缴罚款之日起2日内交至其所在的交通运输行政执法主体,交通运输行政执法主体应当在2日内将罚款缴付指定银行。

c.对须继续行驶的交通工具暂扣、吊销证照的执行。

根据《交通行政处罚程序规定》第三十七条的规定,对须继续行驶的船舶、车辆实施暂扣证照或者吊销证照的行政处罚的,交通运输行政执法主体在实施行政处罚的同时,应当发给当事人相应的证照,允许船舶、车辆驶往预定或指定地点。

(2)强制执行

关于行政处罚决定的强制执行,《行政处罚法》第五十一条规定:"当事人逾期不履行行政处罚决定的,作出行政处罚决定的行政机关可以采取下列措施:(一)到期不缴纳罚款的,每日按罚款数额的3%加处罚款;(二)根据法律规定,将查封、扣押的财物拍卖或者将冻结的存款划拨抵缴罚款;(三)申请人民法院强制执行。"前述三种强制执行方式的具体实施规则,《行政强制法》有详细规定。鉴于此,本章不予赘述。

12.行政处罚结案报告

行政处罚案件执行完毕后,办案人员应当填写《处罚结案报告》,其中应包括案件事实、处理意见、有关问题及分析、处罚执行情况等内容。其中,"处理意见"部分应当分情况列明:对给予行政处罚的,写明违法事实、相关证据以及处罚决定的内容;不予行政处罚的应当写明理由;予以撤销案件的,写明撤销的理由。"执行情况"

部分同样需要根据情况分列"当事人自觉履行了法定的义务""当事人未履行法定的义务由人民法院依法强制执行完毕""当事人死亡或者被注销、被解散,经法定程序无法执行相应义务"等内容。

《处罚结案报告》填写完毕后,应当将全部案件材料立卷归档,交交通运输行政执法主体负责档案工作的内设机构登记并妥善保管。

四、非现场处罚程序

基于执法力量与违法数量之间的矛盾日益凸显,倚靠传统的现场纠正违法行为的方式,已越来越难以满足现代交通运输行业的管理需求,非现场处罚应运而生。非现场处罚不仅能有效弥补执法力量紧张的现实掣肘,还能减少路面现场执法对正常交通的影响。凭借自身具有的执法效率高、应用广泛、规范性强等特点,非现场处罚在实际工作中发挥了重要作用,也成为交通运输行政执法工作的发展趋势。

1. 概念

非现场处罚程序作为一般程序中的一项特例,其有别于一般程序之处在于"非现场"性。学界对非现场处罚程序有广义、狭义之分:广义的非现场处罚程序是指除交通运输行政执法人员对交通运输违法行为人当场实施处罚之外的处罚方式,包括根据交通技术监控设备记录实施的处罚,以及适用一般程序对交通运输违法行为实施的处罚等;狭义的非现场处罚程序通常是指交通运输行政执法人员运用监控等科技手段,自动对交通运输违法行为进行取证,或者交通运输行政执法人员借助移动设备对交通运输违法行为进行取证,从而获取交通运输违法证据,并实施处罚的一种执法方式,它是包括取证、复核、告知(查询)、处罚等环节在内的全过程。本书探讨的是狭义的非现场处罚程序。

2. 特点

(1)执法主体的法定性。交通运输行政管理领域的非现场处罚程序的执法主体必须是交通运输行政执法主体及具备执法资格的执法人员。具体来讲,通过自动称重和图像摄录设备等科技手段自动取证,上述设备必须由交通运输行政执法主体设置;采集证据作为查处交通运输违法行为的一个重要环节,应由具有法定职能的交通运输行政执法主体及其执法人员按照法定程序实施,其他单位、部门和个人无权实施。

(2)证据的客观性和规范性。传统的现场执法手段一般是交通运输行政执法人员对交通参与者实施的交通运输违法行为予以现场查纠,而非现场执法是通过固定或移动的电子抓拍设备客观地记录交通运输违法情况,违法证据通过图片、录像等形式予以保存,具有显著的客观性和规范性,为实施处罚提供了可靠依据,进而可以有效避免因执法人员执法水平不一、主观性强等因素引发争议。

(3)取证效力的先定性。交通运输违法行为一旦被抓拍并经交通运输行政执法主体审核即被推定为有效,不论当事人知否知晓或有疑义,除非能提供与之相反的证据,否则都将作为处罚的依据。

(4)绝大多数违法主体即责任主体具有不确定性。现场处罚程序中,执法人员对违法事实的认定包括违法行为人、交通工具、违法情节等全部事实的认定。而非现场处罚的取证一般只能对违法行为人驾驶的交通运输工具以及实施的交通运输违法行为进行认定,限于现有的技术设备条件,违法者的身份在绝大多数情况下无法确定。

(5)执法风险较低。传统的现场处罚是由交通运输行政执法人员在违法现场完成对交通运输违法行为的查纠和认定。在这一过程中,执法人员与行政相对人处于同一场域,双方经常对案件事实的认定产生争议,从而产生对立,甚至发生暴力冲突。非现场处罚程序中,交通运输行政执法人员并不出现在违法现场,从而可以避免与行政相对人发生冲突,降低执法风险。

3. 法律依据

以公路电子治超为例,原《超限运输车辆行驶公路管理规定》(交通部令2000年第2号)第二十条虽然规定公路管理机构可根据需要在公路上设置运输车辆轴载质量及车货总质量的检测装置,对超限运输车辆进行检测,但是没有明确规定可以将治超电子检测数据和图像作为行政处罚的证据。新的《超限运输车辆行驶公路管理规定》(交通部令2016年第62号)第三十三条规定:"公路管理机构应当对货运车辆进行超限检测。超限检测可以采取固定站点检测、流动检测、技术监控等方式。"第三十八条规定:"公路管理机构应当使用国家有关部门检定合格的检测设备对车辆进行超限检测;未定期检定或者检定不合格的,其检测数据不得作为执法依据。"这就为非现场处罚提供了明确的法律依据。此外,宁波市人民政府借力地方立法权,通过制定《宁波市公路超限运输管理办法》(市政府令第232号),明确了符合要求的超限电子检测数据可以作为行政处罚的证据,即第十五条规定:"公路管理机构应当将已设置的超限电子检测称重设备登记造册,报同级计量行政主管部门备案,并向其指定的计量检定机构申请周期检定,取得计量检定证书;未经周期检定或者经检定不合格的,其检测数据不得作为行政管理的依据。"第二十三条规定:"违反本办法的规定,根据超限电子检测设备记录的车货总质量、车辆图像等信息并经查证确认,对货运车辆存在违法超限运输行为的,由公路管理机构视超限幅度处3万元以下的罚款;对货运车辆所属企业指使或者强令驾驶人违法超限运输货物的,处2万元以上3万元以下的罚款。"

4. 基本程序

(1)数据采集,指交通运输行政执法主体通过固定或者移动的非现场执法设备,对交通运输违法信息数据进行收集、传输、储存的过程。

(2)审核录入,指对采集数据的准确度和有效性进行确认,并将确认的数据输入交通运输违法处理系统数据作为处罚依据。具体审核所依据的标准、时限都需进行规范明确。

（3）信息发布，指将经过审核的交通运输违法信息通过短信、公告、提供查询等形式通知车辆所有人或管理人。这一环节的实质是违法行为的告知。不过，目前，受主客观条件的限制，无法实现真正意义上的告知。

（4）处罚，指交通运输行政执法主体依据法定的权限、程序和证据，对违法行为人进行行政处罚。

非现场执法程序作为交通运输行政管理领域中的一种新型执法模式，对交通运输行政管理的发展模式具有一定示范意义。但毋庸讳言，也存在不足，如法律依据还不是十分充分，交通运输行政执法主体的程序意识有待进一步加强，告知、救济等程序亟须完善，等等。

第九节　交通运输行政处罚听证程序

一、交通运输行政处罚听证程序的概念

行政听证有广义和狭义之分：广义的行政听证，指行政机关作出涉及公民、法人或者其他组织利益的重大事项或者重大决定之前，以各种方式充分听取公民、法人或者其他组织的意见的活动，既包括听取口头或书面形式的陈述、申辩，也包括以听证会形式听取意见；狭义的行政听证，仅指以听证会形式听取意见的活动。一般意义上行政听证，指的是狭义的行政听证。本书分析的也是狭义的行政听证。

行政听证制度是现代民主政治和现代行政程序的重要支柱性制度，是社会主义法治所追求的公正性与民主性的集中表现，是促进行政机关依法行政，维护公民、法人或者其他组织合法权益的重要制度。

相应的，交通运输行政处罚听证，指交通运输行政执法主体在对行政相对人作出比较重的行政处罚时，以听证会的形式充分听取行政相对人的意见的活动。

二、交通运输行政处罚听证程序的法律依据和适用范围

（一）法律依据

《行政处罚法》第四十二条规定："行政机关作出责令停产停业、吊销许可证或者执照、较大数额罚款等行政处罚决定之前，应当告知当事人有要求举行听证的权利；当事人要求听证的，行政机关应当组织听证。"这是行政处罚程序中引入行政听证程序的法律依据。同时，该条文对行政处罚听证程序的适用范围的规定，对交通运输行政处罚具有拘束力。

（二）适用范围

根据《行政处罚法》第四十二条的规定，交通运输行政处罚听证程序的适用范围

如下:①责令停产停业的行政处罚;②吊销证照的行政处罚;③较大数额罚款的行政处罚。《交通行政处罚程序规定》第二十五条第二款规定:"较大数额",指"地方交通管理部门按省级人大常委会或者人民政府规定或其授权部门规定的标准执行;交通部直属的交通管理机构按五千元以上执行;港务(航)监督机构按一万元以上执行"。根据浙江省人民政府法制办公室《关于明确实施行政处罚适用听证程序较大数额罚款标准的函》(浙府法发〔2014〕10号)规定,自2014年8月1日起,全省交通运输系统实施行政处罚适用听证程序较大数额罚款标准为:组织(经营性活动)10万元及以上;个人(非经营性活动)1万元及以上。

关于交通运输行政处罚听证程序的适用范围,有两点需要注意:

第一,《行政处罚法》第四十二条在列举行政处罚听证程序的适用范围时,以"等行政处罚决定"结束。对如何理解"等"字问题上,最高人民法院于2004年9月4日作出《关于没收财产是否应当进行听证及没收经营药品行为等有关法律问题的答复》(最高人民法院〔2004〕行他字第1号),指出:"行政机关作出的没收较大数额财产的行政处罚决定前,未告知当事人有权要求举行听证或者未按规定举行听证的,应当根据《中华人民共和国行政处罚法》的有关规定,确认该行政处罚决定违反法定程序。有关'较大数额'的标准问题,实行中央垂直领导的行政管理部门作出的没收处罚决定,应参照国务院部委的有关较大数额罚款标准的规定认定;其他行政管理部门作出没收处罚决定,应参照省、自治区、直辖市人民政府的相关规定认定。"也就是说,行政机关作出的虽然是"没收违法所得或非法财物"这类行政处罚,但当被没收的财产的价值达到"较大数额的罚款"的标准时,也应当告知当事人有申请听证的权利。因此,交通运输行政执法主体作出"没收违法所得或非法财物"这类行政处罚时,应当根据被没收的财产的价值,决定是否告知当事人有申请听证的权利。换言之,《行政处罚法》第四十二条中的"等"是等外等,凡是与明确列举的行政处罚类型对当事人的制裁力度相当的行政处罚,当事人都有权申请听证。

第二,《浙江省行政程序办法》第五十三条第一款规定:"行政机关作出行政执法决定前,法律、法规和规章规定应当主动组织听证的,应当组织听证;未规定应当主动组织听证,但行政机关认为有必要组织听证的,可以组织听证。"这意味着,除《行政处罚法》第四十二条明确列举的行政处罚类型外,交通运输行政执法主体在作出其他类型的行政处罚时,如果认为有必要,也可以告知当事人有申请听证的权利,并在当事人提出申请后,依法组织听证。

三、交通运输行政处罚听证程序的组织

(一) 听证的申请与决定

当事人要求听证的,可以在《违法行为通知书》的送达回证上签署意见,也可以自接到《违法行为通知书》之日起3日内以书面或者口头形式提出。当事人以口头

形式提出的,交通运输行政执法主体应当将情况记入笔录,并由当事人在笔录上签名或者盖章。

(二)听证通知(听证会准备)

交通运输行政执法主体应当自接到当事人要求举行听证的申请之日起 3 日内,确定听证主持人。

办案人员应当自确定听证主持人之日起 3 日内,将案卷移送听证主持人。听证主持人开始阅卷,并准备听证提纲。

听证主持人应当自接到办案人员移送的案卷之日起 5 日内,确定听证的时间、地点,并于举行听证会 7 日前向当事人送达《听证会通知书》,告知当事人组织听证的时间、地点、听证会主持人名单及申请回避和可以委托代理人的权利。

听证原则上应当公开举行。但是,涉及国家秘密、商业秘密或者个人隐私的,听证不公开举行。公开举行听证的,应当制作《听证公告》,公告案由以及举行听证的时间、地点等。

(三)听证参加人员

听证参加人员由下列人员构成:

(1)听证主持人:由交通运输行政执法主体的负责人指定本单位法制工作机构的非本案调查人员担任。

听证主持人在听证活动中履行下列职责:决定举行听证的时间、地点;审查听证参加人的资格;主持听证,并就案件的事实、证据、处罚依据等相关内容进行询问;维持听证秩序,对违反听证纪律的行为进行警告或者采取必要的措施予以制止;决定听证的延期、中止或者终止;宣布结束听证;其他相关职责。

(2)听证员:由听证主持人指定 1~2 名本交通运输行政执法主体中的非本案调查人员担任,协助听证主持人组织听证。

(3)书记员:由听证主持人指定 1 名非本案调查人员担任,负责《听证笔录》的制作和其他事务。

(4)当事人:要求举行听证的公民、法人或者其他组织是听证当事人。

(5)第三人:与听证案件有利害关系的其他公民、法人或者其他组织,可以作为第三人向听证主持人申请参加听证,或者由听证主持人通知其参加听证。

(6)委托代理人:当事人、第三人可以委托 1~2 人代为参加听证。委托他人代为参加听证的,应当向交通运输行政执法主体提交由委托人签名或者盖章的《听证委托书》以及委托代理人的身份证明文件。

另外,交通运输行政处罚案件的办案人员应当参加听证;听证主持人有权决定与听证案件有关的证人、鉴定人、勘验人等听证参加人到场参加听证。

(四)听证参加人员的回避事项

听证主持人、听证员、书记员有下列情形之一时,应当回避:

（1）是案件的当事人或者当事人的近亲属；

（2）与案件有利害关系；

（3）与案件当事人有其他关系，可能影响对案件的公正听证的。当事人认为听证主持人、听证员、书记员有上述所列情形之一的，有权以口头或者书面形式申请其回避。当事人申请书记员、听证员回避的，由听证主持人决定是否回避；当事人申请听证主持人回避的，听证主持人应当及时报告本单位负责人，由其决定是否回避。

四、听证会程序

听证会按以下程序进行：

（1）宣布案由和听证纪律；

（2）核对当事人或其代理人、办案人员、证人及其他有关人员是否到场，并核实听证参加人的身份；

（3）宣布听证人员名单，告知当事人有申请主持人、听证员、书记员回避，申辩和质证的权利；

（4）宣布听证开始；

（5）办案人员提出当事人违法的事实、证据，说明拟作出行政处罚的建议和法律依据；

（6）当事人或其委托代理人对案件的事实、证据、法律适用和行政处罚的裁量理由等进行申辩和质证；

（7）主持人就案件的有关问题向当事人或其委托代理人、办案人员、证人询问；

（8）经主持人允许，当事人、办案人员就案件的有关问题可以向到场的证人发问；

（9）办案人员、当事人或其委托代理人按顺序就案件所涉及的事实、各自出示的证据的合法性、真实性及有关问题进行辩论；

（10）辩论终结，听证主持人可以再就本案的事实、证据及有关问题向当事人或其代理人、办案人员征求意见；

（11）中止听证的，主持人应当时宣布再次进行听证的有关事宜；

（12）当事人或其委托代理人做最后陈述；

（13）主持人宣布听证结束，听证笔录交当事人或其委托代理人核对无误后签字或盖章。当事人或其委托代理人当事人或其委托代理人认为有错误的，有权要求补充或改正。当事人拒绝签字或盖章的，由听证主持人在听证笔录上说明情况。

五、听证笔录的制作及约束力

听证应当制作笔录。听证笔录类似于审判程序中的庭审笔录，是对整个听证过程的记录和再现。一份完整的听证笔录，应当包括当事人的具体信息、案件的违法事实与证据、处罚的依据、处罚建议以及当事人辩论、陈述等多项内容,最后当事人还要在听证笔录上签字或者盖章。

《行政处罚法》第四十五条规定:"听证结束后,行政机关依照本法第三十八条的规定,作出决定。"由此可见,听证笔录是交通运输行政执法主体作出行政处罚决定的依据之一,但不是唯一依据。交通运输行政执法主体应斟酌听证笔录,并结合其他事实及依据,作出行政处罚决定。

六、听证费用的承担

根据《行政处罚法》第四十二条的规定,当事人不承担行政机关组织听证的费用。这包含两层内容:第一,行政机关组织听证的费用由行政机关承担。行政机关组织听证的费用,如租用场地等费用,不能由当事人支付。这是因为,从《行政处罚法》第三十八条的规定来看,行政处罚听证程序本质上是行政调查程序,而因行政调查发生的费用当然应当由行政机关承担。第二,当事人不承担组织听证的费用,但应承担其他因参加听证而产生的费用,如,聘请律师的费用、收集证据的费用、往来的交通费用和食宿费用等。

第十节 交通运输行政处罚证据

一、交通运输行政处罚证据的概念和特点

(一)交通运输行政处罚证据的概念

《交通行政处罚行为规范》第十二条规定,"证据是指能够证明交通行政处罚案件真实情况的材料。"可见,交通运输行政处罚证据,指交通运输行政执法主体在实施行政处罚过程中收集的用以证明案件真实情况的材料。

(二)交通运输行政处罚证据的特点

交通运输行政处罚证据除了满足客观性、关联性、合法性等证据的基本属性外,还具有行业性、技术性和实时性等特点。

1. 交通运输行政处罚证据具有明显的行业性

行政执法涉及经济社会生活的方方面面,不可能由一个行政执法主体实施,而必须在整个行政执法系统内部进行行业分工或职能划分。这样,不同的行政执法主体负责不同行业的行政执法,行政执法活动就具有了行业性特点。交通运输行政处罚案件发生于交通运输领域,均与交通运输基础设施的建设或其经营活动有关。交通运输行政处罚证据是由交通运输行政执法主体收集的、用以证明交通运输违法行为真实情况的材料,必然体现交通运输行业的特色,具有显著的行业性。

2. 交通运输行政处罚证据具有较强的技术性

如前所述,交通运输行政处罚案件发生在交通运输领域,均与交通运输基础设施的建设或其经营活动有关,即与公路、车辆、航道、港口、船舶等密切相关。这类案件在很大程度上属于技术性案件。所谓技术性案件,主要是指运用技术手段收集行政处罚证据,并以技术性材料予以证明的案件。比如,损坏公路路面的行政执法案件,除收集当事人陈述、证人证言外,更重要的是现场勘查,包括现场照相、现场绘图、计算损坏面积、确定损坏程度等技术性工作。因此,与其他行政处罚证据相比较,交通运输行政处罚证据具有较强的技术性。

3. 交通运输行政处罚证据具有较强的实时性

交通运输行政处罚案件的多数证据都存在于公路、航道和港口,而交通运输具有显著的流动性,因此,对有关证据的收集,必须在特定时间进行。比如,在公路设施损坏案件调查中,交通运输行政执法人员不仅要勘查损坏的公路设施现场,而且要找到造成公路设施损坏的肇事车辆。如果在现场找不到肇事车辆,那么以后查找起来就非常困难。又如,对于"无证经营"道路运输行政案件,如果在现场调查中未能取得证人证言,那么以后取得证人证言的可能性是非常低的。因此,与其他行政处罚证据相比较,交通运输行政处罚证据具有较强的实时性。

二、交通运输行政处罚证据的种类

按照不同标准,从不同角度,可将行政处罚证据分为不同种类。在我国,行政处罚证据主要有两种分类,一是法定分类;二是学理分类。前者指有关法律对行政处罚证据所作的种类划分。这一分类的意义在于,未被列入法定分类的证据不得作为定案的依据。后者是专家、学者基于学术研究的需要,对行政处罚证据所作的种类划分。这一分类的理论意义大于实践意义。无论按照何种标准或从哪个角度对行政处罚证据进行的分类,其目的都在于揭示各类行政处罚证据的特点、作用和运用规律,指导行政执法人员全面收集、审查、判断证据,正确运用证据认定案件事实。这对于保证行政处罚案件的质量,保证行政处罚的合法、公正具有重要意义。

(一)行政处罚证据的法定分类

《交通行政处罚行为规范》第十二条规定,"证据包括以下几种:(一)书证;(二)物证;(三)视听资料;(四)证人证言;(五)当事人陈述;(六)鉴定结论;(七)勘验笔录、现场笔录。"这一规定与1989年4月4日发布的《行政诉讼法》第三十一条关于行政诉讼证据的种类规定完全一致。不过,修改后于2015年5月1日实施的《行政诉讼法》第三十三条增加了一种新的证据类型,即电子数据。相应地,交通运输行政处罚的证据也由七类增加至八类。

交通运输行政执法主体在实施行政处罚过程中,应当根据《行政诉讼法》和《交通行政处罚行为规范》的规定,收集与案件有关的证据。

1. 书证

书证，指以文字、符号、图形等所表达的思想和记载的内容，证明行政处罚案件事实的证据。之所以称为书证，不仅因它的外观呈书面形式，更重要的是，它是用自身记载或表示的内容来证明案件事实。书证具有以下特征：

（1）书证具有书面形式。这是书证在形式上的基本特征。书面形式多种多样，如手写、打印、印刷、凿刻的文字、符号、图形等。书证的载体通常是纸张，还包括金属、石块、竹木、塑料、布匹、地面、墙壁等。

（2）书证具有思想性。书证以其表达的思想和记载的内容来证明案件的事实，而不是以其外形、质量等来证明案件的事实。如载明业户名称、经营范围的《道路运输经营许可证》。这是书证与物证的主要区别。

（3）书证具有直接证明性。书证是由物质载体和证明案件的内容构成的，往往能够直接证明案件的主要事实。

（4）书证具有稳定性。书证在形式上相对固定，只要作为书证载体的物质材料本身未受损毁，就可以长期保存。

2. 物证

物证，指能够以物品的内在物质属性、外部特征和存在状况，证明行政处罚案件的真实情况的实物证据，主要包括行政相对人实施违法行为的工具、其违法行为所侵害的对象、违法过程中所遗留的痕迹和物品等。

物证的特点主要表现在以下三个方面：

（1）较强的客观性。物证是客观存在的物体和痕迹，它以其内在属性、外部特征和所处位置以及状态来证明案件事实，不具有任何思想内容，因此不受人们主观因素的影响和制约。如果能够判定物证是真实的，那么通过物证与案件事实的联系，就能够用其来证明案件事实。只要有行政违法行为发生，就不可避免地会在现场留下各种物证。因此，与证人证言、当事人陈述及其他证据相比较，物证更直观，更真实。

（2）间接性。物证本身不能直接证明行政处罚案件事实，往往还需要借助其他证据来发现其与案件事实的联系。物证所反映的案件事实大都是不完整的片断，每一个物证所证明的案件事实，都只是案件事实的某一个侧面、某一个环节或某一点。只有将各个独立的物证串联在一起，才能证明案件的主要事实。因此，物证的证明具有间接性。

（3）不可替代性。物证通常属于特定的物体和痕迹，且被特定化于特定的物体之上。因此，它是不能用其他物品或者同类物品来代替的，否则就不能保持原物的特征。

3. 视听资料

视听资料，指以录音、录像来证明行政处罚案件真实情况的资料，主要表现为录音带、录像带、电影胶卷、微型胶卷、电话录音等。

视听资料是现代科学技术迅速发展的产物,它所记录的内容能够较为客观真实地反映事物原貌。它集书证、物证之优点于一体,但不同于以文字符号表示内容来证明案情的书证,也不同于以外形特征来证明案情的物证,而具有自身的特点。

(1)直观性。借助相应的技术设备,视听资料可以将当时的声音、图像,当事人的动作、表情及现场环境等如实记录,其内容丰富全面,使人如临其境、如见其人、如闻其声,进而能够更全面、更直接地了解到当事人的意思表达和案件发展变化的全过程。视听资料能够克服文字材料因陈述、理解等不同而产生认识上的分歧和误差以及物证因时过境迁而产生损毁、灭失等诸多缺陷,这是其他形式的证据所无法比拟的。总之,视听资料对于准确、全面地反映案件事实有着独特优势。

(2)间接性。视听资料的形成以及对该证据的感知、了解都必须借助一定的技术设备方可完成。视听资料的物质载体(如录音带、录像带等)本身并不是证据,只有其中所记录的声音和图像等,才具有证据的证明效力。

(3)稳定性。视听资料储存的信息量大,同一证据材料既可以证明案件事实,又可以证明法定程序事实。视听资料是用技术设备、器材制作而成,精密度高,不易受人为的主观因素和外界客观条件的影响,具有物质上的稳定性。只要录制对象正确、方法得当、设备正常,视听资料就能够精确地记录与再现当时事件发生、经过和具体情节画面,具有较长时间的稳定性。同时,只要保存好磁带和拷贝,视听资料就可以反复使用和重复再现有关案件事实。

4.电子数据

"电子数据"作为一种法定的独立的证据形态,首见于2012修订的《刑事诉讼法》,目前已经被写入《民事诉讼法》和《行政诉讼法》。三大诉讼法均未对"电子数据"的内涵和外延作出明确规定。不过,根据最高人民法院《关于适用〈民事诉讼法〉的解释》(法释〔2015〕5号)第一百一十六条的规定,电子数据是指通过电子邮件、电子数据交换、网上聊天记录、博客、微博客、手机短信、电子签名、域名等形成或者存储在电子介质中的信息。从一国法律体系的统一性角度看,行政程序中的"电子数据"的含义与最高人民法院的解释应当是一致的。

值得注意的是,传统的视听资料是以录音带、录像带等载体所储存的图像、声音来证明案件事实的材料,但随着现代科学技术的发展,越来越多的视听资料在本质上也表现为电子数据——是数字化了的视听资料,而其外在表现形式仍然为图像、声音等。这与之前的依靠模拟技术形成的视听资料有很大差别。从这一角度看,电子数据和视听资料存在交叉关系。不过,根据最高人民法院《关于适用〈民事诉讼法〉的解释》(法释〔2015〕5号)第一百一十六条的规定,存储在电子介质中的录音资料和影像资料,适用电子数据的规定。

5. 证人证言

证人证言，指证人就自己知道的行政处罚案件的真实情况向交通运输行政执法主体所作的陈述。知道行政处罚案件真实情况的人，都可以作为证人。

作为一种证据形式，证人证言具有以下特点：

(1) 证人证言属于言词证据，是证人对感知和记忆的案件情况所作的陈述。同实物证据相比，其优点是生动、形象、具体。

(2) 证人与案件事实所形成的联系是特定的，只有了解案情的人才能作为证人。因此，证人及证人证言是他人不可代替的。

(3) 证人证言只能是证人就其所知晓的案件事实所做的陈述，不包括对这些事实所作的评价，也不包括对案件所涉及的法律问题发表的看法。证人对案件情况的分析、判断、评论等，均不能作为证人证言使用。

(4) 证人证言有失真的可能。证言的形成过程是证人对其所经历的事实的追忆，受到证人的感受能力、记忆能力以及表达能力等多种不确定性因素的影响，可能出现误差。简言之，证人对特定事实的感受和认知可能是错误的；即便感受和认知没有错误，但记忆可能是错误的；即便记忆是准确的，但存在故意进行虚假陈述的可能性。

6. 当事人的陈述

当事人的陈述，指当事人就自己所经历的案件事实情况等向行政机关所作的陈词和叙述。作为证据的当事人的陈述，只限于当事人对行政处罚案件事实的陈述，以及对证据的分析和辩解的意见等。

与其他证据形式相比，当事人的陈述具有以下特点：

(1) 主体唯一性。当事人与案件事实所形成的联系是特定的，只有行政违法行为的实施者才能作为当事人。因此，当事人陈述具有不可替代性。

(2) 事后性。当事人的陈述发生在行政违法行为发生之后、行政处罚案件调查过程中。当事人不在交通运输行政执法人员面前或者不是向交通运输行政执法主体所作的陈述，即使可能与交通运输行政处罚案件事实有关，也不构成"当事人的陈述"。因此，当事人的陈述在形成时间上具有事后性。

(3) 待证性。这是由当事人的特殊身份决定的。一方面，当事人是行政违法行为的实施者，对于交通运输行政处罚案件事实，较其他人了解得更全面、更深刻。因此，当事人的陈述比任何其他证据形式都更能反映交通运输行政违法行为的全面情况。另一方面，当事人与交通运输行政处罚案件有直接的利害关系，为了减轻或免除自己的法律责任，可能会隐瞒对自己不利的事实，夸大甚至编造对自己有利的事实，其陈述往往具有主观性和片面性。所以，对当事人的陈述，交通运输行政执法人员不能轻易采信，而应当将它与案件中的其他证据相互佐证，去伪存真，从而发挥其证明案件真实情况的作用。

7.鉴定结论

鉴定结论,指鉴定人根据行政执法机关的指派或委托,运用专门的技术手段和专业知识,就与案件有关的专门性问题进行科学鉴定后所作出的技术性书面意见。

作为一种证据形式,鉴定结论具有以下特点:

(1)鉴定结论是鉴定人运用自己的专门知识和技能,凭借科学的设备和仪器,通过分析、检测和研究,对案件涉及的专门性问题所作的结论。因此,在证明力上,鉴定结论具有一定的科学性。

(2)鉴定结论仅限于解决案件中所涉及的专门性问题,其证明力具有解决事实问题的专门性,而不是对法律适用问题提出处理意见。

(3)鉴定结论必须提出书面结论。鉴定结论应当是鉴定人对送检材料进行检验测定后作出的书面结论,而不能是口头陈述。

(4)鉴定结论与其他法定证据有所不同,它并不是对客观事实的真实反映,而是鉴定人对客观事实的主观认识。因此,鉴定结论不可避免地带有鉴定人的主观色彩,并受到鉴定人的知识范围、操作技能、判断推理能力等的限制。

8.勘验笔录、现场笔录

勘验笔录、现场笔录,指交通运输行政执法主体对与行政处罚案件有关的现场或者物品进行勘察、检验、测量、绘图、拍照所作的记录。

勘验笔录、现场笔录是一种独立的证据,具有以下特点:

(1)记录主体的特殊性。勘验笔录、现场笔录不是在行政违法行为发生过程中形成的,而是在行政违法行为发生以后,交通运输行政执法人员对发现的情况进行的客观记载。这一工作要求制作人员必须具有特定的专业知识和能力。

(2)笔录内容的客观性。勘验笔录、现场笔录的基本要求之一是对发现的情况进行客观记载。

(3)记录方法的多样性。勘验笔录、现场笔录的呈现形式具有多样性,不仅可以用笔记载或者用文字记载,还可以用照相、录音、录像、绘图等方式进行记载。

(4)证明作用的间接性。勘验笔录、现场笔录反映的不是单一事实,而是各种证据资料之间存在或形成的具体环境和相互关系,体现为一种具有综合证明能力的证据形式和来源。

(二)交通运输行政处罚证据的学理分类

交通运输行政处罚证据的学理分类不具有任何法律意义,但却十分重要。它有助于指导交通运输行政执法人员正确收集、审查、判断行政处罚证据,认定行政处罚案件事实,使行政执法人员办案走向规范化、科学化,提高办案质量。我国学者一般认为,交通运输行政处罚证据在学理上可分为言词证据与实物证据、原始证据与传来证据、直接证据与间接证据、指控证据与辩解证据。

1. 言词证据与实物证据

(1) 言词证据和实物证据的概念

根据证据的形成方法、表现形式、存在状况和提供方式的不同,可以将行政处罚证据划分为言词证据和实物证据。

言词证据,又称人证,是以有关人员陈述为存在和表现形式的证据。具体来说,凡是不以实物、形象、痕迹、符号等客观载体为表现形式,而是以人的言词(包括证词的录音)为表现形式的证据,都属于言词证据。

实物证据,又称物证,是指以实物形态为存在和表现形式的证据。与言词证据相反,凡是不以人的言词、意见为表现形式,而是以各种实物、痕迹、图形、符号等载体和客观上存在的自然状况为表现形式的证据,都是实物证据。

(2) 言词证据与实物证据的表现形式

交通运输行政处罚证据中,证人证言、当事人的陈述和鉴定结论,都属于言词证据;物证、书证、视听资料、电子数据、勘验笔录和现场笔录,都属于实物证据。

2. 原始证据与传来证据

根据证据的来源不同,可以将行政处罚证据分为原始证据和传来证据。这一划分,可以揭示不同类别证据的可靠程度和证明力的强弱。一般来讲,原始证据比传来证据的证明力强。

(1) 原始证据和传来证据的概念

原始证据,又称原生证据,是指直接来源于案件事实或原始出处的证据。直接来源于案件事实,是指证据是在案件事实的直接作用或影响下形成的;直接来源于原始出处,是指证据直接来源于证据生成的原始环境,如当事人的陈述、文件的原本等。

传来证据,又称派生证据,是指经过复制、复印、传抄、转述等中间环节形成的证据。传来证据不是直接来源于案件事实或原始出处,而是经过了中间环节,是从原始证据派生出来的证据,如书证的复印件、证人转述他人感知事实的证据等。

(2) 原始证据和传来证据的表现形式

原始证据主要有六种表现形式:一是现场遗留物品和痕迹;二是行政执法人员在检查中获得的作案工具、留有作案痕迹的各种物品;三是与案件有关的各种文件、账簿、单据和信件的原件;四是证明当事人身份和工作单位的身份证、工作证等的原件;五是当事人的陈述;六是感知案件事实的现场目击者和案件知情人提供的证言等。

传来证据主要有五种表现形式:一是各种物证的复制品;二是各种书证的抄件、复印件;三是现场照片、模型;四是现场录音、录像;五是证人提供非目睹耳闻的有关案件情况。

3.直接证据与间接证据

根据证据与案件主要事实之间的关系,可以将行政处罚证据划分为直接证据和间接证据。

(1)直接证据与间接证据的概念

直接证据,是指能够单独直接证明案件主要事实的证据。通常情况下,这类证据能够说明违法事实是否发生、谁是真正的当事人、有关违法行为的主要情节等。理论上,直接证据与待证事实之间有直接的联系,仅凭该证据本身就能够把案件的事实揭示出来,无须办案人员再进行推理。

间接证据,是指不能单独直接证明,需要与其他证据结合才能证明案件主要事实的证据。也就是说,间接证据通常只能证明案件的片断情况,必须同其他证据联系起来,互相印证,组成一个完整的证明体系,并需要借助于逻辑推论的方法,才能证明案件中的主要事实。

(2)直接证据与间接证据的表现形式

直接证据主要有六种表现形式:一是直接证明案件主要事实的当事人的陈述;二是证明案件事实的证人证言,如现场目击者指认出当事人并陈述违法行为过程的证言;三是证明案件主要事实的书证;四是能够再现违法行为经过的视听资料,如公路上安装的监控录像,恰巧将某人违法挖掘公路的过程录下,依据录像又可以将某人辨认出来,该录像便可以成为直接证据;五是行政执法人员制作的并由当事人及见证人签名、盖章,能够证明案件事实的现场笔录;六是能够直接证明是谁实施的行政违法行为的物证。

一般来说,只能证明时间、地点、工具、手段、结果、动机等单一的事实要素和案件情节的证据,都是间接证据。间接证据主要有八种表现形式:一是违法行为产生的痕迹;二是当事人在现场遗留的物品痕迹;三是违法行为侵害的对象;四是违法行为的工具;五是证明违法行为目的、动机的有关言行和书证;六是解决案件专门性问题的鉴定结论;七是证明违法行为造成现场环境变化的证据;八是证明违法行为发生时间和地点的各种人证和物证。

4.指控证据与辩解证据

根据提供证据的主体的不同及其证明事实的不同,可以把行政处罚证据划分为指控证据与辩解证据。

(1)指控证据与辩解证据的概念

指控证据,是指能够证明行政违法事实存在和违法行为是当事人实施的证据。

辩解证据,是指能够否定行政违法事实存在或者能够证明当事人未实施行政违法行为以及其他有利于减轻或免除当事人法律责任的证据。

(2)指控证据与辩解证据的表现形式

指控证据主要有两种表现形式:一是证明违法行为事实存在、当事人实施行政违法的各种证据,如现场遗留的各种痕迹、作案工具、目击证人的证言、当事人的供述;二是证明当事人有从重情节的各种证据。辩解证据主要有三种表现形式:一是证明违法行为不是客观存在、当事人未实施行政违法行为的各种证据,如当事人的辩解、目击者的证言等;二是证明当事人有从轻、减轻情节的各种证据;三是证明违法行为存在,但应当免除当事人行政法律责任的各种证据,如年龄确认材料、精神状态的鉴定、已过行政处罚时效期限的证据、当事人已死亡的证据,等等。

三、交通运输行政处罚证据的收集原则和方法

(一)交通运输行政处罚证据的收集的概念

交通运输行政处罚证据的收集,指交通运输行政执法主体根据法律、法规和规章的有关规定,发现、采集、提取证据的活动。

(二)交通运输行政处罚证据的收集原则

为保证收集到的证据从内容到形式不仅符合法律的要求,而且能够全面真实地反映行政处罚案件事实,交通运输行政执法主体在收集证据时必须遵循一定的原则。根据《交通行政处罚行为规范》第十三条的规定,交通运输行政执法人员在收集证据时,应当遵循全面收集原则、客观收集原则、及时收集原则和依法收集原则这四项基本原则。

1. 全面收集原则

全面收集原则,是指收集行政处罚证据时,交通运输行政执法主体应当围绕证明案件事实这一目的来确定调查范围,获取与案件有关的所有证据。

这一原则的具体要求是:

第一,收集行政处罚证据时,交通运输行政执法主体必须尊重客观事实,按照客观事实的本来面目如实地加以收集;不能先入为主,带着条条框框去收集所需要的证据;也不能随意夸大或缩小,甚至歪曲或者捏造证据,致使收集的证据丧失了真实性。

第二,交通运输行政执法主体应当根据案件事实的构成,确定证据的收集范围,凡是能够证明行政处罚案件真实情况的所有证据都要加以收集,不得遗漏任何证据。

第三,收集行政处罚证据时,交通运输行政执法主体既要收集言词证据,也要收集实物证据。

第四,收集行政处罚证据时,交通运输行政执法主体既要收集指控证据,也要收集辩解证据。

第五,收集行政处罚证据时,交通运输行政执法主体要采取多种形式,不能局限于法律文书和调查笔录;要注重把现代技术应用于证据材料收集工作之中,通过现场摄像、组织专家论证和鉴定等多种形式收集证据。

只有坚持全面收集原则,才能从不同种类、正反两面、多种角度的证据入手,综合判断,真正了解行政违法行为的具体情况,为进一步正确适用法律,准确作出行政处罚决定奠定基础。

2. 客观收集原则

客观收集原则,指收集行政处罚证据时,交通运输行政执法主体应当实事求是;不能凭主观想象,先入为主;更不能弄虚作假,歪曲事实真相。

这一原则的具体要求是:

第一,收集行政处罚证据时,交通运输行政执法主体必须符合行政处罚证据的客观性要求,尊重客观事实。

第二,收集行政处罚证据时,交通运输行政执法主体不能先入为主,主观地认为被调查事项应该是如何的,然后带着自己划定的框框去调查取证。

第三,收集行政处罚证据时,交通运输行政执法主体要具体问题具体分析,根据不同案情,分析已知的证据,明确未知的证据,查找证据线索,发现、提取证据。

第四,交通运输行政执法主体应当根据各类证据的特性,确定不同的收集方式,并对收集到的证据要妥善保管。

3. 及时收集原则

及时收集原则,指交通运输行政执法主体收集行政处罚证据时,必须迅速,注重工作时效。

这一原则的具体要求是:

第一,发现案件后,交通运输行政执法人员应尽快到达案发现场,立即着手开始收集证据,以免证据灭失,丧失收集证据的机会。

第二,在证据可能灭失或以后难以取得的情况下,交通运输行政执法人员可以采取先行登记保存措施来保存证据。

第三,在调查取证中发现新证人时必须及时询问,发现新物证、书证要立即收集。利用新发现的证据及时再次询问当事人。对当事人提供的证据和进行的转述、申辩,还要及时地进行调查、核实。

第四,在法律、法规、规章明确规定取证时限的情况下,交通运输行政执法主体应当在规定的时限内,完成行政处罚证据的收集。

4. 依法收集原则

依法收集原则,指交通运输行政处罚证据的收集必须符合有关法律、法规和规章的规定。

这一原则的具体要求是:

第一,交通运输行政处罚证据的收集主体应当合法,即负责收集行政处罚证据的人员应当具有相应的行政执法主体资格。

第二,交通运输行政执法主体收集行政处罚证据的程序应当合法,即必须按照有关法律、法规和规章的程序来收集证据。

第三,交通运输行政执法主体收集行政处罚证据的形式应当合法,即作为证明当事人行政违法的材料应当符合有关法律、法规和规章规定的形式。

(三) 交通运输行政处罚证据的主要收集方式

交通运输行政处罚证据的收集渠道是多方面的。这些渠道,从某种程度上讲,就是交通运输行政执法主体为进行行政执法、作出行政处罚决定而收集证据的方式。总体上,主要有以下收集证据的方式:

1. 行政相对人、利害关系人主动提供证据

对行政相对人而言,交通运输行政处罚意味着一种制裁。因此,行政相对人大都积极主动地向交通运输行政执法主体提供证据,证明自己不在案发现场,或者虽在案发现场,但没有实施违法行为。利害关系人为了撇清与行政违法行为的关系,也会主动向交通运输行政执法主体提供证据。

2. 交通运输行政执法主体要求行政相对人、利害关系人提供证据

交通运输行政执法主体认为行政相对人、利害关系人提交的证据不能证明待证事实时,有权要求他们进一步提交有关证据。

3. 交通运输行政执法主体主动收集证据

这是交通运输行政执法主体经常采用的收集证据的方式,如:通过行政检查、行政调查等收集书证、物证;询问当事人、证人;进行现场勘验;制作现场笔录;鉴定、检查;制作视听资料;从其他国家机关、企事业单位、公民处调取书证等证据资料;收集自己制作的书证等。

【案例】

王某与诸暨市道路运输管理局行政处罚案[(2017)浙行再3号]

【基本案情】

2014年9月26日上午,王某驾驶浙D×××××小型普通客车,从枫桥征天宾馆将一名乘客送至赵家镇政府,并收取30元租车费。2014年9月28日,诸暨市道路运输管理局执法人员对王某及其车辆执法检查,王某不能提供出租汽车经营许可证及车辆道路运输证。诸暨市道路运输管理局对浙D×××××小型普通客车实施了行政强制措施。2014年11月19日,诸暨市道路运输管理局告知王某其涉嫌未取得经营许可证从事出租汽车客运经营一案拟作出行政处罚决定的事实、理由及依据,并告知其依法享有的权利。王某书面提交了申诉意见。2014年12月3日,诸暨市道路运输管理局作出诸市运罚字[2014]第33068151201400800号行政处罚决定,给予王某没收非法所得人民币30元整、罚款人民币20000元整的行政处罚。在该行政处罚决定中,对王某未取得出租汽车经营许可证及道路运输证,擅自载客经营的事实,有涉案浙D×××××五菱牌小型普通客车的行驶证、王某身份信息、2014年9月26日现场

笔录、乘客证人询问笔录、公路监控照片、车辆下客录像等相关证据证实。王某不服,向诸暨市交通运输局申请行政复议。诸暨市交通运输局于2015年1月28日作出〔2015〕01号行政复议决定书,维持诸暨市道路运输管理局行政处罚决定。王某仍不服,遂提起行政诉讼。

本案历经一审程序、二审程序和审判监督程序。最终,浙江省高级人民法院判决变更诸暨市道路运输管理局所作的诸市运罚字〔2014〕第33068151201400800号行政处罚决定,决定给予王某罚款人民币10000元。

【评析】

交通运输行政处罚的过程,就是交通运输行政执法主体认定行政相对人实施了违法行为的过程与适用法律法规对行政违法行为进行制裁的过程,即认定事实和适用法律的过程。其中,事实的认定,必须有一系列证据的支撑。本案中,诸暨市交通运输局收集到涉案浙D×××××五菱牌小型普通客车的行驶证、王某身份信息、2014年9月26日现场笔录、乘客证人询问笔录、公路监控照片、车辆下客录像等一系列证据,用以证明王某未取得出租汽车经营许可证及道路运输证而擅自载客经营的事实。正是扎实的证据收集过程,让违法事实得以再现,并最终得到人民法院的认可。

补充说明的是,本案中,浙江省高级人民法院之所以适用变更判决,是因为根据《行政处罚法》第五条的规定,实施行政处罚,纠正违法行为,应当坚持处罚与教育相结合的原则。本案中,诸暨市交通运输局对初次查获王某的涉案交通违法行为,适用了相对较重的处罚,有违过罚相当的原则。❶

第十一节 交通运输行政处罚裁量权

一、交通运输行政处罚裁量权的概念及分类

(一)交通运输行政处罚裁量权的概念

交通运输行政处罚裁量权,指交通运输行政执法主体根据法律、法规、规章设定的行政处罚的种类和幅度,综合考量行政相对人的违法情节、违法手段、社会危害后果等因素,对行政相对人决定是否给予行政处罚、给予何种类型的行政处罚以及给予何种幅度的行政处罚的权限。

---

❶ 另外,根据《浙江省交通运输行政处罚裁量基准》(道路运输)的规定,违反《浙江省道路运输条例》规定,未取得经营许可证从事公共汽车客运经营,初次被查处的,属于情节较轻的情形,县级以上道路运输管理机构应当给予如下处罚:"没收违法所得,并处罚款10000元至16000元。"这一规定,与浙江省高级人民法院的裁判是一致的。

(二)交通运输行政处罚裁量权的类型

根据现行法律、法规和规章的规定,交通运输行政处罚裁量权主要包含以下三种类型:

1. 决定是否给予行政处罚的裁量权

决定是否给予行政处罚的裁量,指交通运输行政执法主体在符合法定条件的情况下,可以自主决定是否给予当事人行政处罚。例如,《船舶登记条例》第五十二条规定:"不按照规定办理变更或者注销登记的,或者使用过期的船舶国籍证书或者临时船舶国籍证书的,由船籍港船舶登记机关责令其补办有关登记手续;情节严重的,可以根据船舶吨位处以本条例第五十条规定的罚款数额的10%。"对于该条规定的违法行为,情节严重的,是否要给予10%的罚款,就由船籍港船舶登记机关自主决定。

2. 决定给予何种类型的行政处罚的裁量权

前文已述,交通运输行政处罚的种类主要有警告、罚款、没收违法所得、没收非法财物、暂扣或者吊销证照等。当法律、法规和规章规定对某一行政违法行为可以选择处以一种或者几种类型的行政处罚时,交通运输行政执法主体可以自主决定实施何种类型的行政处罚。这就是决定给予何种类型的行政处罚的裁量。例如,《浙江省道路运输条例》第七十八条规定:"道路运输经营者未按本条例规定随车携带车辆营运证、客运标志牌的,由县级以上道路运输管理机构责令改正,处警告或者20元以上200元以下罚款。"对于该条规定的违法行为,县级以上道路运输管理机构可以在警告和罚款这两种处罚中进行裁量,选择适当的处罚种类。

3. 决定给予何种幅度的行政处罚的裁量权

决定给予何种幅度的行政处罚的裁量权,指交通运输行政执法主体特定的行政处罚种类下,选择不同处罚幅度的权力。这种裁量权多用于罚款数额、期限等的确定。例如,《建设工程质量管理条例》第五十六条规定:"违反本条例规定,建设单位有下列行为之一的,责令改正,处20万元以上50万元以下的罚款:(一)迫使承包方以低于成本的价格竞标的;(二)任意压缩合理工期的……"对于该条规定的违法行为,交通运输行政执法主体可以根据实际情况,在20万元以上50万元以下确定一个罚款数值。

二、交通运输行政处罚的分级裁量制度

交通运输行政处罚实行分级裁量制度,即,原则上,将每种违法行为分为轻微、一般、较重、严重和特别严重等五个等级,在行使裁量权时,应当根据具体情况,分别作出免予处罚、从轻处罚、减轻处罚、一般处罚或者从重处罚的决定。

《浙江省交通运输行政处罚裁量权实施办法》详细规定了分级裁量的具体要求:

(一) 免予处罚的情形

具有以下情形之一的,交通运输行政执法主体应当作出免予处罚的决定:

(1) 不满 14 周岁的人有违法行为的;

(2) 精神病人在不能辨认或者不能控制自己行为时有违法行为的;

(3) 违法行为轻微并及时纠正,未造成危害后果的;

(4) 违法行为在 2 年内未被发现的,不再给予行政处罚,法律另有规定的除外。2 年期限从违法行为发生之日起计算,违法行为有连续或者继续状态的,从行为终了之日起计算。

(二) 应当从轻或者减轻处罚的情形

从轻处罚,指交通运输行政执法主体在法律、法规、规章设定的法定处罚种类和幅度内,选择较轻的处罚种类或者较小处罚幅度,但不得低于法定处罚幅度的最低限度。减轻处罚,指交通运输行政执法主体在法律、法规、规章设定的法定处罚幅度最低限以下,对违法行为人作出的行政处罚。

具有以下情形之一的,交通运输行政执法主体应当作出从轻或者减轻处罚的决定:

(1) 已满 14 周岁不满 18 周岁的人有违法行为的;

(2) 主动消除或者减轻违法行为危害后果的;

(3) 受他人胁迫有违法行为的;

(4) 配合交通运输行政执法主体查处违法行为有立功表现的;

(5) 其他应当依法从轻或者减轻行政处罚的。

(三) 可以从轻处罚的情形

具有以下情形之一的,交通运输行政执法主体可以决定从轻处罚:

(1) 在共同违法行为中起次要或者辅助作用的;

(2) 配合交通运输行政执法主体查处违法行为,如实交代违法行为的;

(3) 主动中止违法行为的;

(4) 违法所得较少的;

(5) 其他依法可以从轻处罚的。

(四) 可以减轻处罚的情形

具有以下情形之一的,交通运输行政执法主体可以决定减轻处罚:

(1) 情节较轻,社会影响和危害较小且能够主动纠正违法行为的;

(2) 当事人家庭生活困难,无力按期缴纳罚款义务,且积极配合交通运输行政执法主体调查的;或者突发重大疾病等身体健康原因难以履行义务的;

(3) 非现场执法的违法行为当事人接到通知后主动接受处理的;

(4) 其他依法具有减轻行政处罚的理由和情况。

需要注意的是,不能将行政处罚执行中的延期、分期缴纳罚款视为减轻行政处罚。《行政处罚法》第五十二条规定："当事人确有经济困难，需要延期或者分期缴纳罚款的，经当事人申请和行政机关批准，可以暂缓或者分期缴纳。"延期、分期缴纳罚款只是执行行政处罚决定的一种方式，并不等于准予其少缴或不缴罚款。如果当事人在批准的延缓期限内仍未履行缴款义务的，交通运输行政执法主体可以申请人民法院强制执行。

（五）可以从重处罚的情形

具有以下情形之一的，交通运输行政执法主体可以决定从重处罚：

（1）在共同违法行为中起主要作用的；

（2）群众多次举报，严重扰乱交通管理秩序的；

（3）拒绝、逃避、阻碍交通行政执法人员执行公务的；

（4）提供虚假证据，转移、隐匿、销毁证据或者有关材料的，查证属实的；

（5）侵害残疾人、老年人、儿童等群体利益的；

（6）对举报人或者执法人员实施打击报复，查证属实的；

（7）国家机关通过新闻媒体、发布公告等方式专门禁止或告诫后，继续实施违法行为的；

（8）一个自然年度内发生三次（含）以上交通运输违法行为的；

（9）具有法律、法规、规章依法规定情形的。

符合从重处罚情形的，罚款金额不得低于法定最高罚款数额的百分之五十。

根据《浙江省交通运输行政处罚裁量权实施办法》第十三条、第十四条的规定，既符合从重处罚情形、又符合可以从轻或者减轻处罚情形的，不得从轻或者减轻处罚。对当事人免予处罚、从轻处罚、减轻处罚、从重处罚的，交通运输行政执法主体及其执法人员必须收集和提供相应的证据材料。

【案例】

曾某与苍南县道路运输管理局行政处罚案[（2016）浙03行终82号]

【基本案情】

2015年8月4日，曾某驾驶浙C×××××小型普通客车在苍南县灵溪镇车站旁边带上两名乘客前往矾山，双方约定的车费共计100元，之后，在灵溪镇水产市场红绿灯路口被苍南县道路运输管理局查获。苍南县道路运输管理局予以立案调查，于2015年9月28日向曾某送达行政处罚事先告知书，告知曾某拟定的行政处罚决定的事实、理由、依据及曾某享有的相关权利。2015年10月29日，苍南县道路运输管理局根据曾某的申请组织听证。苍南县道路运输管理局认为曾某未取得经营许可证违法参与出租汽车营运活动，违反《浙江省道路运输条例》第二十条的规定。在经苍南县道路运输管理局负责人集体讨论决定后，被告依照《浙江省道路运输条例》第七十一条第（一）项的规定，于2015年11月12日作出苍运罚决字（2015）第

3303275115000710号行政处罚决定,责令曾某立即停止经营活动,并给曾某处以3万元的罚款。另查明,2013年间,曾某先后两次因违法从事出租车营运而被苍南县道路运输管理局处以行政处罚。曾某不服,提起行政诉讼。

【评析】

行政处罚裁量权在实践中普遍存在。本案涉及对未取得客运出租汽车经营许可证而从事营运行为进行处罚时如何裁量问题。《浙江省道路运输条例》第二十条第一款规定:"取得客运出租汽车营运权的经营者在投入营运前,应当取得市、县道路运输管理机构核发的经营许可证。"同时,根据《浙江省道路运输条例》第七十一条第(一)项的规定,违反本条例规定,未取得经营许可证、车辆营运证或者使用伪造、涂改、转让、租借、失效的经营许可证、车辆营运证从事公共汽车或者出租汽车客运经营的,由县级以上道路运输管理机构责令停止经营,没收违法所得,并处1万元以上5万元以下罚款。这样,道路运输管理机构在"1万元以上5万元以下罚款"中选择确定具体的罚款额度时,应当考虑是否存在从轻处罚或从重处罚的情形。《浙江省交通运输行政处罚裁量权实施办法》第十一条列举了依法从重处罚的九种情形。同时,《浙江省交通运输行政处罚裁量基准》(道路运输)对《浙江省道路运输条例》第七十一条第(一)项的裁量基准规定如下:初次被查处的,没收违法所得,并处罚款10000元至16000元;一年内第二次被查处的,没收违法所得,并处罚款16000元至30000元;一年内第三次及以上被查处或有其他严重情节的,没收违法所得,并处罚款30000元至50000元。本案中,曾某在2013年间,曾某先后两次因违法从事出租车营运而被苍南县道路运输管理局处以行政处罚,构成"有其他严重情节",因此,苍南县道路运输管理局处以3万元罚款,并无不当。此外,在程序上,该行政处罚决定经由苍南县道路运输管理局负责人集体讨论决定后作出,也符合从重处罚的程序要求。

三、交通运输行政处罚裁量权的行使

交通运输行政处罚裁量权的行使贯穿于行政执法的全过程。在这一过程的不同环节,交通运输行政执法主体及其执法人员应当重点把握的问题并不相同。

1.调查报告中应重点把握的问题

案件调查结束后,办案人员应当制作《调查报告》,对行政处罚的种类和幅度提出建议。拟建议不予行政处罚、从轻处罚、减轻处罚或从重处罚的,《调查报告》应当说明行政处罚裁量的理由、证据和依据(含裁量基准)等,移送本单位的法制机构进行审核。

2.合法性审查中应重点把握的问题

交通运输行政执法主体的法制机构要将办案人员的裁量权行使情况作为审核的重要内容之一,认为办案人员建议的行政处罚裁量理由、证据和依据不充分的,应当提出纠正建议。

3. 案件集体讨论中应重点把握的问题

经集体讨论决定的案件,应当制作《案件集体讨论记录》,载明行政处罚裁量的理由、证据和依据(含裁量基准),案件的具体情节、讨论过程和处理决定均应详细记录,收入执法案卷。

4. 行政处罚告知与决定实施中应重点把握的问题

交通运输行政执法主体在作出行政处罚决定之前,应当告知当事人拟作出行政处罚决定的事实、理由及依据(含裁量基准),并在《行政处罚事先告知书》《行政处罚决定书》中予以阐明。

四、规范交通运输行政处罚裁量权的配套制度

孟德斯鸠在《论法的精神》中指出:"一切有权力的人都容易滥用权力,这是万古不易的一条经验。"为规范交通运输行政处罚裁量权,必须建立健全相应的配套制度。

(一) 行政处罚裁量基准制度

行政处罚裁量基准制度,就是通过对行政处罚裁量权在法定幅度内进行规则细化的方式,为行政处罚裁量权的行使设定明细化的实体性操作标准,最终达到抑制裁量被滥用的目的。

交通运输行政执法主体要按照《浙江省交通运输行政处罚裁量基准》的要求,综合考虑个案违法行为的事实、性质、情节、社会危害程度等,选择适用的处罚种类和法律依据,确定适当的处罚幅度行使行政处罚权。

特别指出的是,《浙江省行政程序办法》第四十三条第二款规定:"行政机关实施行政执法行为应当遵循行政执法裁量基准,但适用裁量基准将导致某一行政执法行为明显不当的,行政机关可以在不与法律、法规和规章相抵触的情况下,变通适用裁量基准,但必须经行政机关负责人集体讨论决定,并充分说明理由。"因此,交通运输行政执法主体在实施行政处罚时,原则上必须严格执行《浙江省交通运输行政处罚裁量基准》;只有在符合法定条件的情况下,并经过法定程序,才可以变通适用《浙江省交通运输行政处罚裁量基准》。

(二) 裁量说理制度

裁量说理制度要求交通运输行政执法主体在作出行政处罚决定时,给以必要的说明和解释,以理服人,确保行政处罚裁量权的公正行使。

具体来说,交通运输行政执法主体应当就违法行为的事实、性质、情节、社会危害程度和当事人主观过错等因素,以及最终选择的处罚种类、幅度等情况作出详细说明,并且理由应当充分,与行政处罚结果相关联。其中,当场作出行政处罚决定的,应当向当事人当面作出口头说明,并据实记录在案,由当事人签字或者盖章;按

照一般程序作出行政处罚决定的,在《行政违法行为告知书》和《行政处罚决定书》中,应当向当事人作出书面说明。

(三)过错责任追究制度

过错责任追究制度,指交通运输行政执法人员在行使行政处罚裁量权时,因故意或过失,滥用或不当行使行政处罚裁量权,给行政相对人或者国家、集体的利益造成损害的,应当依法承担责任。

《浙江省交通运输行政处罚裁量权实施办法》第二十二条对过错责任追究制度作出了明确规定,即:"各级交通运输主管部门和交通运输行政执法机构应当建立健全行使行政处罚裁量权过错责任追究制度,对有下列情形之一的,依照有关规定追究执法人员的过错责任:(一)因处罚决定违法或不当,造成处罚案件被人民法院判决撤销、变更或者确认违法的;(二)因处罚决定违法或不当,造成处罚案件被行政复议机关撤销、变更或者确认违法的;(三)因处罚决定违法或不当,造成国家承担赔偿责任的;(四)违法事实清楚,应当依法处罚而不予处罚的。"

(四)重大行政处罚备案审查制度

《浙江省交通运输行政处罚裁量权实施办法》第十六条规定:"交通运输行政执法机构要严格执行重大行政处罚备案审查制度,交通运输行政执法机构作出下列重大行政处罚的,应当按月报上级交通运输主管部门或直接管理本机构的交通运输主管部门。(一)对公民处以一万元以上,对法人和其他组织处以十万元以上的罚款;(二)吊销证照或者责令停产停业。"这就确立了交通运输重大行政处罚备案审查制度。

交通运输重大行政处罚决定事关行政相对人的切身利益,一旦处罚不当,容易引发行政争议。对重大行政处罚决定进行备案审查,可以有效地防止、纠正违法或不当的行政处罚行为,切实保障行政相对人的合法权益。

除上述制度外,交通运输行政执法主体还要通过行政执法检查、受理投诉、案卷评查等形式,加强对交通运输行政处罚裁量权行使情况的监督检查。

第四章　交通运输行政强制

第一节　交通运输行政强制概述

一、交通运输行政强制的概念和特征

(一)行政强制的概念和特征

2011年6月30日,第十一届全国人民代表大会常务委员会第二十一次会议通过并公布《中华人民共和国行政强制法》(以下简称《行政强制法》)。该法自2012年1月1日起施行。

根据《行政强制法》第二条的规定,行政强制由行政强制措施和行政强制执行两类行为构成。

1. 行政强制措施的概念与特征

行政强制措施,指行政机关在行政管理过程中,为制止违法行为,防止证据损毁,避免发生危害,控制危险扩大等情形,对公民、法人或者其他组织的财物实施暂时性控制的行为。

下文结合扣押非法营运车辆这一行政强制措施,来说明行政强制措施的特征:

(1)暂时性

行政强制措施是行政机关在行政执法过程中作出的行政行为,不是最终的行政行为。而且,最终行政行为一经做出,行政强制措施即须解除。例如,在执法过程中,交通运输行政执法主体决定扣押涉嫌从事非法营运活动的车辆。此时,"扣押"本身不是最终目的,它只是一种临时保障措施,以便制止"非法营运"这一违法行为,防止"非法营运"行为损害公民、法人和其他组织的合法权益。同时,"扣押"只是约束被扣押车辆的使用,并不是对被扣押车辆的所有权的最终处分。一经查明被扣押的车辆没有从事非法营运等违法行为时,交通运输行政执法主体就要立即解除扣押。

(2)保全性

行政机关采取行政强制措施的目的是保障最终行政决定的合法有效做出。行

政机关作出行政决定必须进行调查研究,为保证调查工作顺利进行,需要采取行政强制措施,使被调查的人或财物保持特定状态。例如,扣押涉嫌非法营运的车辆,是为了促使行政相对人停止违法行为,配合并接受交通运输行政执法主体的调查处理。

(3) 单向性

行政强制措施由行政机关单方面做出,无须征得行政相对人的同意。如,交通运输行政执法主体扣押涉嫌非法营运的车辆时,无须取得车辆所有权人或使用权人的同意。

2. 行政强制执行的概念与特征

行政强制执行,指行政机关或者行政机关申请人民法院,对不履行行政决定的公民、法人或者其他组织,依法强制其履行义务,或达到与履行义务相同状态的行为。

与行政强制措施相比,行政强制执行具有以下特征:

(1) 执行性

行政强制执行的目的是迫使义务人履行行政决定确定的义务或者达到与履行义务相同的状态。如,交通运输行政执法主体对实施非法营运行为的 A 作出罚款决定,并且在作出罚款决定前,已经扣押了 A 用于从事非法营运行为的车辆。在规定期限内,A 未缴纳罚款。此时,交通运输行政执法主体可以依法拍卖已经扣押的车辆,以拍卖所得抵缴罚款。"拍卖被扣押的车辆"就是一种强制执行方式,其目的是达到与 A 履行罚款决定相同的状态。

(2) 从属性

行政强制执行是通过强制手段,实现另一个行政行为确定的义务性内容。相比较而言,作为被执行依据的行政决定是基础性行政行为,行政强制执行依附于该基础性行政行为,是对该基础性行政行为的延续。如,交通运输行政执法主体拍卖被扣押的车辆,该行为是行政罚款决定的延续。

(3) 实施主体的多元性

行政强制执行的"行政性"表现为其执行对象是行政行为,而不是说其实施主体是行政机关。根据《行政强制法》第二条的规定,行政强制执行的实施主体可以是行政机关,也可以是人民法院——当法律没有授予行政机关强制执行权时,行政机关只能申请人民法院强制执行。也正因此,行政强制执行行为的属性是不确定的——可能是行政行为,也可能是司法行为。

行政强制措施与行政强制执行虽然存在差别,但二者的共性也是明显的,即强制性。

(二) 交通运输行政强制的概念和特征

交通运输行政强制是交通运输行政强制措施和交通运输行政强制执行的合称,

指交通运输行政执法主体为了实现行政目的,依照法定权限和程序,对行政相对人的人身或财产加以暂时性限制或控制,或在行政相对人拒不履行已生效的行政行为时,交通运输行政执法主体亲自或申请人民法院,依法采取强制手段,迫使其履行义务或者达到与履行义务相同的状态。

交通运输行政强制具有以下特征:

(1)根据《行政强制法》第十七条和第七十条的规定,交通运输行政强制措施由法律、法规规定的行政机关或法律、行政法规授权的具有管理公共事务职能的组织在法定职权范围内实施,而且,行政强制措施权不得委托。可见,交通运输行政强制措施的实施主体必须具有行政执法主体资格,反之则未必。为行文方便,下文将享有交通运输行政强制措施权的行政机关和被授权组织统称交通运输行政执法主体。同时,根据《行政强制法》第十三条的规定,法律没有规定交通运输行政执法主体享有强制执行权时,作出行政决定的交通运输行政执法主体应当申请人民法院强制执行。

(2)交通运输行政强制的对象是实施了交通运输行政违法行为的行政相对人,或其行为可能导致证据损毁、危害发生、危险扩大的行政相对人,或拒不履行交通运输行政决定确定的义务的行政相对人。

(3)交通运输行政强制的目的是制止违法行为,防止证据损毁,避免危害发生,控制危险扩大,迫使行政相对人履行义务,或者达到与履行义务相同的状态,维护正常的交通运输行政管理秩序。

(4)法律性质上,交通运输行政强制措施是对行政相对人的权利具有不利影响的行政行为。行政相对人对交通运输行政强制措施不服,可以依法申请行政复议或提起行政诉讼。交通运输行政强制执行的法律性质因实施强制执行的主体的不同而有所区分——当实施强制执行的主体是交通运输行政执法主体时,该行为是行政行为;当实施强制执行的主体是人民法院时,该行为是司法行为。对前者,行政相对人可以依法申请行政复议,或提起行政诉讼,或要求赔偿损失;对后者,行政相对人只能依法要求赔偿损失,❶不能申请行政复议和提起行政诉讼。

二、交通运输行政强制措施与责令改正、暂扣证书的区别

1.交通运输行政强制措施与责令改正

责令改正,一般指行政机关或法律、法规授权的组织,为了预防或制止正在发生或可能发生的违法行为、危险状态以及不利后果,而作出的要求违法行为人履行法

---

❶《行政强制法》第八条规定:"公民、法人或者其他组织对行政机关实施行政强制,享有陈述权、申辩权;有权依法申请行政复议或者提起行政诉讼;因行政机关违法实施行政强制受到损害的,有权依法要求赔偿。公民、法人或者其他组织因人民法院在强制执行中有违法行为或者扩大强制执行范围受到损害的,有权依法要求赔偿。"可见,《行政强制法》根据行政强制的实施主体的差异,设置了不同的法律救济方式。

定义务、停止违法行为、消除不良后果或恢复原状的具有强制性的决定。

交通运输行政强制措施与责令改正的区别在于：

(1)强制性不同。交通运输行政强制措施表现为交通运输行政执法主体直接采取强制手段，对行政相对人的人身或财产加以控制或限制；责令改正是以行政命令的方式，要求行政相对人自行纠正或停止违法行为，不具有直接强制性。

(2)前置条件不同。部分交通运输行政强制措施不以行政相对人实施违法行为为前提；责令改正的作出，必须以行政相对人实施了违法行为为前提。

2.交通运输行政强制措施与暂扣证书

交通运输行政执法主体实施的"暂扣证书"的行为究竟是行政强制措施，还是行政处罚，关键是看实施该行为的目的。如果旨在制裁违法行为，那么就是行政处罚；如果旨在制止违法行为、防止证据损毁、避免危害发生或者控制危险扩大等情形，那么就是行政强制措施。

三、交通运输行政强制的分类

根据不同标准，可对交通运输行政强制作不同分类：

根据实施行政强制的目的和实施时机，交通运输行政强制可分为交通运输行政强制措施和交通运输行政强制执行。二者的区别主要表现在三个方面：

(1)交通运输行政强制措施旨在制止交通运输违法行为，防止证据损毁，避免危害发生，或控制危险扩大；交通运输行政强制执行旨在强制不履行交通运输行政决定的行政相对人履行义务。

(2)交通运输行政强制措施是在交通运输行政决定依法作出之前作出的；交通运输行政强制执行是在交通运输行政决定依法作出并生效之后作出的。

(3)交通运输行政强制执行的程序因强制执行主体的不同而适用不同的法律；交通运输行政强制措施的程序适用《行政强制法》的规定。

根据行政强制行为的对象和内容，交通运输行政强制可分为对人身的强制、对财产的强制和对行为的强制。

四、交通运输行政强制的基本原则

设定和实施交通运输行政强制，应当遵循以下法律原则：

(一)依法强制原则

依法强制原则是依法行政原则的自然延伸。与一般的行政权不同，交通运输行政强制权不能来自一般授权，必须来自法律、法规的特别授权，严禁交通运输行政执法主体自己给自己创设行政强制手段。《行政强制法》第四条规定："行政强制的设定和实施，应当依照法定的权限、范围、条件和程序。"这就要求设定和实施行政强制都必须做到权力来源合法、主体合法、强制手段合法、程序合法和对象合法。

需要特别指出的是,《行政强制法》和《行政许可法》《行政处罚法》一样,除明文规定外,并没有直接授予行政机关以行政强制权。行政机关是否具有行政强制权,大多数情况下,还必须考察其他法律、法规的规定。

(二) 比例原则

比例原则主要适用于行政裁量权领域,其基本含义是指行政机关行使行政裁量权时,应在全面衡量公益与私益的基础上,选择对相对人侵害最小的方式进行,不能超过必要限度。一般认为,比例原则由妥当性原则、必要性原则(又称最小损害原则、不可替代原则、最温和的手段原则)和均衡原则(狭义的比例原则、法益相称性原则)构成。《行政强制法》第五条规定:"行政强制的设定和实施,应当适当。采用非强制手段可以达到行政管理目的的,不得设定和实施行政强制。"同时,该法第十六条第二款也规定:"违法行为情节显著轻微或者没有明显社会危害的,可以不采取行政强制措施。"这是行政强制的设定和实施都必须遵守比例原则的法律依据。根据比例原则的要求,交通运输行政执法主体在实施行政强制措施时,应当确保该措施有助于行政目的的实现,并且必须选择以最小损害交通运输行政相对人的方式进行行政强制,同时还要考虑利益均衡问题。比如,道路运输管理机构对未取得道路运输证的车辆予以暂扣的,不能对车载货物也予以暂扣。

(三) 效率与权利保障兼顾原则

交通运输行政强制应当兼顾行政效率与权利保障等双重价值的实现。效率是行使行政权力的重要价值取向,一个没有效率的政府无法实现自己的政策目标。另一方面,行政权力与行政相对人的生活关系密切,而保障行政相对人的合法权益是国家和政府的存在目的。行政强制是行政权力行使的极端状态,如何实现行政效率和权利保障的平衡,这是行政强制制度的核心问题。

(四) 救济原则

行政强制制度中的法律救济是平衡行政权与公民权利的重要方式。交通运输行政强制是交通运输行政执法主体直接或申请人民法院对交通运输行政相对人的财产、人身施加的限制或者处分,一旦违法,如超越权限、违反法定程序等,就会侵害当事人的合法权益。为此,《行政强制法》第八条规定:"公民、法人或者其他组织对行政机关实施行政强制,享有陈述权、申辩权;有权依法申请行政复议或者提起行政诉讼;因行政机关违法实施行政强制受到损害的,有权依法要求赔偿。公民、法人或者其他组织因人民法院在强制执行中有违法行为或者扩大强制执行范围受到损害的,有权依法要求赔偿。"也就是说,如果交通运输当事人认为行政强制违法,可以在行政强制行为实施过程中依法向有权机关进行陈述和申辩,也可以在行政强制行为结束后寻求法律救济。

(五) 教育与强制相结合原则

《行政强制法》第六条规定:"实施行政强制,应当坚持教育与强制相结合。"这里的"教育",既包括特定教育,也包括一般教育;既包括对被强制对象的教育,也包括对一般社会公众的教育,当然,主要是指对被强制对象的特定教育。此外,这一原则还具有"先教育、后强制"和在行政强制的事前、事中、事后的整个过程中坚持教育的意涵。只要通过教育,当事人自觉履行了义务,交通运输行政执法主体就不应对之再实施行政强制或处罚。

第二节 交通运输行政强制措施

一、交通运输行政强制措施的种类

(一)行政强制措施的种类

根据《行政强制法》第二条的规定,行政强制措施总体上可分为两大类,即人身强制和财产强制。同时,《行政强制法》第九条对行政强制措施的类型进行了列举,即:

1. 限制公民人身自由

这类行政强制措施的表现形式比较多,如盘问、留置盘问、传唤、强制隔离、强行带离现场、强行驱散等。同时,限制公民人身自由的行政强制措施只能法律设定。

2. 查封场所、设施或者财物

这是限制行政相人对财产的使用和处分的强制措施,主要针对不动产或不便移动的动产。在有的法律文本中,该行政强制措施被表述为"封存""封闭、关闭或者限制使用场所""禁止或者限制使用设备、设施"。

3. 扣押财物

这是行政机关解除当事人对财物的占有,并限制其处分的强制措施。它适用于动产,有时表述为"扣留""暂扣"。

4. 冻结存款、汇款

这是限制金融资产流动的强制措施,有时表述为"暂停拨付"。根据《行政强制法》的规定,该行政强制措施只能由法律设定。

5. 其他行政强制措施

这是关于行政强制措施的兜底性条款。

(二)交通运输行政强制措施的种类及依据

从目前的法律规定来看,交通运输行政强制措施均为对财产的强制措施。以下是实践中经常采取的交通运输行政强制措施及其法律依据:

1. 查封违法储存危险化学品的场所,扣押违法储存的危险化学品(行政强制措施的类别:查封场所、设施或者财物;扣押财物)

主要法律依据：

（1）《安全生产法》第六十二条第一款："安全生产监督管理部门和其他负有安全生产监督管理职责的部门依法开展安全生产行政执法工作，对生产经营单位执行有关安全生产的法律、法规和国家标准或者行业标准的情况进行监督检查，行使以下职权：……（四）对有根据认为不符合保障安全生产的国家标准或者行业标准的设施、设备、器材以及违法生产、储存、使用、经营、运输的危险物品予以查封或者扣押，对违法生产、储存、使用、经营危险物品的作业场所予以查封，并依法作出处理决定。"

（2）《国务院关于特大安全事故行政责任追究的规定》第十三条："对未依法取得批准，擅自从事有关活动的，负责行政审批的政府部门或者机构发现或者接到举报后，应当立即予以查封、取缔，并依法给予行政处罚；属于经营单位的，由工商行政管理部门依法相应吊销营业执照。"

（3）《危险化学品安全管理条例》第七条第一款："负有危险化学品安全监督管理职责的部门依法进行监督检查，可以采取下列措施：……（四）经本部门主要负责人批准，查封违法生产、储存、使用、经营危险化学品的场所，扣押违法生产、储存、使用、经营、运输的危险化学品以及用于违法生产、使用、运输危险化学品的原材料、设备、运输工具。"

（4）《港口危险货物安全管理规定》第四十八条第一款："所在地港口行政管理部门应当依法对港口危险货物作业实施监督检查，对危险货物装卸、储存区域进行重点巡查。实施监督检查时，可以行使下列职权：……（五）经本部门主要负责人批准，查封违法储存危险化学品的场所，扣押违法储存的危险化学品。"

2. 扣押非法采砂船舶（行政强制措施的类别：扣押财物）

主要法律依据：

《航道法》第四十三条第二款："违反本法规定，在航道和航道保护范围内采砂，损害航道通航条件的，由负责航道管理的部门责令停止违法行为，没收违法所得，可以扣押或者没收非法采砂船舶，并处5万元以上30万元以下罚款；造成损失的，依法承担赔偿责任。"

3. 暂扣船舶、浮动设施（行政强制措施的类别：扣押财物、其他强制措施）

主要法律依据：

《内河交通安全管理条例》第六十一条："海事管理机构依照本条例实施监督检查时，可以根据情况对违反本条例有关规定的船舶，采取责令临时停航、驶向指定地点、禁止进港、离港、强制卸载、拆除动力装置、暂扣船舶等保障通航安全的措施。"

《内河交通安全管理条例》第六十四条："违反本条例的规定，船舶、浮动设施未持有合格的检验证书、登记证书或者船舶未持有必要的航行资料，擅自航行或者作业的，由海事管理机构责令停止航行或者作业；拒不停止的，暂扣船舶、浮动设施;情节严重的,予以没收。"

4. 扣押经营车辆(行政强制措施的类别:扣押财物)

主要法律依据:

《浙江省道路运输条例》第六十三条:"道路运输管理机构在实施道路运输监督检查过程中,对没有车辆营运证又无法当场提供其他有效证件的经营车辆,可以予以扣押;但对其中客运公共汽车、客运出租汽车,应当由交通运输主管部门予以扣押,法律、行政法规另有规定的,从其规定。"

5. 扣留车辆、工具(行政强制措施的类别:扣押财物)

主要法律依据:

(1)《浙江省公路路政管理条例》第五十三条第二款:"责任人拒不接受公路管理机构调查处理的,公路管理机构可以依法扣留其车辆。扣留车辆的,应当出具由省交通行政主管部门统一制发的扣留凭证;对扣留的车辆,应当妥善保管,不得使用。"

(2)《公路安全保护条例》第六十七条:"违反本条例的规定,有下列行为之一的,由公路管理机构强制拖离或者扣留车辆,处3万元以下的罚款:(一)采取故意堵塞固定超限检测站点通行车道、强行通过固定超限检测站点等方式扰乱超限检测秩序的;(二)采取短途驳载等方式逃避超限检测的。"

《公路安全保护条例》第七十二条第一款:"造成公路、公路附属设施损坏,拒不接受公路管理机构现场调查处理的,公路管理机构可以扣留车辆、工具。"

二、交通运输行政强制措施的实施程序

交通运输行政强制措施的实施程序必须遵守《行政强制法》的规定。《行政强制法》除对行政强制措施的实施程序作出一般规定外,还对查封、扣押和冻结的实施程序作出特别规定。由于冻结不是交通运输领域的行政强制措施,所以下文对其实施程序不予介绍。

(一)交通运输行政强制措施实施程序的一般规定

1. 实施行政强制措施的一般条件

《行政强制法》是行政强制的一般法,概括出一些原则性条件,可以引导各行政管理领域的法律、法规依此确定合理的、具体的实施条件,以达到统一规范行政强制精确实施的目的。行政强制措施的一般实施条件包括如下四个方面:

一是只能在履行行政管理职责过程中实施。在行政管理过程中,行政机关有时需要通过采取必要的强制措施,以维护公共利益和社会秩序。行政强制措施是暂时性地限制公民人身权利或者公民、法人和其他组织的财产权利,只能在行政管理活动中实施。

二是必须符合法律、法规规定的可以实施行政强制措施的情形。行政强制措施

是一项"中间性"行为,是一项临时采取的措施,一般在制止违法行为、防止证据损毁、避免危害发生、控制危险扩大等情形下才能实施。这四种情形既是实施行政强制措施的条件,也是实施行政强制措施的目的。

三是必须有法律、法规的明确授权。行政强制措施的设定权归属于法律、法规,规章以及其他规范性文件不得设定行政强制措施。而且,《行政强制法》没有对行政机关进行普遍授权,行政机关的行政强制措施权只能来自单行法律、法规的具体授权。同时,行政机关只能在授权范围内实施行政强制措施。

四是必须由特定主体实施。根据《行政强制法》第十七条和第七十条的规定,除由法律、法规规定的行政机关在法定职权范围内实施外,在一定条件下,法律、行政法规授权的具有管理公共事务职能的组织也可以实施行政强制措施。

2. 可以不实施行政强制措施的情形

行政强制措施是行政管理不可缺少的手段,但行政强制措施对当事人权益影响很大,在实施过程中应当慎之又慎。实施行政强制不是目的,在能够达到行政管理的目的的前提下,行政机关应当尽量少采用行政强制措施。《行政强制法》第五条规定:"行政强制的设定和实施,应当适当。采用非强制手段可以达到行政管理目的的,不得设定和实施行政强制。"同时,该法第十六条第二款也规定:"违法行为情节显著轻微或者没有明显社会危害的,可以不采取行政强制措施。"这都说明,《行政强制法》的立法目的不是加强对当事人的强制,而是尽量减少行政强制手段的运用,以防损害当事人的合法权益。

3. 行政强制措施实施主体

(1)一般实施主体

一是只有行政机关才能实施行政强制措施,但并非所有的行政机关都具有行政强制措施权。只有法律、法规授予行政强制措施权的行政机关才能实施,比如交通运输主管部门、港口行政管理部门❶。未经授权的行政机关不得实施行政强制措施。需要注意的是,与行政处罚权和行政许可权不同,行政强制措施权不得委托给任何组织和个人行使。

二是法律、行政法规授权的具有管理公共事务职能的组织在法定授权范围内,可以实施行政强制措施,比如公路管理机构、道路运输管理机构、海事管理机构等。地方性法规、部门规章、地方政府规章和其他规范性文件授权的组织均不得实施行政强制措施。

三是代表行政机关实施行政强制措施的必须是具备行政执法资格的行政执法人员,其他人员不得实施。没有取得行政执法资格的人员不得从事行政执法工作。

---

❶ 就浙江省而言,此处的"港口行政管理部门"特指台州市、嘉兴市和舟山市的港航(务)管理局。

如果行政机关指派不具备行政执法资格的人员实施行政强制措施,则该执法行为违法,并且该行政机关应当承担法律责任。

(2)相对集中行政强制措施权的实施主体

《行政强制法》第十七条第二款规定:"依据《行政处罚法》的规定行使相对集中行政处罚权的行政机关,可以实施法律、法规规定的与行政处罚权有关的行政强制措施。"这就确立了相对集中行政强制措施权的实施主体。

相对集中行政强制措施的规定包括两个内容:

第一,相对集中行政强制措施权的实施主体由《行政强制法》予以普遍授权,不用再由其他单行法律、法规一一授权。换言之,相对集中行政强制措施权跟随相对集中行政处罚权的转移而转移,一并由被授权实施相对集中行政处罚权的实施主体行使。

第二,相对集中行政强制措施权仅限于与行政处罚权有关的行政强制措施,是特定的行政强制措施。

【案例】

张某诉遵义市红花岗区道路运输管理所行政强制措施案

【基本案情】

2015年4月1日11时,张某驾驶车牌号为贵C×××××号奇瑞牌小型轿车,从遵义市忠庄载客一人至遵义市春天堡,在行驶至遵义市春天堡时,正好碰上遵义市红花岗区道路运输管理所(下文简称运管所)的工作人员在实施检查。由于张某不能出示所驾驶车辆的营运证,又无法提供其他有效证明,运管所的工作人员随即对张某的车辆采取暂扣的强制措施,并对车上乘客以及张晓进行询问。经问,乘客田某某在遵义市忠庄坐上张某驾驶的车辆,且田某某不认识张晓;双方约定车费20元,且已经实际交付20元车费给张某;张某陈述,车辆所有人为李某某,他从李某某手中购买,但至今仍未办理过户手续。张某对运管所认定其未取得城市公共交通经营许可从事城市公共交通经营活动不予认可,并对运管所对贵C×××××号车采取的暂扣措施不服,依法提起行政诉讼。

法院认为,根据《道路运输条例》第七条"国务院交通主管部门主管全国道路运输管理工作。县级以上地方人民政府交通主管部门负责组织领导本行政区域的道路运输管理工作。县级以上道路运输管理机构负责具体实施道路运输管理工作"和《贵州省道路运输条例》第六条"省人民政府交通运输行政主管部门负责组织领导全省道路运输管理工作;省道路运输管理机构负责具体实施全省道路运输管理工作。县级以上人民政府交通运输行政主管部门负责组织领导本级行政区域内的道路运输管理工作;县级以上道路运输管理机构负责具体实施本级行政区域内的道路运输管理工作。县级以上人民政府其他有关部门按照各自职责分工,负责道路运输有关管理工作"之规定,被告遵义市红花岗区道路运输管理所具有管理红花岗辖区内道路运输相关事宜的法定职权和主体资格。被告根据本案乘客田某某所作的《询问笔录》认定原告的行为属于无道路运输经营许可擅自从事道路运输经营活动,对原告所驾驶的贵C×××××号车采取暂扣的强制措施证据充分。同时,被告根据有关法律、法规的规定,向当事人送达了《交通违法行为通知书》,该暂扣行为认定事实清楚,适用法律、法规正确,符合法定程序。原告主张其搭乘乘客系因顺路好意搭乘,并未收取车费,应不属于违法行为,但原告未提供有效证据予以证明。最终,法院对被告所作出的遵红运政暂扣(2015)第1-20065号《暂扣凭证》予以支持,而对原告的诉请不予支持。

【评析】

本案中,行政强制措施的实施主体和对象的确认值得借鉴。遵义市红花岗区道路运输管理所是法律、法规授权的机构,有法定的职权和职责,可以依法实施行政强制措施。在交通运输行业中,实施行政强制措施的主体有交通运输主管部门、港口主管机关、海事管理机构、港航管理机构、道路运输管理机构和公路管理机构。本案中,实施违法行为的人是原告张某,车辆只是其实施违法行为的工具,这与车辆是否过户无关。因此,张某应当为自身的违法行为独立承担法律责任。

4.行政强制措施的一般程序

根据《行政强制法》第十八条的规定,行政强制措施的实施和程序分为内部程序和外部程序。

内部程序,指实施行政强制措施过程中,行政机关内部的审批程序。该程序并不需要当事人的参与,也不被当事人应然知晓。《行政强制法》第十八条、第十九条规定:行政强制措施"实施前须向行政机关负责人报告并经批准","情况紧急,需要当场实施行政强制措施的,行政执法人员应当在24小时内向行政机关负责人报告,并补办批准手续"。这都属于行政强制措施实施程序的内部程序。内部程序是通过内部监督,来防止行政强制措施权被滥用。

外部程序,指由当事人参与或应当被当事人知晓的程序。行政执法人员违反外部程序,将导致行政行为违法,从而可能引发行政诉讼,并以败诉收场。《行政强制法》第十八条从以下六个方面对外部程序提出了具体要求:

(1)执法人员。行政强制措施必须由两名以上行政执法人员实施。一方面,实施行政强制措施的执法人员必须要有相应的执法资格;另一方面,执法人员必须两名以上。这是对执法人员数量的要求。这一要求,从相互监督和相互保护的角度出发,既能够避免权力滥用,又能够防止当事人诬陷、贿赂执法人员。

(2)表明身份。行政执法人员实施行政强制措施时,要"出示执法身份证件"。

了解执法人员的身份,要求出示执法证件,这是当事人的权利。在执法过程中,执法人员要主动表明身份,并在询问笔录等执法文书中注明执法证号码。

(3)通知当事人到场。行政强制措施的实施与当事人的人身权、财产权密切相关。实施行政强制措施时,执法人员应当通知当事人到场。这样,执法人员可以向当事人说明相关情况和提出要求,当事人也可以向执法人员进行申述、申辩,维护自身合法权益。通知当事人到场,并非要求当事人必须在现场。如果当事人不能及时到场或拒绝前来,一般应邀请与当事人和案件没有利害关系的人员到场,见证行政强制措施的实施过程,以加强群众监督。

(4)告知相关事项。实施行政强制措施时,执法人员应当当场告知当事人采取行政强制措施的理由、依据以及当事人依法享有的权利、救济途径。告知当事人相关事项是实施行政强制措施的重要程序,不履行该程序将构成程序违法。紧急情况下,可以口头告知。口头告知时,可以采取录音、录像等方式,对告知过程予以证据固定。

(5)听取陈述、申辩。在获知相关权利事项之后,当事人有权提出自己的主张和证据,有权进行陈述和申辩。行政机关应当及时对陈述、申辩内容进行记录和审查,依法决定是否采纳。

(6)制作现场笔录。现场笔录是实施行政强制措施的重要书面记录。当事人签名或盖章是现场笔录发生法律效力的要件之一;当事人拒绝在现场笔录上签名或盖章时,执法人员应当在现场笔录上注明情况——这种情况下,现场笔录的效力不受影响。当事人不到场的,可由见证人在笔录上签名或盖章。

【案例】

黄某某诉莆田市荔城区运输管理所交通运输行政强制一案

【基本案情】

2009年7月14日10时许,黄某某驾驶自己的闽B×××××号小型普通客车从新度镇乘载2名乘客,当车行至黄石镇东井街时,被莆田市荔城区运输管理所的派出机构荔城区黄石交通运输管理站与莆田市公安局交通警察支队荔城大队黄石中队联合在此开展打击"黑车"等非法营运治理活动的执法人员发现,并将该车叫停检查。莆田市荔城区运输管理所的执法人员对2名乘客分别进行调查取证,乘客陈某、余某某陈述乘车情况,车费为4元。而黄金森没有车辆营运证又没有当场提供其他有效证明。鉴此,莆田市荔城区运输管理所依照《中华人民共和国道路运输管理条例》第六十三条的规定,对该车辆予以暂扣,停放在黄石高速路交警停车场保管,并开具了NO2007778《福建省交通稽查暂扣(指定停放)凭证》,该凭证上相对人签名及日期处由莆田市荔城区运输管理所的执法人员注明"拒签、2009、7、14"字样,并有证人的姓名见证。事后,黄某某没有接受处理,于同年8月10日书写《正常行车被拦扣,原来交管要"做单"》向有关部门信访,信中叙述车经新度镇时 2 名青年人搭乘车去黄石的事情等。信访过程中黄某某仍没有接受莆田市荔城区运输管理所的处理意见,就以不服被告暂扣车的通行政强制措施向法院提起行政诉讼,同时一并提出行政赔偿请求。

法院经审理认为:①《交通执法现场笔录》,有载明时间、地点和事件等内容,并由执法人员签名,虽然当事人没有签名,但有见证人在场并注明原因系拒签的,该证据符合要求。②证人余某某、陈某的询问笔录,有行政执法人员、被询问人签名,符合提供书证的要求。原告黄某某在开庭审理前,申请法院通知该俩证人出庭接受调查、质证,经审查,因证人系外省、市人,无法出庭的,已通知原告黄某某申请不予准许。被告莆田市荔城区运输管理所提交的该两份笔录,经在庭审中出示质证,其合法、真实、与本案具有关联,能作为认定案件事实的证据。③NO2007778《福建省交通稽查暂扣(指定停放)凭证》,系福建省交通厅监制的,有加盖被告莆田市荔城区运输管理所单位公章和执法人员签名和日期,载明事项清楚,符合凭证形式要求,虽相对人处没有填写姓名,但车号填写清楚,原告黄某某称没有送达其也没签字,而凭证上相对人签名及日期处有被告莆田市荔城区运输管理所执法人员在该处注明"拒签、2007、7、14"字样,它能证明原告黄某某的车辆被暂扣后,被告莆田市荔城区运输管理所开具了暂扣凭证的事实。总之,被告莆田市荔城区运输管理所提供的证据与案件有关联,证据符合法定形式,合法、真实有效,具有证明效力,并经庭审质证,能作为定案的依据。

【评析】

本案虽然发生在《行政强制法》实施之前,但相关法律法规对证据有效性的要求是一致的。从法院审理情况来看,《现场笔录》和《暂扣凭证》等执法文书需要当事人签字确认,文书制作要符合相关要求,程序要履行到位。如果当事人拒绝签字的,应当按照要求在文书上注明相关情况及原因,邀请见证人见证。

(二)查封与扣押

1. 查封、扣押的实施程序

根据《行政强制法》第二十四条的规定,实施查封、扣押时,除了履行行政强制措施的一般程序之外,还必须履行以下程序:

(1)当场交付查封、扣押决定书

查封、扣押主要是针对财产(有形之物)的强制措施,并且一般对时间要求不太紧迫,但对当事人权益影响比较大。相对而言,这类强制措施采取当场程序的较少,一般是先作出查封、扣押决定书,然后再组织实施。查封、扣押决定书是作出查封、扣押决定的法律文书,是采取查封、扣押措施的书面凭证。《行政强制法》第二十四条规定了查封、扣押决定书上需要载明的内容,包括:当事人的姓名或者名称、地址;查封、扣押的理由、依据和期限;查封、扣押场所、设施或者财物的名称、数量等;申请行政复议或者提起行政诉讼的途径和期限;行政机关的名称、印章和日期。查封、扣押决定书应当当场交付当事人。

【案例】

王某诉甘泉县道路运输管理所交通运输行政强制及行政赔偿案

【基本案情】

2007年4月21日,王某某租用张某某的铲车,准备在甘泉县石门乡魏家沟从事搬运石头作业,铲车行至魏家沟石场时,被甘泉县道路运输管理所工作人员发现。甘泉县道路运输管理所工作人员要求驾驶员出示铲车营运许可证,由于王某某没有办理铲车营运许可证,甘泉县道路运输管理所工作人员便将该铲车予以暂扣,但未出具暂扣证。同年4月28日,王某某到甘泉县道路运输管理所,甘泉县道路运输管理所工作人员口头通知他将所扣铲车放行,并将铲车钥匙交还。王某某认为甘泉县道路运输管理所扣押铲车的行为违法,提起行政诉讼,同时要求赔偿铲车被扣押期间的经济损失。

审理法院认为,被告甘泉县道路运输管理所作为道路运输管理部门,在执法过程中以违法经营为由,对原告王某某经营的铲车依法暂扣,其具体行政行为证据确凿,适用法律、法规正确,但被告工作人员暂扣铲车时,未向原告出具暂扣证,其行政行为程序违法,对原告的合法诉求应予支持。原告要求被告赔偿其暂扣铲车128天的经济损失,因现有证据只能证明暂扣时间为8天,按每天800元计算应认定原告的直接经济损失为6400元。原告要求被告返还停车费、铲车油一箱、喷灯一台、黄油枪一支,25吨千斤顶一个及随车工具一套,但因原告未提供合法有效的证据证明其主张,故法院对该诉讼请求不予支持。

【评析】

虽然此案发生在《行政强制法》颁布之前,但从法院审理过程发现,有关行政强制措施实施程序的要求是一致的。本案中,甘泉县道路运输管理所在暂扣铲车和解除暂扣决定时都未制作相关凭证,没有告知当事人扣押理由、依据、期限以及救济途径等,不符合程序规定,属于程序违法,从而导致行政行为违法和在行政诉讼中败诉。行政强制措施是要式行政行为,必须按照法定程序和方式实施。

(2)交付查封、扣押清单

查封、扣押清单是记载被查封、扣押财产的详细情况的书面凭证。对查封、扣押的财产,执法人员应当会同当事人或见证人查点清楚,当场开列查封、扣押清单。查封、扣押清单应尽可能涵盖所查封扣押财产的名称、材料、规格、质地、数量等详细情况,并保证有关信息准确无误,防止事后出现纠纷。同时,查封、扣押清单应当当场交付当事人。

2. 查封、扣押的范围和对被查封、扣押财物的保管

根据《行政强制法》第二十三条的规定,查封、扣押限于涉案的场所、设施或者财物,不得查封、扣押与违法行为无关的场所、设施或者财物;不得查封、扣押公民个人及其所抚养家属的生活必需品。而且,当事人的场所、设施或者财物已被其他国家机关依法查封的,不得重复查封。

根据《行政强制法》第二十六条的规定,对查封、扣押的场所、设施或者财物,行政机关应当妥善保管,不得使用或者损毁;造成损失的,应当承担赔偿责任。同时,对查封的场所、设施或者财物,行政机关可以委托第三人保管,第三人不得损毁或者擅自转移、处置。因第三人的原因造成的损失,行政机关先行赔付后,有权向第三人追偿。不管采取何种保管方式,因查封、扣押发生的保管费用都由行政机关承担。

3. 查封、扣押的期限

(1)法定期限

《行政强制法》第二十五条第一款、第二款规定:"查封、扣押的期限不得超过三十日;情况复杂的,经行政机关负责人批准,可以延长,但是延长期限不得超过三十日。""延长查封、扣押的决定应当及时书面告知当事人,并说明理由。"也就是说,查封、扣押期限一般是30日,最长不得超过60日,除非法律、行政法规另有规定。同时,延长查封、扣押的期限,仅限于"情况复杂"之时,并且对内要经过行政机关负责人批准,对外要书面告知当事人,并说明理由。在实践中,应尽量缩短查封、扣押的期限,以减少当事人的损失,保护当事人的合法权益。

(2)不纳入法定期限的时间

《行政强制法》第二十五条第三款规定:"对物品需要进行检测、检验、检疫或者技术鉴定的,查封、扣押的期间不包括检测、检验、检疫或者技术鉴定的期间。"这说明,一方面,检测、检验、检疫或技术鉴定以"需要"为限,不得随意进行。另一方面,应当在最短时间内完成检测、检验、检疫或技术鉴定,不得随意拖延,不得变相将检测、检验、检疫和技术鉴定作为延长查封、扣押期限的手段。

(3)查封、扣押期限的计算

《行政强制法》第六十九条规定:"本法中十日以内期限的规定是指工作日,不含法定节假日。"因此,查封、扣押的期限指的是自然日,包括工作日和休息日。《浙江省行政程序办法》第六十五条规定:"期限以时、日、月、年计算的,期限开始时、日不计算在期间内;期限届满的最后一日是节假日的,以节假日后的第一日为期限届满日期,法律、法规另有规定的除外。"这就明确了查封、扣押期限的计算方法。

(4)办案期限

《行政强制法》第二十七条规定:"行政机关采取查封、扣押措施后,应当及时查清事实,在本法第二十五条规定的期限内作出处理决定。"办理期限涉及两个期限,一个是办案期限,一个是查封、扣押期限。办案期限从案件立案(或受理)起开始计算,一个案件只有一个办案期限;查封、扣押期限从查封、扣押的次日起开始计算,一个案件可能在不同时间内对不同财物实施多次查封、扣押,因此可能涉及多个查封、扣押期限。

4. 查封、扣押决定的解除

根据《行政强制法》第二十八条的规定,有下列五种情形之一的,行政机关应当及时作出解除查封、扣押决定:①当事人没有违法行为;②查封、扣押的场所、设施或者财物与违法行为无关;③行政机关对违法行为已经作出处理决定,不再需要查封、扣押;④查封、扣押期限已经届满;⑤其他不再需要采取查封、扣押措施的情形。必须明确的是,查封、扣押并非行政处罚,只是行政机关为查处违法行为或防止危害扩大而采取的对财产的暂时性控制手段,并不涉及对财产的最终处分。因此,解除查封、扣押的条件一旦达成,行政机关就应当解除查封、扣押。解除查封扣押的,应当立即归还财物。为了防止行政机关不当处理被扣押财物,损害当事人的合法权益,《行政强制法》第二十七条规定,"已将鲜活物品或者其他不易保管的财物拍卖或者变卖的,退还拍卖或者变卖所得款项。变卖价格明显低于市场价格,给当事人造成损失的,应当给予补偿。"在这里,"拍卖"是采用公开竞价的方式将标的物卖给出价最高的买主,一般都能够获得最大限度的变价;"变卖"则是根据市场价格,因为信息不对称的原因,可能会出现对当事人造成一定损失。行政机关对因变卖价格明显低于市场价格,给当事人造成损失的,应当给予补偿。需要注意的是,这里的表述是"补偿"而不是"赔偿"。取得"赔偿"的前提一般是"违法"行使职权,而因"变卖价格明显低于市场价格,给当事人造成损失"的,一般不构成"违法"或情节较轻,因此这里是"补偿"。

第三节 交通运输行政强制执行概述

一、交通运输行政强制执行的方式

(一)行政强制执行的方式

《行政强制法》第十二条列举了行政强制执行的六种方式:①加处罚款或滞纳金;②划拨存款、汇款;③拍卖或者依法处理查封、扣押的场所、设施或者财物;④排除妨碍、恢复原状;⑤代履行;⑥其他强制执行方式。

从传统行政法理论和《行政强制法》施行以来我国的实际情况看,行政强制执行大致可分为两类:直接强制执行和间接强制执行。

1. 直接强制执行

直接强制执行,指行政执法主体自行采取强制手段,迫使当事人履行义务或者达到与履行义务相同的状态。它是最直接、最有效的方法,也是行政行为中最具有暴力性的手段。它在客观地实现行政执法目的的同时,不可避免地可能损害当事人的合法权益的。因此,必须对实施直接强制执行的条件、方式做出严格规定。我国学界列举的直接强制执行的方式有很多,总体上可以划分为:对人身的直接强制;对行为的直接强制;对财产的直接强制。

2.间接强制执行

间接强制执行,指行政执法主体通过代履行或执行罚等强制手段,迫使当事人履行义务,或达到义务被履行完毕的状态。

根据执行标的,间接强制执行可分为代履行和执行罚。

代履行,顾名思义,即由其他组织或个人代替当事人履行义务。代履行的适用,必须符合两个条件:一是程序上,必须是当事人超过履行期限不履行义务,并且经合理催告后仍不履行义务。给予当事人按期履行的机会和催告的过程,都属于间接强制执行的特点。二是实体上,当事人拒绝履行的义务必须是"可以"由他人代为履行的情况,即排除了义务的人身属性。在具体实施过程中,行政执法主体可以自行代为履行,也可以委托没有利害关系的第三人代为履行,并在履行结束后向义务人收取费用。可见,代履行同样可以达到义务的实现。而且,相比较而言,行政执法主体要求义务人履行金钱给付义务比要求义务人履行行为义务更具有可操作性。

执行罚,学理上,指当事人不履行行政决定确定的义务,而该义务又不能被代为履行时,有强制执行权的机关可对当事人不履行义务的行为进行处罚,以迫使当事人履行原有义务。《行政强制法》没有对执行罚进行明确界定,只是在第四十五条规定:"行政机关依法作出金钱给付义务的行政决定,当事人逾期不履行的,行政机关可以依法加处罚款或者滞纳金。加处罚款或者滞纳金的标准应当告知当事人。"这说明,在我国,执行罚只适用于对金钱给付义务的强制执行,而其表现形式是行政执法主体通过科以义务人新的金钱给付义务来促使其履行原有金钱给付义务。如,根据《行政处罚法》第五十一条的规定,当事人到期不缴纳罚款的,做出处罚决定的行政执法主体可以每日按罚款数额的百分之三加处罚款。执行罚与行政处罚的目的不同,它旨在迫使当事人履行原有义务。

(二) 交通运输行政强制执行的方式和法律依据

《行政强制法》虽然列举了六种行政强制执行方式,但在交通运输领域,适用频率比较高的是"加处罚款""拍卖或者依法处理查封、扣押的场所、设施或者财物""排除妨碍、恢复原状"与"代履行"。"加处罚款"与"拍卖或者依法处理查封、扣押的场所、设施或者财物"的适用,源于行政罚款、查封、扣押是交通运输行政执法的重要手段;"排除妨碍、恢复原状"与"代履行"的适用,除与交通运输法律法规的明确规定相关外,主要源于《行政强制法》第五十条、第五十二条的规定。具体来说,第五十条规定:"行政机关依法作出要求当事人履行排除妨碍、恢复原状等义务的行政决定,当事人逾期不履行,经催告仍不履行,其后果已经或者将危害交通安全、造成环境污染或者破坏自然资源的,行政机关可以代履行,或者委托没有利害关系的第三人代履行。"第五十二条规定:"需要立即清除道路、河道、航道或者公共场所的遗洒物、障碍物或者污染物,当事人不能清除的,行政机关可以决定立即实施代履行;当事人不在场的,行政机关应当在事后立即通知当事人,并依法作出处理。"这两条是对行政执法主体的强制执行权的普遍授权,在满足相关条件时,行政执法主体可以直接实施代履行,而不需要再援引其他法律、法规。交通运输行政执法大多与交通安全、环境污染有关联。

鉴于"加处罚款"和"拍卖或者依法处理查封、扣押的场所、设施或者财物"等强制执行方式的识别和适用较为简单,本书不予赘述。下面对交通运输法律法规中关于"排除妨碍、恢复原状"与"代履行"等强制执行方式的规定作一介绍。

1. 拆除非公路标志(强制执行方式:排除妨碍、恢复原状)

主要法律依据:

《公路法》第七十九条:"违反本法第五十四条规定,在公路用地范围内设置公路标志以外的其他标志的,由交通主管部门责令限期拆除,可以处二万元以下的罚款;逾期不拆除的,由交通主管部门拆除,有关费用由设置者负担。"

2. 拆除违法建设的建筑物、地面构筑物或擅自埋设的管线、电缆等设施(强制执行方式:排除妨碍、恢复原状)

主要法律依据:

《公路法》第八十一条:"违反本法第五十四条规定,在公路建筑控制区内修建建筑物、地面构筑物或者擅自埋设管线、电缆等设施的,由交通主管部门责令限期拆除,并可以处五万元以下的罚款。逾期不拆除的,由交通主管部门拆除,有关费用由建筑者、构筑者承担。"

《公路安全保护条例》第五十六条:"违反本条例的规定,有下列情形之一的,由公路管理机构责令限期拆除,可以处5万元以下的罚款。逾期不拆除的,由公路管理机构拆除,有关费用由违法行为人承担:(一)在公路建筑控制区内修建、扩建建筑物、地面构筑物或者未经许可埋设管道、电缆等设施的;(二)在公路建筑控制区外修建的建筑物、地面构筑物以及其他设施遮挡公路标志或者妨碍安全视距的。"

3. 代为拆除建筑物、建筑物或其他设施,拆除违法标志,拆除水面养殖、种植设施,打捞清除沉船、沉物,拆除渡口,设置水上交通安全标志等(强制执行方式:代履行)

主要法律依据:

《港口法》第五十四条:"在港口水域内从事养殖、种植活动的,由海事管理机构责令限期改正;逾期不改正的,强制拆除养殖、种植设施,拆除费用由违法行为人承担;可以处一万元以下罚款。"

《港口法》第五十五条:"未经依法批准在港口进行可能危及港口安全的采掘、爆破等活动的,向港口水域倾倒泥土、砂石的,由港口行政管理部门责令停止违法行为,限期消除因此造成的安全隐患;逾期不消除的,强制消除,因此发生的费用由违法行为人承担;处五千元以上五万元以下罚款;依照有关水上交通安全的法律、行政法规的规定由海事管理机构处罚的,依照其规定;构成犯罪的,依法追究刑事责任。"

《公路法》第五十条第二款:"运输单位不能按照前款规定采取防护措施的,由交通主管部门帮助其采取防护措施,所需费用由运输单位承担。"

《公路法》第七十九条:"违反本法第五十四条规定,在公路用地范围内设置公路标志以外的其他标志的,由交通主管部门责令限期拆除,可以处二万元以下的罚款;逾期不拆除的,由交通主管部门拆除,有关费用由设置者负担。"

《公路法》第八十一条:"违反本法第五十六条规定,在公路建筑控制区内修建建筑物、地面构筑物或者擅自埋设管线、电缆等设施的,由交通主管部门责令限期拆除,并可以处五万元以下的罚款。逾期不拆除的,由交通主管部门拆除,有关费用由建筑者,构筑者承担。"

【案例】

嘉兴首例海事行政强制代履行案

2013年1月4日下午,嘉兴市城郊地方海事处塘汇海事所收到了浙桐乡货01277支付的全部5万多元的沉船打捞费用,至此,一起历时近一个月的嘉兴市首例海事行政强制打捞代履行案件执行完毕。

2012年12月8日凌晨,浙桐乡货01277因与他船发生水上交通事故,而沉没于杭申线嘉兴北郊河小红庙桥附近航段,因该航段船舶流量很大,沉船已严重影响了往来船舶的正常通行,也极易导致次生事故的发生。为此,城郊地方海事处一方面强化现场管理,日夜维持现场航行秩序,保证过往船舶安全通行;另一方面依据《行政强制法》《内河交通安全管理条例》以及部海事局《海事行政强制实施程序规定》等相关规定,依法立即组织强制打捞作业,并向浙桐乡货01277船舶所有人叶某送达了《海事行政强制代履行决定书》,有关费用在按照嘉兴市打捞费标准的基础上参照了沉捞双方的协议。12月9日下午5时沉船被捞起,航道恢复正常通行。在海事行政强制代履行过程中,海事人员多次向当事人解释了通过强制代履行决定这一行政行为,使得沉船方交付打捞费用已不是一个民事行为,而是一个具有行政强制力的行政行为,为此,当事人也表示理解和接受,并与海事处初步达成了交付打捞费用的协议,2013年1月4日下午,叶某交清了全部打捞费用。

【评析】

一直以来,当在干线航道上发生沉船事故后,依法由当事人自行组织打捞是难以实现的,往往是由海事管理机构通知并组织打捞,而一旦打捞船进场后,则由打捞方、沉船方自行商议打捞费用,造成打捞方、沉船方往往会因为打捞费的问题而纠缠不清,延误打捞时机,甚至发生打捞完毕后因费用未清而将沉船悬吊在打捞船旁的情况,有损沉捞双方和海事管理机构的形象,也不利于内河社会救助力量的健康发展。为此,城郊地方海事处组织海事人员认真研究相关法律,不断创新工作思路和方法,在立足于维护沉捞各方权益的基础上,首次依法开展了沉船强制打捞代履行工作,为今后类似工作的开展积累了经验。

4.清除掉落、遗洒、飘散在公路上的障碍物(强制执行方式:代履行)

主要法律依据:

《公路法》第七十七条:"违反本法第四十六条的规定,造成公路路面损坏、污染或者影响公路畅通的,或者违反本法第五十一条规定,将公路作为试车场地的,由交通主管部门责令停止违法行为,可以处五千元以下的罚款。"

《公路安全保护条例》第六十九条:"车辆装载物触地拖行、掉落、遗洒或者飘散,造成公路路面损坏、污染的,由公路管理机构责令改正,处5000元以下的罚款。"

5.强制拆除或恢复渡口(强制执行方式:排除妨碍、恢复原状)

主要法律依据:

《内河交通安全管理条例》第七十二条:"违反本条例的规定,未经批准擅自设置或者撤销渡口的,由渡口所在地县级人民政府指定的部门责令限期改正;逾期不改正,予以强制拆除或者恢复,因强制拆除或者恢复发生的费用分别由设置人、撤销人承担。"

二、交通运输行政强制执行的实施主体

《行政强制法》第十三条第二款规定:"法律没有规定行政机关强制执行的,作出行政决定的行政机关应当申请人民法院强制执行。"第七十条规定:"法律、行政法规授权的具有管理公共事务职能的组织在法定授权范围内,以自己的名义实施行政强制,适用本法有关行政机关的规定。"因此,行政强制执行的实施主体包括两类:一是行政执法主体,包括依据法律规定享有强制执行权的行政机关,以及法律、行政法规授权的具有管理公共事务职能的组织。二是根据行政执法主体的申请来实施强制执行的人民法院。

因此,交通运输强制执行的实施主体是交通运输行政执法主体和人民法院。

考虑到行政执法主体直接实施行政强制执行的程序与申请人民法院强制执行的程序具有较大差异,《行政强制法》专设第四章"行政机关强制执行程序"与第五章"申请人民法院强制执行",对二者分别作出规定。这样,本书分两节对交通运输行政强制执行程序进行介绍。

第四节　交通运输行政执法主体强制执行程序

一、一般规定

交通运输行政执法主体依法作出行政决定后,当事人在交通运输行政执法主体决定的期限内不履行义务的,具有行政强制执行权的交通运输行政执法主体可以依法实施强制执行。可见,交通运输行政执法主体实施行政强制执行具有如下特征:一是执行依据是已经生效的行政决定。二是当事人在行政决定要求的或者合理的履行期限内无正当理由不履行义务。三是交通运输行政执法主体就该事项依法享有行政强制执行权。

根据《行政强制法》的规定,交通运输行政执法主体实施行政强制执行时,应当遵守下列程序:

(一) 催告

催告是交通运输行政执法主体就当事人应当履行的行政决定,以特定形式通告该当事人,以提示其在一定期间内履行义务的行为。

催告程序是行政强制执行程序的辅助程序,同时也是行政强制执行程序的启动程序。

根据《行政强制法》第三十五条的规定,交通运输行政执法主体在作出强制执行决定前,应当事先催告当事人履行义务。而且,催告应当以书面形式作出,并载明下列四项内容:

(1) 履行义务的期限;

(2) 履行义务的方式;

(3) 涉及金钱给付的,应当有明确的金额和给付方式;

(4) 当事人依法享有的陈述权和申辩权。

根据《行政强制法》第三十八条的规定,催告书应当直接送达当事人;当事人拒绝接收或者无法直接送达当事人的,应当依照《民事诉讼法》的有关规定送达。

催告书送达后,交通运输行政执法主体应当关注当事人是否在规定期限内履行了行政决定,以及是否提出了陈述和申辩。经催告,当事人履行了行政决定的,交通运输行政执法主体就无须启动强制执行程序了。当事人在规定期限内提出陈述和申辩的,交通运输行政执法主体应当充分听取当事人的意见,对当事人提出的事实、理由和证据,应当进行记录、复核。当事人提出的事实、理由或者证据成立的,交通运输行政执法主体应当采纳。

（二）行政强制执行决定的作出与送达

行政强制执行决定，指经过催告，当事人逾期仍不履行行政决定，并且没有正当理由时，交通运输行政执法主体依法作出的、决定对当事人采取行政强制执行行为的行政行为。

根据《行政强制法》第三十七条的规定，原则上，只有在催告期限届满，当事人逾期仍不履行行政决定，并且没有正当理由时，交通运输行政执法主体才可以作出强制执行决定。例外在于，虽然在催告期间，但有证据证明当事人有转移或者隐匿财物迹象时，交通运输行政执法主体可以作出立即强制执行决定。

同时，交通运输行政强制执行决定必须以书面形式作出，并载明下列事项：

(1) 当事人的姓名或者名称、地址；
(2) 强制执行的理由和依据；
(3) 强制执行的方式和时间；
(4) 申请行政复议或者提起行政诉讼的途径和期限；
(5) 交通运输行政执法主体的名称、印章和日期。

与催告书相同，根据《行政强制法》第三十八条的规定，交通运输行政强制执行决定书应当直接送达当事人；当事人拒绝接收或者无法直接送达当事人的，应当依照《民事诉讼法》的有关规定送达。❶

（三）行政强制执行决定的实施

交通运输行政执法主体可以依据行政决定和行政强制执行决定载明的当事人的义务和其他事项，实施行政强制执行。一般步骤如下：

(1) 在执行开始时，行政执法人员应向当事人出示执法证件和执行文书，并说明有关情况。

(2) 当事人不在执行现场时，行政执法人员应邀请当事人的亲属或其单位的工作人员到场作执行见证人。见证人应当在执行情况和有关记录文件上签字或盖章。

(3) 强制执行实施完毕，行政执法人员应制作执行记录。执行记录应包括：①行政执法主体、执行负责人和执行依据；②当事人的基本信息；③义务履行情况和执行标的物的现状；④执行的地点和时间；⑤执行的内容和方式；⑥实施强制执行的基本情况；⑦执行见证人的个人基本信息；⑧执行负责人、被执行人，以及执行见证人的签名盖章；⑨制作执行记录的时间。

(4) 需要有关机构或个人协助执行的，交通运输行政执法主体可以依法请求协助。

(5) 在实施强制执行的过程中，如遇当事人或其他人妨碍执行，交通运输行政执法主体及其工作人员可以依法运用适当手段排除妨碍，但所运用的手段以排除妨碍

---

❶ 详见本书第三章第八节。

为限,不得过度,更不能采用非法手段。

《行政强制法》第四十三条规定:"行政机关不得在夜间或者法定节假日实施行政强制执行。但是,情况紧急的除外。行政机关不得对居民生活采取停止供水、供电、供热、供燃气等方式迫使当事人履行相关行政决定。"这对交通运输行政执法主体实施行政强制执行提出了两方面的限制:

第一,实施时间的限制。除情况紧急外,交通运输行政执法主体不得在夜间或者法定节假日实施行政强制执行。"夜间",通常指晚上22点至次日晨6点;"法定节假日",除周六、周日外,就是《全国年节及纪念日放假办法》(国务院令第644号)第2条所规定在全体公民放假的节日,包括:新年,放假1天;春节,放假3天;清明节,放假1天;劳动节,放假1天;端午节,放假1天;中秋节,放假1天;国庆节,放假3天。所谓"情况紧急",指的是《行政强制法》第三十七条第三款规定的"在催告期间,对有证据证明有转移或者隐匿财物迹象",和第五十二条规定的"要立即清除道路、河道、航道或者公共场所的遗洒物、障碍物或者污染物,当事人不能清除"的情形。这一规定体现了《行政强制法》对行政权的约束和对行政相对人的善待与尊重。

第二,强制行政方式的限制。交通运输行政执法主体不得对居民生活采取停止供水、供电、供热、供燃气等方式迫使当事人履行相关行政决定。这是因为,水、电、热、燃气的供应是居民维系日常生活的必备条件,停止供水、供电、供热、供燃气是对居民生存权利的侵害,已构成严重违法。

(四)行政强制执行的中止与终结

根据《行政强制法》第三十九条的规定,有下列四种情形之一的,交通运输行政执法主体应当中止执行:

(1)当事人履行行政决定确有困难或者暂无履行能力的;

(2)第三人对执行标的主张权利,确有理由的;

(3)执行可能造成难以弥补的损失,且中止执行不损害公共利益的;

(4)交通运输行政执法主体认为需要中止执行的其他情形。中止执行的情形消失后,交通运输行政执法主体应当恢复执行。对没有明显社会危害,当事人确无能力履行,中止执行满3年未恢复执行的,交通运输行政执法主体不再执行。

根据《行政强制法》第四十条的规定,有下列五种情形之一的,交通运输行政执法主体应当终结执行:

(1)公民死亡,无遗产可供执行,又无义务承受人的;

(2)法人或者其他组织终止,无财产可供执行,又无义务承受人的;

(3)执行标的灭失的;

(4)据以执行的行政决定被撤销的;

(5)交通运输行政执法主体认为需要终结执行的其他情形。

中止执行与终结执行的区别在于:前者是行政强制执行程序的暂时停止,待法定的中止事由消失后,交通运输行政执法主体应当立即恢复强制执行程序;后者是行政强制执行程序的结束,不存在再次启动强制执行程序的可能性。

（五）执行协议

执行协议是《行政强制法》的一大创新和特色。该法第四十二条规定:"实施行政强制执行,行政机关可以在不损害公共利益和他人合法权益的情况下,与当事人达成执行协议。执行协议可以约定分阶段履行;当事人采取补救措施的,可以减免加处的罚款或者滞纳金。执行协议应当履行。当事人不履行执行协议的,行政机关应当恢复强制执行。"这对交通运输行政执法主体与当事人签订执行协议提出了如下要求:①执行协议的签订,以不损害公共利益和他人合法权益为前提。②执行协议的主要内容是对当事人履行义务的方式进行约定,如约定分阶段履行,而不是减免当事人的义务。③当事人采取了补救措施的,交通运输行政执法主体充其量可以减免加处的罚款或者滞纳金,而不能减免据以执行的行政决定所确定的义务。④执行协议具有法律效力,当事人应当履行。当事人不履行执行协议的,交通运输行政执法主体应当恢复强制执行。

（六）行政强制执行回转

根据《行政强制法》第四十一条的规定,在执行中或者执行完毕后,据以执行的行政决定被撤销、变更,或者执行错误的,应当恢复原状或者退还财物;不能恢复原状或者退还财物的,依法给予国家赔偿。这是实行行政强制执行回转制度的法律依据。该制度是对诉讼中执行回转制度的借鉴,又称再执行,指在行政强制执行过程中或者执行完毕后,据以执行的行政决定被人民法院或其他有关机关撤销、变更,或者发现执行错误的,行政执法主体对已被执行的财产重新采取执行措施,恢复到执行程序开始时的状况的一种救济制度。本质上,行政强制执行回转制度是针对执行发生的错误而采取的一种补救措施。该制度的确立,一定意义上,也是对复议不停止执行原则和诉讼不停止执行原则的呼应。

二、金钱给付义务的执行

针对以当事人金钱给付义务的行政决定,《行政强制法》规定了三种强制执行方式:一是加处罚款或者滞纳金;二是拍卖依法查封、扣押的财物;三是通知金融机构划拨存款或汇款。从当前交通运输领域的立法来看,可以作为交通运输行政强制执行方式的只有第一种和第二种。

（一）加处罚款或者滞纳金

前文已述,加处罚款或者滞纳金是执行罚的表现形式。《行政强制法》第四十五条规定:"行政机关依法作出金钱给付义务的行政决定,当事人逾期不履行的,行政机关可以依法加处罚款或者滞纳金。加处罚款或者滞纳金的标准应当告知当事人。加处罚款或者滞纳金的数额不得超出金钱给付义务的数额。"这意味着,交通运输行

政执法主体采取加处罚款或者滞纳金这一强制执行方式时,应当符合以下要求:

(1)当事人逾期不履行金钱给付义务的行政决定。这是交通运输行政执法主体适用加处罚款或者滞纳金的前提。

(2)法律、法规和规章明确规定交通运输行政执法主体可以处罚款或者滞纳金。如,《行政处罚法》第五十一条规定:"当事人逾期不履行行政处罚决定的,作出行政处罚决定的行政机关可以采取下列措施:(一)到期不缴纳罚款的,每日按罚款数额的百分之三加处罚款;……"也就是说,对于行政罚款决定,当事人不履行时,交通运输行政执法主体可以依据《行政处罚法》对当事人加处罚款。

(3)交通运输行政执法主体应当将加处罚款或者滞纳金的标准告知当事人。

(4)加处罚款或者滞纳金的数额,不得超出金钱给付义务的数额。

考虑到某些当事人可能根本不在乎加处罚款或者滞纳金这一执行方式,致使行政决定确定的金钱给付义务长期处于无法实现状态,《行政强制法》四十六条第一款规定:"行政机关依照本法第四十五条规定实施加处罚款或者滞纳金超过三十日,经催告当事人仍不履行的,具有行政强制执行权的行政机关可以强制执行。"由是可知,首先,交通运输行政执法主体作出加处罚款或者滞纳金决定后,当事人随时可以履行金钱给付义务;一旦履行完毕,行政强制执行程序随之结束。其次,加处罚款或者滞纳金决定作出后超过三十日,当事人仍未履行行政决定时,交通运输行政执法主体应当催告当事人履行义务。最后,经催告,当事人仍不履行的,具有行政强制执行权的交通运输行政执法主体可以强制执行;不具有行政强制执行权的交通运输行政执法主体可以申请人民法院强制执行。但是,当事人在法定期限内不申请行政复议或者提起行政诉讼,经催告仍不履行的,在实施行政管理过程中已经采取查封、扣押措施的交通运输行政执法主体,可以将查封、扣押的财物依法拍卖抵缴罚款。

(二)拍卖依法查封、扣押的财物

拍卖,指对已经被查封、扣押的财物,以公开竞价的方式转让给出价最高的买受人,将所得款项冲抵实现当事人所负担的金钱给付义务的强制执行方式。拍卖的目的在于实现对查封或扣押财物的变价,以最终实现当事人的金钱给付义务。拍卖依法查封、扣押的财物,由交通运输行政执法主体依法委托拍卖机构依照《拍卖法》的规定办理。《拍卖法》对拍卖的原则、拍卖人、拍卖程序等都作了规定。另外,最高法院在2004年公布的《关于人民法院执行中拍卖、变卖财产的规定》(法释〔2004〕16号),交通运输行政执法主体在强制执行程序中拍卖当事人财物时,也可以参照此规定执行。

三、代履行

代履行是指当事人不履行行政决定所确定的义务,而该义务又可以由他人代替履行时,行政执法主体自行或者委托没有利害关系的第三人代替当事人履行,并由当事人承担履行义务所需费用的行政强制执行方式。

根据代履行的范围,《行政强制法》将代履行分为一般代履行和即时代履行。前者的范围是"排除妨碍、恢复原状等",后者的范围是"清除道路、河道、航道或者公共场所的遗洒物、障碍物或者污染物"。

(一) 一般代履行

1. 一般代履行的法律授权模式

一般代履行的适用范围严格限定于排除妨碍、恢复原状等"做好事"一类的义务,对当事人利益没有较大的侵害危险。因此,对一般代履行,《行政强制法》第五十条采用了普遍授权模式,即只要符合法定条件,所有行政执法主体都可以实施代履行,而不局限于具有行政强制执行权的行政执法主体。也就是说,交通运输行政执法主体普遍拥有实施一般代履行的权力。

2. 一般代履行的适用条件

根据《行政强制法》第五十条的规定,满足以下条件时,交通运输行政执法主体可以实施一般代履行:

(1) 行政决定为当事人确定的是排除妨碍、恢复原状等义务;

(2) 当事人在行政决定要求的履行期限内拒不履行该义务,或者没有能力履行;

(3) 经行政机关催告,当事人仍不履行;

(4) 当事人不履行义务的状态或者后果具有现实的或者必然的危害性,其后果已经或者将危害交通安全、造成环境污染或者破坏自然资源。

3. 一般代履行的程序

《行政强制法》以规范和控制行政权力、保护行政相对人合法权益为出发点,对一般代履行的实施程序作了统一规定,并严格限定了行政执法主体实施一般代履行的步骤、方式、方法等。具体来说,根据《行政强制法》第五十一条的规定,交通运输行政执法主体实施一般代履行,应符合以下程序要求:

(1) 制作代履行决定书,并送达当事人

代履行之前,交通运输行政执法主体应当制作代履行决定书,并按照送达的有关规定送达当事人。

代履行决定书依法需要写明下列内容:

第一,当事人的姓名或者名称、地址。明确当事人的基本信息,防止执行对象的错误。

第二,代履行的理由和依据。代履行的理由是当事人负有排除妨碍、恢复原状等义务,经催告仍拒不履行,且其不履行的后果已经或者将要危害交通安全、造成环境污染或者破坏自然资源。代履行的依据是指科以当事人作为义务的行政决定和相关法律、法规条文。

第三,代履行的方式和时间,即写明拟代履行的具体方式和准确时间,以方便当事人及早作必要的准备。

第四,代履行标的,即具体的义务事项或者物品。

第五,代履行的费用预算,包括代履行的项目和计算标准、计算方法。

第六,代履行人的姓名或者名称、地址,写明代履行人是行政执法主体还是第三人,及其基本信息。

(2)代履行催告

代履行三日前,交通运输行政执法主体应当催告当事人履行;当事人履行的,则停止代履行。

催告时,重点向当事人说明行政决定所确定的当事人应当履行的义务类型和履行要求,以及三日后仍不履行将面对的代履行的相关情况。时间方面,催告必须是在代履行实施三日前完成。

特别注意的是,交通运输行政执法主体首先必须制作并送达代履行决定书,然后才进入催告程序。

(3)代履行的监督

实施代履行时,作出行政决定的交通运输行政执法主体应当派员到场监督。这是因为,实施代履行的可能是第三人。

(4)制作执行文书

代履行结束后,作出代履行决定的交通运输行政执法主体的到场监督的工作人员、代履行人和当事人应当在执行文书上签名或者盖章。

(5)代履行费用的确定和收取

除法律另有规定之外,代履行的费用按照成本合理确定,由当事人承担。

除前述程序性规定外,《行政强制法》第五十一条第三款特别指出,行政执法主体或受其委托的第三人在实施代履行时,不得采用暴力、胁迫以及其他非法方式。

(二)即时代履行

即时代履行,指在法定的紧急情况出现时,当事人因不具备履行能力或者由于不在现场而不能履行的,为了立即解决出现的紧急情况或者危险状态,交通运输行政执法主体可以当即决定实施代履行。

即时代履行的法律依据是《行政强制法》第五十二条,即:"需要立即清除道路、河道、航道或者公共场所的遗洒物、障碍物或者污染物,当事人不能清除的,行政机关可以决定立即实施代履行;当事人不在场的,行政机关应当在事后立即通知当事人,并依法作出处理。"可见,交通运输行政执法主体实施即时代履行应当符合以下条件:第一,出现了法定紧急情况或者危险状态。《行政强制法》第五十二条将即时代履行的范围限定为影响公共交通安全与顺畅和影响公共场所安全与环境;第二,当事人对紧急情况或者危险状态的出现负有责任,因此负有清除障碍、恢复原状的义务;第三,当事人由于不具备履行能力或者不在现场,而无法履行义务。同时,实施代履行时当事人不在场的,交通运输行政执法主体应当在事后立即通知当事人,并依法对代履行费用等问题作出处理。

第五节　申请人民法院强制执行的程序

一、申请人民法院强制执行制度的定位

申请人民法院强制执行制度,又称非诉执行制度。该制度最初由《行政诉讼法》(1989年)第六十六条❶所确立,后被最高人民法院《关于执行〈中华人民共和国行政诉讼法〉若干问题的解释》第八十六到第九十五条予以具体化。《行政强制法》专列一章"申请人民法院强制执行",但内容上大致是对现行制度的确认,只是增加了催告程序和救济程序。

非诉执行的执行主体仅仅指人民法院,并且人民法院是基于行政执法主体的申请而启动执行程序。此时,宏观上,人民法院与行政执法主体的关系定位应该是公务协助和监督制约关系。

非诉执行的依据是行政执法主体作出的行政决定,而执行的前提是行政相对人在法定期限内,既不申请行政复议或者提起行政诉讼,又不履行行政决定。本质上,这是借助人民法院的执行权来实现行政决定所确立的义务。同时,对于行政决定经复议后被维持,或者经行政诉讼后人民法院驳回原告诉讼请求的,行政执法主体申请人民法院强制执行的标的仍然是行政决定。

二、申请人民法院强制执行的程序

根据《行政强制法》第五章的规定,申请人民法院强制执行的程序由申请、受理、审查、裁定与执行等环节构成。《行政强制法》不仅对提出强制执行申请的行政执法主体具有约束力,而且对人民法院也具有约束力。作为交通运输行政执法主体而言,其关注的重点是如何确保自己提出的强制执行申请获得人民法院的认可,即人民法院作出准予执行裁定,并启动强制执行程序。

(一)申请

1.申请人

根据《行政强制法》第五十三条的规定,"没有行政强制执行权的行政机关"有权向法院提出强制执行申请。这对申请人提出两点要求:一是必须是作出行政决

---

❶ 即"公民、法人或者其他组织对具体行政行为在法定期间不提起诉讼又不履行的,行政机关可以申请人民法院强制执行,或者依法强制执行。"

定的行政执法主体;二是必须没有行政强制执行权。其中,第二点要求尤其需要注意。也就是说,如果法律规定行政执法主体既可以申请人民法院强制执行,也可以直接强制执行,那么行政执法主体申请人民法院强制执行时,人民法院可以不予受理。

2. 申请条件

根据《行政强制法》第五十三条和第五十四条的规定,交通运输行政执法主体申请人民法院强制执行,需要满足以下条件:

(1)当事人在法定期限内不申请行政复议或者提起行政诉讼,又不履行行政决定的。一方面,当事人在法定期限内不申请行政复议或者提起行政诉讼。关于申请行政复议的期限,《行政复议法》第九条规定:"公民、法人或者其他组织认为具体行政行为侵犯其合法权益的,可以自知道该具体行政行为之日起六十日内提出行政复议申请;但是法律规定的申请期限超过六十日的除外。因不可抗力或者其他正当理由耽误法定申请期限的,申请期限自障碍消除之日起继续计算。"关于提起行政诉讼的期限,《行政诉讼法》第四十五条规定:"公民、法人或者其他组织不服复议决定的,可以在收到复议决定书之日起十五日内向人民法院提起诉讼。复议机关逾期不作决定的,申请人可以在复议期满之日起十五日内向人民法院提起诉讼。法律另有规定的除外。"第四十六条规定:"公民、法人或者其他组织直接向人民法院提起诉讼的,应当自知道或者应当知道作出行政行为之日起六个月内提出。法律另有规定的除外。因不动产提起诉讼的案件自行政行为作出之日起超过二十年,其他案件自行政行为作出之日起超过五年提起诉讼的,人民法院不予受理。"这样,行政决定生效后,交通运输行政执法主体应当密切关注当事人是否在法定期限内申请行政复议或者提起行政诉讼,以及是否在法定期限内履行了行政决定。其中,当事人在法定期限内没有履行行政决定是交通运输行政执法主体申请人民法院强制执行的根本原因。

(2)当事人经催告后仍未履行行政决定。交通运输行政执法主体在申请人民法院强制执行前,应当催告当事人履行义务。催告书送达十日后当事人仍未履行义务的,交通运输行政执法主体才可以向人民法院申请强制执行。

催告书一般载明下列事项:①履行义务的期限;②履行义务的方式;③应当有明确的金额和给付方式;④当事人依法享有的陈述权和申辩权。

3. 申请执行的期限

一方面,交通运输行政执法主体应当自当事人申请行政复议和提起行政诉讼的法定起诉期限届满之日起三个月内提出申请。逾期申请的,除有正当理由外,人民法院不予受理。

另一方面,交通运输行政执法主体必须在催告书送达十日后当事人仍未履行义务的,才可以提出申请。

4. 申请材料

根据《行政强制法》第五十五条的规定，交通运输行政执法主体向人民法院申请强制执行时，应当提供下列材料：

（1）强制执行申请书；

（2）行政决定书及作出决定的事实、理由和依据；

（3）当事人的意见及行政机关催告情况；

（4）申请强制执行标的情况；

（5）法律、行政法规规定的其他材料。而且，强制执行申请书应当由交通运输行政执法主体负责人签名，加盖交通运输行政执法主体的印章，并注明日期。

5. 管辖法院

根据《行政强制法》第五十四条的规定，交通运输行政执法主体应当向其所在地有管辖权的人民法院申请强制执行；执行对象是不动产的，向不动产所在地有管辖权的人民法院申请强制执行。一般来说，"有管辖权的人民法院"指基层人民法院。

（二）受理

根据《行政强制法》第五十六条的规定，人民法院在收到交通运输行政执法主体的强制执行申请后，应当在五日内作出是否受理的裁定。当人民法院作出不予受理裁定，而交通运输行政执法主体有异议时，交通运输行政执法主体可以在十五日内向上一级人民法院申请复议。上一级人民法院应当自收到复议申请之日起十五日内作出是否受理的裁定。而且，上一级人民法院的裁定是终局裁定，交通运输行政执法主体不能再提出异议。

（三）审查与裁定

1. 审查方式

根据《行政强制法》第五十七条和第五十八条的规定，一般情况下，人民法院只对交通运输行政执法主体的强制执行申请进行书面审查。但是，在书面审查过程中，人民法院发现有下列三种情形之一的，则在作出裁定前，可以听取被执行人和交通运输行政执法主体的意见：

（1）明显缺乏事实根据的；

（2）明显缺乏法律、法规依据的；

（3）其他明显违法并损害被执行人合法权益的。

前述三种情形，可统称为存在明显违法情形。

2. 裁定的类型和作出期限

根据《行政强制法》第五十七条和第五十八条的规定，人民法院对交通运输行政执法主体强制执行的申请进行书面审查。当申请材料符合《行政强制法》第五十五条的要求，并且行政决定具备法定执行效力时，人民法院应当自受理之日起七日内作出执行裁定；审查发现存在《行政强制法》第五十八条所列举的明显违法情形的，人民法院应当自受理之日起三十日内作出是否执行的裁定。裁定不予执行的,人民法院应当说明理由,并在五日内将不予执行的裁定送达交通运输行政执法主体。

可见,裁定的类型分为准予执行裁定和不予执行裁定。在可能作出准予执行裁定时,人民法院会相当慎重。

3.对不予执行裁定的救济

根据《行政强制法》第五十八条第三款的规定,交通运输行政执法主体对人民法院不予执行的裁定有异议的,可以自收到裁定之日起十五日内向上一级人民法院申请复议,上一级人民法院应当自收到复议申请之日起三十日内作出是否执行的裁定。上一级人民法院的裁定是终局裁定,交通运输行政执法主体不能再提出异议。

(四)执行

对准予执行裁定,需要采取强制执行措施的,人民法院将安排本院负责强制执行非诉行政行为的机构执行(可能是行政庭,也可能是执行庭)。实践中,人民法院有时会裁定由申请强制执行的交通运输行政执法主体实施强制执行。

因情况紧急,为保障公共安全,交通运输行政执法主体也可以申请人民法院立即执行。经人民法院院长批准,人民法院应当自作出执行裁定之日起五日内执行。

交通运输行政执法主体申请人民法院强制执行,不缴纳申请费。强制执行的费用由被执行人承担。

第六节 违法实施行政强制的法律责任

一、违法实施行政强制的法律责任

《行政强制法》第六十一条规定:"行政机关实施行政强制,有下列情形之一的,由上级行政机关或者有关部门责令改正,对直接负责的主管人员和其他直接责任人员依法给予处分:(一)没有法律、法规依据的;(二)改变行政强制对象、条件、方式的;(三)违反法定程序实施行政强制的;(四)违反本法规定,在夜间或者法定节假日实施行政强制执行的;(五)对居民生活采取停止供水、供电、供热、供燃气等方式迫使当事人履行相关行政决定的;(六)有其他违法实施行政强制情形的。"

交通运输行政执法主体及其执法人员比较容易违反的是第二项"改变行政强制对象、条件、方式的"。在此重申的是,交通运输行政执法主体及其执法人员实施行政强制时,必须依照法律的严格规定,不得任意解释法律。

二、违法实施查封、扣押、冻结等行政强制措施的法律责任

《行政强制法》第六十二条规定:"违反本法规定,行政机关有下列情形之一的,

由上级行政机关或者有关部门责令改正,对直接负责的主管人员和其他直接责任人员依法给予处分:(一)扩大查封、扣押、冻结范围的;(二)使用或者损毁查封、扣押场所、设施或者财物的;(三)在查封、扣押法定期间不作出处理决定或者未依法及时解除查封、扣押的;(四)在冻结存款、汇款法定期间不作出处理决定或者未依法及时解除冻结的。"

这一条文中,与交通运输行政执法主体及其执法人员相关的是第一项、第二项和第三项。如,在法律法规没有明确规定的情况下,扣押车辆的同时扣押了车载物品,这就构成了扩大扣押范围。另外,第三项的要求与现实有较大出入,实践中需要特别谨慎,并积极争取法院的支持。

三、截留、私分或者变相私分查封、扣押的财物和依法处理所得的款项和将扣押财物据为己有的法律责任

《行政强制法》第六十三条规定:"行政机关将查封、扣押的财物或者划拨的存款、汇款以及拍卖和依法处理所得的款项,截留、私分或者变相私分的,由财政部门或者有关部门予以追缴;对直接负责的主管人员和其他直接责任人员依法给予记大过、降级、撤职或者开除的处分。行政机关工作人员利用职务上的便利,将查封、扣押的场所、设施或者财物据为己有的,由上级行政机关或者有关部门责令改正,依法给予记大过、降级、撤职或者开除的处分。"这种情况在实践中较为少见,但是也提示交通运输行政执法主体必须建立健全和实施严格的涉案物资、证据、票据、文书管理制度。